师生心理成长丛书

主编：林崇德　董　奇　副主编：伍新春　石　铁

小学生心理健康教育

（全体教师用书）

傅　宏　王晓萍　编著

中国轻工业出版社

图书在版编目（CIP）数据

小学生心理健康教育：全体教师用书／傅宏，王晓萍编著．—北京：中国轻工业出版社，2008.10（2024.5重印）

（师生心理成长丛书）

ISBN 978-7-5019-6604-2

Ⅰ．小…　Ⅱ．①傅…　②王…　Ⅲ．心理卫生-健康教育-小学-教学参考资料　Ⅳ．G479

中国版本图书馆CIP数据核字（2008）第140366号

责任编辑：吴　红　　责任终审：杜文勇
文字编辑：覃云云　　责任校对：刘志颖
策划编辑：吴　红　　责任监印：吴维斌

出版发行：中国轻工业出版社（北京鲁谷东街5号，邮编：100040）
印　　刷：中国电影出版社印刷厂
经　　销：各地新华书店
版　　次：2024年5月第1版第7次印刷
开　　本：740×1050　1/16　印张：16
字　　数：187千字
印　　数：18001—20000
书　　号：ISBN 978-7-5019-6604-2　定价：24.00元
读者热线：010-65181109
发行电话：010-85119832　010-85119912
网　　址：http://www.chlip.com.cn　http://www.wqedu.com
电子信箱：1012305542@qq.com

240662J6C107ZBW

总 序

《师生心理成长丛书》马上就要和广大读者见面了。作为作者，我们内心充满着喜悦与激动。

编写《师生心理成长丛书》，为的是要体现时代发展的要求，完成党的十七大赋予我们的光荣使命。党的十七大报告，明确提出了运用科学发展观全面构建和谐社会的发展目标。和谐社会不仅包括政治、经济、文化、环境、生态等外部世界的和谐，也包括个体内心世界的和谐即心理和谐。心理和谐是个体幸福的指标，也是社会发展的基石。心理和谐的实质是心理健康，大力开展心理健康教育是实现心理和谐的前提和保证。和其他重要个人素质一样，心理和谐也应从小抓起，切实重视和关注成长中的儿童、青少年的心理健康，“注重人文关怀和心理疏导”，提高广大教师开展心理健康教育的意识和能力，“为青少年健康成长创造良好社会环境”。

编写《师生心理成长丛书》，为的是要体现“优先发展教育”的要求，落实党提出的育人为本、德育为先、实施素质教育的艰巨任务。当前我国教育改革和发展面临的重大任务和时代旋律，是全面实施和推进素质教育。素质教育的重要内容和目标之一，就是促使学生养成良好的心理素质，提高学生的心理健康水平。而要想培养和发展学生的心理素质，最重要的方法就是全面系统地开展心理健康教育。应该说，最近几年，尤其是2002年颁布《中小学心理健康教育指导纲要》以来，在教育部的组织领导下，全国各地都把心理健康教育看做是德育工作的重要组成部分，许多中小学校开始系统地开展心理健康教育活动，许多教育研究机构尝试开展了系统的心理健康教育培训，在一定程度上提高了广大教师开展心理健康教育的能力，促进了广大中小学生心理素质的健康发展。在开展心理健康教育的研究和实践过程中，人们逐渐认识到：心理健康素质是关系到个体发展全局的、随年龄增长而逐渐形成的重要品质，它直接或间接地影响到个体的生活态度、学业成就、人际交往、社会适应、职业发展等，必须引起高度重视。

但是，在看到取得成绩和可喜进步的同时，我们也应该清醒地认识到：心理健康教育绝不仅仅是心理教师的任务，它也应该成为全体教师的重要使命；心理健康教育绝不仅仅是中小学的教育主题，幼儿早期教育和大学专业教育也应该注意渗透；心理健康教育绝不仅仅是辅导技术和教育方法的简单使用，确立“育人为本、德育为先”的教育理念和辅导取向更是重要前提。因此，为了保证心理健康教育朝着全体受益、全面培养、全员参与、全程关注的方向发展，在总结行之有效的既往经验的基础上，我们更要用前瞻的视角规划和引领心理健康教育的发展，使我们的广大教师不仅能明确心理健康教育的基本性质、核心内容、主要途径和组织管理等基本原理，而且能深入了解基础教育各年龄阶段学生心理健康教育的主要方法，科学把握心理健康教育的渗透手段，有效运用心理健康教育的专业途径。

编写《师生心理成长丛书》，为的是要体现教师教育和教师专业发展的要求，贯彻党加强教师队伍建设的战略方针。联系心理健康教育的实践，我们认为，要想有效地开展学生心理健康教育，教师不仅要掌握心理健康教育的理念和方法，更重要的是，要切实重视和提高自身的心理健康素质。最近有关教育心理和教师教育的研究成果表明，在影响学生发展的诸多因素中，先进的教育理念和方法、优良的教育环境和资源等就好像武器，它虽然对教育效果具有重要影响，但真正决定学生发展的根本却是使用武器的人——教师——的素质。最近几年来的心理健康实践也证明，在学生心理障碍的成因中，除学生自身的素质和家庭教育的影响外，最重要的成因就是教师不当的教育方式。造成教师教育不当的根源，在于教师自身的心理状态不佳。为了从根本上减少学生“师源性疾病”的发生，促进学生心理的健康成长，必须切实重视和高度关注教师的心理成长。

促进教师的心理成长，不仅是开展学生心理健康教育的需要，也是教师作为一名专业工作者个人发展的需要。在认真实践科学发展观、全面倡导以人为本思想的今天，我们应该深刻地认识到：教师的个人成长和专业发展是相辅相成、协调共进的。客观地讲，广大中小学教师身处社会经济飞速发展、素质教育强力推进、课程改革全面铺开的年代，他们自己所接受的专业教育、所处的学校环境、所承载的家长期望，往往与变革求新的时代主题有相当的落差，他们大多承受了较重的工作和专业压力，甚至出现了不同程度的职业倦怠。因此，广大教师如何学会进行工作压力的自我管理、有效预防职业倦怠的发生，学会人际关系的调适技巧、切实维护自身的健康人格，进而促进职业生涯的合理规划，已经成为教师专业发展和个人成长的重要议题。

在全社会高度重视儿童青少年健康成长、高度关注中小学教师素质提高的今天，北京师范大学常务副校长董奇教授、教育心理与心理健康研究所所长伍新春教授、“万千教育”与“万千心理”总策划石铁先生和我一起牵头，组织全国十多位长期从事心理健康教育、潜心研究教师专业发展、有相当学术造诣和社会影响的中青年学者，共同完成了《师生心理成长丛书》的出版。我相信该丛书对于推动我国的心理健康教育事业，对于促进教师的专业发展和个人成长，都将起到积极的作用。

是为序！

教育部中小学心理健康教育专家指导委员会主任

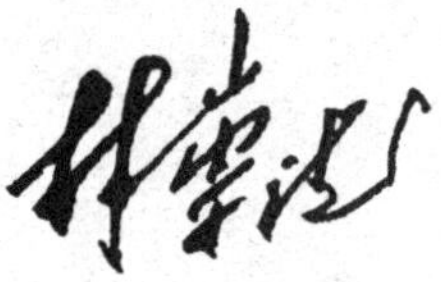

2008 年 8 月 6 日

于北京师范大学

前　言

虽然这是一本写给小学教师的书，但是，其读者大可不必局限于此。无论对父母还是其他儿童教育者来说，了解有关儿童心理成长和心理维护方面的知识都是很有必要的。

针对大多数儿童的心理健康教育应该首先理解为是一种预防教育，而不能仅仅局限于传统意义上的心理咨询和治疗，尤其当读者对象是教育工作者的时候，更应如此。我们很难设想，当那些专门的心理咨询和治疗技术被广泛应用于普通儿童心理教育的时候，这样的一种工作是否还能够被叫做儿童心理健康教育。事实上，从广义上看，治疗本身就不是一个理想的助人理念，它在帮助人们解决障碍和困扰的同时，也在提示人们更多地关注自己或对象的消极面，这往往与人本主义思想倡导的积极关注理念不相吻合。从这个意义上讲，心理健康教育更应是现代积极心理学思想的体现。倡导主动的预防教育，这才是一种更符合大多数人需要、更加主动、正性的心理健康维护工作，这也是本书写作的基本出发点。

对于儿童来说，贯彻心理预防保健的理念，就是使用那些属于他们自己、存在于他们身边、能够为他们喜闻乐见的活动形式，帮助他们增进健康和抵御疾病。这种适应儿童成长特点和需要的心理健康教育也可以比做“润物细无声”的“渗透”教育。基于这样一种理解，本书提出了几个重要的适应小学儿童特点的心理健康教育渗透途径，包括日常行为习惯养成与管理、游戏、绘画艺术、阅读和团体辅导活动等。

我们设计上述这些儿童活动作为心理健康教育的内容，一个重要的考虑就是，这些年来，随着升学意识的逐步强化，现实生活中的很多人，包括广大教师和家长，已经逐渐淡忘了那些原本属于小学儿童的、也是最适合儿童天性的活动项目，而把儿童理解成近乎纯粹知识学习的工具。这样一种类似于欧洲中世纪的“小大人”式的理解，在实践中很容易窒息儿童的天性。为此，我们觉得有责任和义务通过倡导符合儿童发展特点的活动项目和内容，让读者意识到什么样的心理教育方式才是儿童最需要也是最适合的。

在阅读本书的过程中，读者可能会提出一个疑问，那就是，一些从现代社会中发展起来的儿童游戏方式，特别是像电脑游戏、网络游戏或电视游戏等，为什么在本书中没有特别提及呢？除了作者目前还缺乏比较完备的相关研究资料以外，一个重要的考虑是，我们认为这些方式对于儿童发展的影响作用到底如何，在学术上还存在很大争论和分歧，没有形成比较统一的定论。在目前独生子女比较普遍和缺乏同伴的社会现实中，避免讨论电脑和网络游戏可能会更好一些。至少，这样一种所谓“娱乐身心”的隐形教育，客观上也隐含了一种可能导致儿童青少年寻求逃避现实的驱力。如果说这类活动对儿童还具有一些有益的地方的话，那么在不能有效排除其根本的障碍之前，还是暂时避免讨论这个问题为好，以免误导读者。

我们虽然已经写完了这本书，但还是有些欠缺的感觉，最主要的是在很多方面缺乏充足的文献支撑。譬如，阅读治疗，编者觉得这是一种非常好的陶冶儿童心灵的形式，但总感觉很多地方没法充分展开，搜寻许久，却很难找到几本适合儿童需要的相关读本，许多资料需要借助西方文献的支撑。也许是编者能力所限吧，但是，我们深感增强相关应用研究对于国人十分必要。也许这恰恰说明了编写本书的必要性。我们在这里需要感谢陶琳瑾、崔映飞、季秀珍、贾利军、邓文君、李湘晖、王皓和嵇明霞等人，他们为本书的完成提供了大量的原始资料和素材。同时，特别要衷心感谢林崇德先生，正是因为他的“渗透”教育理念的指引，才使得本书得以面世。

傅　宏
2008年元旦于南京

目　录

第一章

小学儿童心理成长与环境

即使是最普通的孩子，只要教育得法，也会成为不平凡的人。

——爱尔维修

影响儿童心理成长的因素十分复杂，目前具有明确共识的方面包括个人与生俱来的生物因素、一些既有的心理行为因素以及后天外部世界中的社会文化因素，它们共同作用并影响个体的心理成长。因此，在这里我们首先需要对这三方面的因素做一些探讨。同时，在这三者当中，社会文化因素属于后天可改变的因素，其操作性最强，探讨这个问题，对于合理地认识和运用心理健康教育的各种方法极有价值。

1980年，《中共中央关于控制我国人口增长问题致全体共产党员、共青团员的公开信》明确将“提倡一对夫妇只生育一个孩子”表述为：“这是一项关系到四个现代化建设的速度和前途，关系到子孙后代的健康和幸福，符合全国人民长远利益和当前利益的重大措施。”从此，“独生子女现象”成为当代中国一种独特的社会文化现象；“独生子女教育”也成为当代中国社会、学校、家庭、个人面临的一个重要问题。正因为如此，“独生子女”群体成为本书的一个重要考察视角。

通过学会使用一些咨询和治疗的专业方法来帮助儿童缓解甚至消除心理障碍，这固然是一件非常重要的事情，不过，对于广大非心理教育专业的教育工作者来说，可能更重要的事情是，要学会通过各种日常校园活动来渗透心理健康教育理念。预防为主，通过协助儿童增进身心健康来更好地抵御心理疾患，是撰写本书的基本目的。

为了达成这一目的，本书重点讨论渗透到儿童日常生活中的一些心理健康教育理念和所采取的心理训练方法，包括日常行为管理、游戏、阅读和绘画等活动中的心理行为训练方法，以及一些协助家长和子女有效沟通的方法等。学习这些方法，实际上就是学习通过儿童日常生活环境来渗透心理健康教育，这也是最广泛意义上的、重视预防和面向未来的心理健康教育。

儿童的心理成长先天所固有的生物因素与后天的环境、教育因素既相互制约又相互依存。由于社会文化、教育的影响，儿童的发展具有很强的可塑性，我们在聚焦儿童成长的“生物、心理、社会”诸因素时，更需要关注人为促进其成长的各种策略。

本章结合中国的国情和文化特点，对诸如独生子女家庭和三代家庭等特殊文化现象对儿童心理成长的影响做了深入的探讨，分析了儿童成长的“生物—心理—社会”性，介绍了小学儿童心理成长的阶段性特征，对小学儿童成长中的一些特殊现象，诸如“幼小衔接”问题、中年级儿童“自立实践”的逆反行为、青春期早期的一些内心冲突等，进行了深入的剖析，并提出了相应的教育和指导策略。

第一节 “独生之树”能成“栋梁之材”

面对一个变化的时代，我们观察的是大变化时代的一群新人。现在，第一代独生子女已逐渐长大成人，“独二代”正在成长之中。政府、学校、教育工作者和家长，你们准备好了吗？

一、“独生子女”是“问题儿童”吗

作为一个世界性的近现代社会现象，西方和日本对“独生子女”的研究远比中国早。在相当长的一段时间里，独生子女被看做“问题儿童”。

19世纪末，美国心理学家G. S.霍尔率先研究独生子女问题，分析了独生子女的特异性。霍尔曾经指出：“独生子女本身是一种疾病。”由于研究者把有兄弟姐妹的家庭作为人类家庭的常态，独生子女自然被作为一种偏离常态的“变态”来看待。因此，许多研究者就沿着这样的思路去思考独生子女的特异性。日本儿童心理学家山下俊郎的《独生子女的心理与教育》(1986)一书就曾经列出了施梅英格所归纳的独生子女的特性，共计19项：利己主义、自负、潜心钻研、自暴自弃、对自己身心过敏、健康不佳、感情过于微妙、忧郁、神经质和歇斯底里、独来独往的

自我中心性行动、钻牛角尖、吹毛求疵、高傲自大、不合群、没有勇气、对解决实际问题无能为力、想象力过强、吹牛、智能高但学业差。

但是，山下俊郎不同意把独生子女作为“问题儿童”来对待。在对前人的研究成果进行仔细辨析之后，山下俊郎明确指出：“独生子女未必就是‘问题儿童’这一点已经反复论证过了。”他认为，独生子女的“问题”是由于独生子女成长过程中的各种环境因素所导致的。基于这样的认识，山下俊郎将独生子女的教育问题分为“父母的教养态度问题和社会生活问题”两个方面来思考。其实，此前，H. F. 胡克等人（1928）就发表了一系列研究论文，强调家族关系在人格形成中的重要性，把独生子女与家族联系起来加以研究。

研究独生子女，必须考虑影响独生子女和非独生子女身心发展的各种因素，如家庭结构、家庭经济条件、家长文化程度、家长教养类型、家长和教师期望对独生子女心理发展的影响等。只注意“独生”这一家庭环境，而忽视其他有关条件，研究结论往往就会有问题。

独生子女成长的特点，就在于其所处社会生活条件的“独”，即独生子女成长于没有兄弟姐妹的家庭环境之中。兄弟姐妹之间的交往是儿童社会生活中最早的一项重要内容，对儿童社会化有重大影响。这一“独”字，对独生子女社会化既带来了一些有利影响，也带来了一些消极影响。其中，对独生子女成长有利的方面包括更优裕的经济生活条件，更充分的父爱和母爱，家长更多的关怀、激励，以及更好的成长计划等，这一切为独生子女身体、大脑、智力、情绪等方面的发展创造了良好的条件，有利于独生子女形成自信心、进取心和荣誉感。在独生子女的日常学习和生活中，我们可以观察到，他们中的许多人具有突出的优点——活泼、开朗、自信心强、知识面广等。当然，独生子女的社会化发展也存在一些不利的方面，如成人对其的过多照顾、过分保护、过度放任、过高期望，独生子女感受到太多的精神压力等。此外，独生子女由于在家庭中缺少同龄小伙伴、个人单独活动多，易形成孤僻、不合群等不良性格特征。他们中的许多人会表现出自私、任性、自我中心、不合群等缺点。

其实，独生子女与非独生子女之间并没有先天固有的差异，父母的家庭教养方式和成人的引导对发展中的儿童会产生非常重要的影响作用。儿童的成长需要“爱、指导和限制”，当父母独特的教养方式与个体发展所需要的爱、指导、限制有效地结合在一起，与家庭所处的文化中普遍存在的其他重要价值进行有效的整合，并充分考虑到儿童所处的独特生态环境背景时，儿童就能得到最佳发展。此外，父母的教养方式还必须与儿童的独特特征相吻合，有效的教养方式需要父母敏感地适应各个孩子独特的特征。研究表明，当父母能够成功地适应孩子，在教养实践和儿童的独特特征之间创造一种良好的和谐氛围时，儿童就更有可能获得良好的发展。

二、中国当代“家庭之变”与“独生子女”问题

如前所述，中国的独生子女问题是伴随着中国的人口政策被提出来的。中国的人口政策和中国最终实现改革开放一样经历了不平坦的历程和论证过程，新中国建立以后，国内就有关于人口政策的不同声音。中国的独生子女政策所带来的家庭结构的变化对儿童的成长会产生怎样的影响呢?

由中国的国策所决定，现在大部分的家庭中（尤其是城市家庭中）都只有一个孩子。同时，现代社会生活方式的发展，促使传统的以家族为单位的几代同堂的大家庭逐渐瓦解，而转变为父母和自己的孩子生活在一起的小家庭。

这种三位一体的家庭结构，与传统家庭结构的差异主要表现在：首先，父母在抚育孩子上无法进行尝试和比较，没有更多的学习机会。很多父母因而诚惶诚恐，不能放开手脚。其次，这种家庭结构还减少了父母可以对子女进行公平教育的机会，也使得孩子在家庭中失去了同伴和很多学会互助及自助的机会。不过，这种结构问题在孩子进一步长大之前还不明显，“对独生子女的打击通常来自以后(例如，在学校中)，即当他不能在学习中成为关怀的中心时”(赫根汉，1986)。但是，这种家庭结构的优点也是存在的，因为孩子从小便和成人生活在一起，受到了较多的理性和认知熏陶，在智慧和言语表达方面发育较好。

家庭角色结构演变是家庭结构变化中最重要的部分。中国的家庭角色结构，已经从传统社会中以父亲或家族中的长者为核心的形态，逐步转向为一种以孩子为核心的形态。这种变化的特点是，处于中心位置的人物易位了。它使得独生子女享有更多的权利，更容易形成自我中心的意识。因为这个位置是很早就获得了的，所以，独生子女没有尊重他人和忍受压力的经验。不过，尽管如此，这种变化仍然是表面的，因为以特定个人为核心的传统倾向没有变化，只是这个核心由父亲、尊长开始转向了孩子。

这种以孩子为中心的结构形式使儿童获得了不合理的自我认同。他通常处于被

全家人溺爱的地位。正如阿德勒所说："娇宠的孩子永远不能自立。他缺乏通过自己的努力获得成功的勇气。"他一方面表现出有雄心和抱负，另一方面又显得懒惰，不愿意为之付诸努力。"懒惰表明这种雄心搀和着悲观。他的雄心如此之高，以致自认根本没有实现的希望。"（Adler，1931）因此，这样的孩子在性格上是脆弱的。

从家庭结构的变化来看，最初，当两个独立的男女结合在一起宣布成立家庭时，他们便获得了夫妻的角色，并彼此尽职。接着，当有了孩子之后，他们便又获得了另一组角色，即父母。可问题是，往往许多人在成为父母之后，因为过于重视孩子，便开始淡忘了夫妻角色，并很少再为之尽职，这是很危险的。如果母亲或父亲都只是努力地用行动去向孩子表示："你是我生活中最重要的，在这个世界上，我所做的一切就是为了让你过得更好。"这时，孩子便开始获得一种错误的信号，即父母彼此之间的感情关系是不重要的，唯有我是最重要的。这种信念往往成为儿童日后同伴关系的基础。当他们把这种信念引入社会生活的时候，他们便开始犯类似的错误了：一方面，依恋父母，缺乏独立能力；另一方面，又蔑视同伴关系，强调自我中心，希望受到过分的重视。实际上，在这种情况下，父母已经通过自己的态度在无形中教育了孩子，并使孩子发生了潜移默化的改变。

从家庭经济结构变化来看，社会经济水平的变化对家庭和个体心理是有直接影响的，其中主要的一点便是：人们的需要开始从基本的生存需要和安全需要向较高层次的精神需要转变，这种需要转变的心理学含义实际上也就是一种定向转变，是个人从一种以生存为中心的目标定向向以自我满意为中心的角色定向的转变（格拉瑟，1995）。

随着社会经济水平的发展，在变得相对富裕起来的家庭中，人们的观念开始发生根本性的转变：具有目标定向的父母努力在孩子身上投入关怀，并以此来弥补自己的缺憾。这时，逐渐成长起来的孩子在定向上已经悄悄地发生转变：开始从目标定向转向了角色定向。他们开始注重追求个人价值的实现，变得更加强调自我满意、注重享受生活和追求直接兴趣。这时，他们选择参与生活与否的理由只有一条，那就是"我喜欢"或者"我不喜欢"。在这种情况下，定向的特点进一步强化了现代家庭中孩子们的自我中心意识。不过这种角色定向比起目标定向来，也并非一无是处。因为这种定向是以自己的喜好为前提决定的，所以，具有角色定向的人通常在工作上显得更少受约束和更加投入。

由于家庭结构的复杂变化，我们针对这种现象进行的教育训练也应该是综合的：一方面要考虑对父母进行理解和沟通训练，帮助他们学会做好榜样；另一方面，在对儿童的教育训练上要注意针对独生子女的特点，加强团体训练，协助他们获得竞争、合作、互助等社会适应技能；进一步，对于大部分儿童来说，还应该协助他们进行承受生活压力的耐受力训练和生活计划性练习。

亲子之间的日常用语

	独生子女	非独生子女
早出门：	快吃，再慢妈妈要迟到了。 （担忧孩子的安全，上班前要送孩子到学校，每天分离困难）	出门小心，带好弟弟。 （常规提醒，信任孩子，易分手）
下　班：	想妈妈吗？ （亲子相互依恋）	今天你们听不听话？ （关心孩子群体）
学　习：	阳阳，老师今天布置什么作业了？妈妈看看。 （学习责任分担）	你们的作业都写完了？ （只是提醒孩子玩之前要完成作业）
玩：	妈妈陪你玩。 （拉近孩子，没有清晰的代际角色）	找哥哥/姐姐玩去。 （把孩子从父母身边推远）
评　价：	你总是……/看别的孩子…… （关注缺点，与别家的孩子比）	向姐姐学习/你看姐姐…… （关注自家孩子优点，鼓励先进）
吃　饭：	阳阳，洗手吃饭。哎呀，怎么不吃蔬菜？ （营养担忧，迫使孩子吃得更多）	吃饭啦，别抢，大家分分。 （强调孩子间平等）
睡　觉：	阳阳，妈妈陪你去睡。 （依恋，模糊的代际角色）	该睡觉了。 （提醒，清晰的代际角色）

（陈一心、王玲，2006）

如今，第一代独生子女已步入青年期，有的正在大学校园深造，有的已走上工作岗位。人们曾经担忧“独生子女”成为“被抱大的一代”“被宠坏的一代”，担忧“独生”之树难以成长为“栋梁之材”，人们的这些担忧似乎并没有成为现实。独生子女的成长现状支撑了人们对独生子女乐观的看法。独生子女大学生与非独生子女大学生具有诸多共同的个性特征，再次证实了社会环境、时代特征和学校教育对大学生的个性形成有着强烈的影响。独生子女大学生的某些个性特征优于非独生子女大学生,这可能是由于独生子女家长更有时间和精力倾注他们的爱抚、关怀和教育，对子女寄予较多且较高的期望，不会出现多子女家庭中可能存在的对某一个孩子忽视的现象。独生子女一般生活在营养多、安抚多、知识多、期望多的环境里，易形成活泼、开朗、自信、好学上进、对成人充满信任的性格特征，智力发展水平也较高。也就是说，独生子女具有更好的德、智、体全面发展的条件和可能。研究充分证明，独生子女所处的家庭环境并不是他们产生自私、任性、神经质等性格缺陷的必然条件。独生子女的家庭条件，既有不利的方面，也有有利的方面，关键取决于家长的素质条件和教育方式。大多数独生子女的家庭环境对他们的成长具有良好的影响。如果以独生子女和非独生子女来区分他们行为和性格上的优劣，这显然是不客观的，也是不公正的。简单地把独生子女看成是“被宠坏的一代”，更是一种没有科学根据的偏见。凡是处在良好的家庭教育、学校教育和社会环境条件下的独生子女，都能够被造就为德、智、体全面发展的优秀人才。

三、中国“独生子女”正长大成人

尽管学术界对“独生子女”的看法不尽一致，但大多数研究者倾向认为，独生子女在遗传体质方面与非独生子女无大的差异，但由于独生子女在家庭中所处的地位特殊，容易养成其性格上的特异性。有的学者重视把独生子女与家庭、家族联系起来加以研究。无论从什么角度对“独生子女”进行研究，有一点是毋庸置疑的，这就是当代“独生子女”必然会给中国传统的教养方式带来革命性的变化。这种教养方式必然会培养出和传统教养方式培养的完全不一样的“独生子女”。如果我们撇开“独生子女”和“非独生子女”优劣论的单一描述视角，还有一点也是肯定的，今天的“独生子女”在人格、心理、世界观和价值观等方面也具有其独特性，这必然会给我们传统的教养方式带来挑战。

独生子女与非独生子女的成长，具有同样的身心发展规律。但在儿童社会化的过程中，兄弟姐妹关系具有重要的作用。独生子女除了与父母之间的亲子关系外，没有兄弟姐妹这层关系，因此，其社会化带有自身的特点。近30年来，中国社会的细胞从多子女的大家庭模式演变为以独生子女为中心的“421”结构的典型小家庭模式。这种家庭结构的变化，对中国社会的社会结构、价值结构、社会运行机制、文化、消费模式、教育模式等方面产生了重要的影响，而且这种影响必将随着独生子女政策的延续，对未来的中国社会产生不可估量的深远影响。这就需要我们用更开阔的学术视野，审时度势地去看待时代流变中的独生子女现象，还独生子女一个真实的面目。

第二节

解读儿童成长的“生物—心理—社会”性

那些无法真正理解孩子们内心世界的“成年人”，是他们自己还停留在未发育成熟的儿童时代。

从生命的孕育到诞生，从“襁褓时代”到蹒跚地向大自然迈出第一步，从认识外部世界到认识他人然后再逐步认识自己，从“生物人”到最终的“社会人”，个体经历了一个从近乎纯粹的生物体逐渐转变为具有丰富心理内容的社会实体的过程。这种转变反映了人类个体成长的复杂性和多样性。

一、婴幼儿的成长历程：家——儿童成长的摇篮

婴儿来到这个世界上，最初只是通过神经系统泛泛地感觉外界，对外界刺激做出简单的知觉反应，通过神经机能形成自己的感知系统。之后，孩子逐渐能够以外界的某一特定对象为焦点进行观察，凡是被看见的东西都会成为孩子的玩具。昨天、今天、明天对成长中的孩子来说，每天都是新的，都是充满着惊奇、新鲜的初次体验，他们不断地进行视觉、触觉、嗅觉、听觉等的总动员，来尽情探索一切新鲜事物。接着，孩子能够抓住东西直立起来，他们认识世界的范围迅速扩大，伸着小手扑向爸爸的怀抱，跟着妈妈咿呀学语，和妈妈玩起了捉迷藏的游戏。在认识外部世界的这个“体验时代”，孩子自身的“体验”是他们成长过程中最宝

贵的财富，为他们下一个阶段的发展奠定了基础。在父母的辛勤哺育下，孩子一步步地健康成长起来。对孩子来说，外界每一个细小的事物都是新鲜而有趣的，都会让他们感到惊喜和好奇，同时也会给他们带来巨大的不安，而父母总能给孩子以勇气和力量。爸爸、妈妈、爷爷、奶奶……是孩子成长的一面面镜子。

大约在1岁半左右，孩子开始学会说“不”，不少家长觉得这时孩子没有那么听话了。其实，这正是孩子自我选择能动性的表现，他们开始不断地进行选择和要求，并渐渐获得了自我决定的能力。这时，孩子的认识对象从“一个”发展为“两个”。在这样的“质变期”，孩子的行为已从单纯从属于外界的刺激，发展为渗透了孩子自己的评价和选择的自主行为。他们可以用“不”来直接表达自己的意愿。在大人们叹息“我的孩子现在才两岁，就常常说不、不，大人的话一点都不听，这样下去可怎么好呀……”时，他们可曾想到为自己的孩子已经具有表达意志和自我选择的能力而感到高兴呢？其实这是一个人自立的转折时期，个体的认识活动此时已经有了深入的发展。

当孩子逐渐获得自我决定能力（即会说“不”）之后，他们跨入了“模仿与选择”的时代，他们在与人亲密的交往中逐渐学会了语言及日常起居动作。在此阶段，父母应创造一个良好的环境，让孩子在一个自由选择的空间里，愉快地做出决定，进行模仿。“这也不行，那也不可以”的教养方式和教育制度是与孩子身心发展规律背道而驰的。对于处于幼儿期的孩子，永远也不要说“不行”“不能”，否则会阻碍和破坏他们的成长。有些在家长看来无法容忍的恶作剧、坏事，对孩子们来说却是非常重要的体验。对个体的成长而言，越是勇于探索的孩子越能稳步茁壮地成长。在他们稳步地进行选择和模仿的过程中，孩子独特的模仿能力和旺盛的好奇心得到了很好的培养和激发。

对孩子的成长来说，游戏是必不可少的，在孩子的眼里，游戏就是一切。在成长过程中，他们必然产生和伙伴、家长一起游戏的要求和愿望。维果茨基认为，“在4岁时受到过度管教的孩子将来有可能成为少年犯。”可见他对此阶段游戏重要性的重视程度。孩子只有在游戏中才能理解别人和朋友，同时也能认识自己。

孩子在认识外部世界的过程中，开始发展起认识他人和自我的能力。他们开始有意识地把自己与他人分开，亲近那些珍视自己存在的、对自己予以肯定的人，并选择能真正理解自己的人作为谈话对象。这时，妈妈也成了与自己不同的“旁人”，孩子从作为游戏伙伴的小集团阶段过渡到寻找与自己意气相投的朋友阶段，他们开始能清楚地意识到自己与他人的存在了。自此，自我的成长开始从“共生”走向独立。

二、小学儿童的心理成长：和幼稚告别

小学阶段是儿童成长的重大转折时期，这一阶段是儿童智力与能力、情绪与控制力、社会性与自我发展的重要时期。对于很多儿童来说，这是一个快乐的、精力旺盛的时期，虽然刚入学时儿童的生活面临巨大的变化，令儿童的自我认同经受考验，但这种刚入学时的害怕和脆弱很快就被抛至脑后。儿童如果处在一个重视其智力和人际关系的社会环境里，他们的认知、情绪和社会性就能得到健康的成长。

6～12 岁的儿童在成长的过程中逐渐显示出一些独特的成长特征：

第一，儿童进入学校以后开始了以学习为主导的活动，生活内容发生了重大的变化。学校不同于家庭，也不同于幼儿园，尽管游戏仍然是刚入学儿童的主要活动，但学习却成为儿童的主导性活动，个体的行为也会更具有目的性和勤奋感，儿童承受并适应着社会角色与环境的改变，实现着成长。在这一过程中，儿童的心理发生了质的飞跃。

第二，学龄初期，儿童的语言和思维发展开始从口头语言、具体形象思维逐步向书面语言、抽象逻辑思维过渡，但在整个小学阶段，儿童的思维仍以具体形象思维为主。

第三，儿童初步形成关于集体的观念。这一时期，儿童成长中的“社会化”意义正发生着质的变化。

三、个体成长的生物—心理—社会模型

个体从开始孕育到成长为一个成熟的社会成员，他的心理和行为既受到其生物性因素的影响，同时又受到其心理和社会性因素的影响。生物、心理、社会这三方面的因素彼此有层次、有系统地交织在一起，发挥作用。从这个意义上讲，我们必须从多个角度去分析儿童的各种从正常到异常的行为现象，只有这样才可能更加客观，从而避免简单化、片面化。

生物、心理、社会这三方面的因素对个人的影响虽然是错综复杂地糅合在一起的，但是仍然具有密切的内在联系。其中，生物因素是基础，它决定了个人基

本形态构造上的差异，同时又影响着个人的行为习惯及人格等心理因素的获得。从通常意义上讲，一方面，生物因素是由遗传决定的，但个人的生活方式和个体成长的经验，也会给这些生物因素造成影响，并使之发生顺应变化。另一方面，后天社会环境中的文化习俗、父母抚养方式、家庭结构及学校环境等因素，在心理发展上给个人提供了一个基本导向，使得个人按照一定社会文化的要求去相应地发展自己的心理和行为。它和生物因素共同决定了个人的心理行为走向。因此，当自身素质和社会影响这两个方面的因素在个人身上形成压力和具有不和谐成分时，个人就会出现应激反应或产生障碍。譬如，一个神经类型为过敏或弱型的学生在面临比较严重的外部学习压力时，很容易出现各种不适应症状和心理障碍。这也就是为什么在开学初或是考试临近时，一些儿童会表现出诸如发烧、头痛、腹痛或其他一些身心症状的原因。

由于生物—心理—社会模型已经获得心理学、医学和其他行为科学等多个学科的广泛认同，因此，采用这一思想去认识儿童的问题行为和心理障碍也就成为了一个基本的原则。我们不能忽视影响儿童行为的任何一个方面的因素而去研究他们，否则就无法全面地认识和理解他们。

第三节

小学儿童心理成长的阶段性特征

假如一个人在儿童期出现了问题，就会在其成长期的各个阶段有所反映；假如一个人在成年期发展中出现了问题，则在其儿童期各阶段已有所预示。

小学阶段的时间跨度约六年之久，儿童的具体成长过程在不同的年级及年龄阶段具有明显的差异，低年级、中年级、高年级是三个具有相对独立特征的阶段。

研究表明，小学一年级、二年级、四年级、六年级学生的心理健康水平高于其他年级组。低年级儿童主要是注意问题、活动问题等外向性问题，这与这个年龄阶段的儿童大脑发育不全、皮层控制水平相对较低有关。三年级儿童的心理健康水平处于小学阶段的一个低谷，造成这种情况的原因在于：一方面，这个时期的儿童开始进行“自立实践的探索”，不再盲从权威；另一方面与儿童的心理发展水平相对比较滞后、自制力等心理发展水平还比较低有关。而高年级儿童随着年龄的增长，其情绪、情感等内倾性的问题开始突出起来，这与高年级儿童开始迈进青春期、学习压力增大、与父母的矛盾显露、开始体验内心的冲突等因素有关（杨碧秀、程灶火，2006）。

一、走出自我中心：小学低年级儿童心理发展的年龄特征

刚入学的儿童虽然已经步入学校，却不可避免地延续着幼儿时期的一些心理发展特征，他们依然很喜欢游戏，同伴交往、社会性发展都在游戏中继续发展着。此时的儿童对是非、善恶的判断还处在以成人为标准的阶段，对成人的依赖开始从对父母的同一转向对教师的同一，明显地表现为对老师权威的服从，最典型的特征就是“打小报告”。教师要根据小学低年级儿童的这些心理特点加以引导，给孩子一个适应的过程，做好幼小衔接的入学教育工作。

言语对儿童的思维和心理发展具有重要而又独特的作用。随着儿童语言的产生和发展，孩子从喃喃自语发展到与人交流，从游戏用语过渡到生活用语，从以自我为中心的言语提高到社会言语，孩子的言语能力在不断提高。当孩子有意识地和人对话时，他对与之对话的人及生活的理解能力也在不断提升。尤为重要的是，在成长的过程中，孩子开始将自己的言语活动分为单纯与他人沟通的言语和控制自我内心世界的言语两部分。培养孩子丰富情感性的口语场所是家庭，而造就孩子书面言语的社会性场所则是学校。口语是特定的具体的“个人用语”，而“书面言语”则是面向他人的、具有一定规则的“社会言语”。“文字”这种媒介，只有作为孩子自身的语言来使用时，才会有意义。儿童将他人写的文章用自己的声音、作为自己的语言来朗读时，语言文字才有意义和价值，这是儿童掌握语言文字的出发点。

低年级的儿童还保留着幼儿期“口语时代”自我中心的特征，他们在倾听或与别人对话时，总会拼命地讲自己想说的话，却不大关心对方所讲的内容。他们的思维有时显得很散，回答问题时常会答非所问，或者说许多不相关的话，课堂上也会出现类似的情况。大约从二年级时起，儿童自我中心的言语在逐渐减少和弱化。刚入学的儿童正经历着由口头言语向书面言语的转化，最初在进行书写训练时常感到费劲而又没有把握。因此，学龄之初的儿童会有一段“橡皮时代”。

二、幼小衔接：进入小学令儿童的自我认同面临考验

学校是通往社会的门户，每个孩子到了规定的年龄都必须离开给他们以生命和保护的家庭，到学校中去奋斗。在这个时期，孩子需要依据并超越自己已经习惯的日常生活，站在展望社会及未来的路口准备出发，这是孩子开始脱离父母的庇护、迈向社会的新起点。孩子进入小学，就意味着置身于一个全新的环境。在这里，儿童要从一个完全依赖家庭、幼儿园教师的个体成长为一个通过自己的勤奋而形成优越感的、有健全人格的学习者。在儿童实现这一成长目标的过程中，学校和教师起着重要作用。

刚入学的儿童常常被迫承担他们早期不需要承担的任务和责任，对于处于这个成长阶段的儿童，人们会要求他们在满足自己个人需求的同时承担更多的责任，同时还要求他们在处理与学校同伴及其他人的人际关系中承担更多的责任。在同龄群体中，儿童为了获得知名度和自尊，必须适应和进行越来越复杂的社交游戏。在学校，儿童的任务是要在许多不同的学科领域中，取得越来越多的进步。儿童在面临生活巨大改变时，既会感到好奇、兴奋，也会感受和体验到紧张、不安和恐惧。冰岛学者 Jóhanna Einarsdóttir（2003）在冰岛首都雷克雅未克对48名5～6岁的幼儿进行了集体访谈，参与调查的儿童对入学转变持有一种混合的感情，有许多儿童看起来很兴奋，向往小学生活，希望进入新环境，也有一些儿童则对能否达到学校的期望表示担忧。

德国哈克教授曾做过一次调查，结果显示，有30%～40%的儿童进入小学一年级后，对小学的学习和生活很不适应，常常在心理上产生紧张。联合国儿童基金会对幼小衔接问题进行了长达4年的研究后认为，儿童入学所面临的主要问题是学习适应性困难和社会适应性困难两个方面。小学与幼儿园在学习时间、生活制度、教学形式、人际关系等方面都有很大的不同。

幼小衔接问题，是当前世界教育研究的重要课题之一，受到世界各国的普遍重视。我国小学和幼儿园的教师以及教育理论工作者也进行了大量的探索和研究。实践中幼小衔接存在着诸多问题，其中最为突出的是片面：重“智育”轻社会适应能力，这给孩子的成长适应带来了不少问题。欧洲学者哥瑞贝尔和内塞尔（Wilfried Griebel & Renate Niesel）通过研究指出，幼小衔接的关键取决于有效的交流，包括口头信息、口头指示以及需要帮助才能理解的学校语言等。

培养社会性适应能力　顺利进行幼小衔接

儿童在幼儿园以游戏为主，进入小学后，立即进入比较紧张的学习生活，身心感到很不适应。为了改变这种“幼小脱节”现象，我班作为联合国儿童基金会与国家教委合作研究的“幼小衔接”项目的实验班，着重对培养刚入学儿童的社会性适应能力进行了一些探索，取得了较好的效果。

一、培养学生良好的入学态度、情感

新学期开学前，教师到幼儿园提前接触学生，让孩子到小学参观，请小学生到幼儿园给即将毕业的孩子讲小学生活，消除孩子对教师和学校的陌生感。

开学第一天，留给学生一个美好的第一印象。过去开学第一天，就是发发本子、讲讲学校常规，学生好像一下子掉进了规则的海洋，产生恐惧心理，留恋起幼儿园的生活。我们改变了这种做法，开学第一天，我们就开展了“欢迎你，小朋友”的活动。欢迎仪式开始了，首先让每位任课教师进行自我介绍，并为学生表演一个跟所教学科有关的小节目。教师亲切的话语、有趣的表演，缩短了师生间的距离。开学第一天，每个同学都收到一份老师赠送的礼物——小书签，书签上写着老师希望与祝福的话语。至于学校的常规、一年级孩子要达到的要求，主要放在后来的工作中，放慢速度，分期分批提出，分层推进。

实行班主任老师全天跟班制。入学后，为了使孩子继续保持安全感，班主任老师全天跟班，课间同他们一起游戏，与他们聊家常，讲课语言亲切。另外，我们要求各科教师也要经常接触学生，增加师生交往频率。班主任采用交谈、抚摸等方式，每天跟每个学生至少接触三次。经过种种努力，学生觉得老师可亲可敬，自然消除了恐惧心理，喜欢上学了。

二、培养和激发学生在学习、活动方面的参与性、主动性与任务意识

1. 设立班级管理的多岗位制，强化学生的任务意识和执行任务的能力。初入学学生的任务意识是需要逐步培养的。实验班实行了多岗位责任制。全班50个学生，每人都有一个为集体服务的岗位，而这些岗位都是由学生根据自己的爱好和特长通过竞选得来的。

2.设计组织专门活动，发展学生的交往能力、自理能力与主动性。独生子女普遍“自我中心意识”较强，开学初学生经常为一点小事发生矛盾。为了增强学生之间正常的交往，培养彼此间友好、互助的积极情感，我们组织了一些合作性的群体活动。例如，开学初，我们开展了“看谁交的朋友多”的活动，积极为学生创设相互交往的氛围；学习过程中，我们尽量采用讨论法，形式上有小组讨论、同桌讨论等。班上成立了12个学习小组，目的是培养学生的交往能力，削弱学生的“自我中心意识”。

为了培养学生的自理能力，我们开展了“做生活的小主人”系列活动，内容有“穿衣穿鞋比赛”“整理书包比赛”“学洗手帕”“学钉纽扣”“小家务——摘豆角比赛”等。通过这一系列活动，让学生认识到自己的事情应该自己做，不会做的事情应该学着做，培养了学生的自理意识和能力。

实验期间，在培养学生的社会性适应能力方面，我们把班队活动结合起来，共开展了10个单元的活动，各项活动都有明确的目标，注重学生的自主管理。

三、做好家长工作，形成教育合力

开学初，家长学校请来了特级教师给家长谈小学生良好习惯的培养对其成长的重要性，请分管实验的校领导讲幼小衔接实验的目的、意义，请市营养协会的专家做营养讲座，并接受家长的咨询。

实验班成立了家长委员会，让家长参与学校的教育工作，及时了解学校对孩子的要求。同时，我们还设立家长开放日，请家长到校听课，让家长了解孩子在学校中的表现，有针对性地进行教育。

实验期间，我们采取了请家长做家教专题报告、请家长围绕“新苗茁壮成长”这一主题办报的形式，展示、交流家教心得和成果。不少家长反映，通过交流，获益匪浅，这些措施对于加强家校、家长间的联系沟通，形成育人合力，起到了积极作用。

（张学义，1995）

三、自立实践期：小学中年级儿童心理发展的年龄特征

“听话”，自以为是教育的成功，待到放他到外面来，则如暂出樊笼的小禽，它绝不会飞鸣，也不会跳跃。

——鲁迅

小学中年级，即9~10岁这个年龄阶段，它对儿童来说是极为重要、带有质的转变的时期。处于这一阶段的儿童，面对五彩斑斓的世界，改变了从前那种单纯的单向接受的行为模式，在行动中已经渗入了自己的思考，这时的儿童已经开始具备“三思而后行”这一能力的基础。

小学中年级的儿童已经完全脱离了幼儿时期的发展特点，全身心地投入到学校集体生活中，他们一边继续服从教师的权威，一边开始重视伙伴之间的真诚与法则，伙伴规则时代悄然而至。

这一时期的儿童对成人的意见或命令不再唯命是从，而是试图发表自己的看法；在家里，他们总是试图摆脱父母的管束，开始讨厌保护和命令，喜欢独立，进入了“不听话时代”“歪理时代”。其实，这正是儿童“见解形成期”的典型特征，这种“见解”并不像青春期那样完全独立，而主要是情感方面的独立。对这一时期儿童的教育指导，要关注他们情绪、情感发展的特点，而不能简单地滥用权威；应允许儿童适当地坚持自己合理的“见解”，当然也不能让不合理的“见解”肆意扩张，毕竟该时期孩子的“见解”还不够成熟。

小学中年级儿童正处在从对成人的认同向对朋友的认同的转化期，进入了“伙伴规则”时代，他们内心渴望与同龄伙伴交往，开始形成小团体，团体内的人际关系既凝聚又排他。在某些情况下，同伴的规则比父母和教师更有控制力。在此阶段，学校应不断增加集体生活，鼓励同伴之间的交往，不断增强团体气氛，为儿童今后社会化的发展打下良好的基础。

（一）自己和他人的眼睛

“九岁阶段”是儿童开始走向独立、成为社会成员的重要预备期，儿童开始拥有区别于他人的“自我主张”。处于这个阶段的儿童开始具有某种排他的倾向，喜欢采取集体行动，甚至有人称这一时期是“暂时性犯罪”阶段，而这一切都是儿童成长过程中不可回避的。

这一时期的儿童会重新打碎、分解、组合从成人那里获得的既有观念，开始用自己的眼睛、自己的头脑重新获得对世界的认识，形成新的价值观念。重要的是，他们既能“接受成人的传统观念”，同时又能“用自己的头脑创造新的观念”。童年中期的孩子很多时候往往具有两面性：一方面，他们不守规范，甚至“结伴打架”、做“坏事”；另一方面，他们又可以摇身一变成为听老师话的“好孩子”。这时的孩子会不时处于充满矛盾迷茫的状态：他们好不容易才认可外界对自己评价的客观性，可很快又对此产生怀疑。孩子这时已开始朦胧地意识到人生的复杂性了。这时，成人尤其是教师需要通过自己的努力和悉心指导，帮助为矛盾所困扰的孩子获得新的价值观和人际关系。而实现这一目标的前提就是，指导者要与孩子建立起值得信赖的密切关系，指导并帮助孩子找到可以互相帮助的伙伴，建立起稳固的友谊。这样，孩子才能逐渐跳出自我中心，对自己进行相对客观的审视，并能对自己的不足之处加以纠正，这是孩子开始形成崭新人格的时期，也是孩子充满信心展望未来的时期。

（二）独立思考的能力

童年中期是孩子成长为真正的社会成员而积累基础体验的时期，此阶段的孩子“形成人格”的体验对他们的成长至关重要。通过对孩子日常生活（写日记、做班级值日、参加家务劳动、用零花钱等）的指导，使之知晓各种人际关系，明白事理，逐渐获得日后社会生活所需的各种能力，最终形成健康的人格。

学校的教学也应着力培养孩子独立思考的能力，使其理解分数的含义，掌握文章结构及表现手法，独立发表自己的见解和感想，进行生物分类，获得历史、地理、社会方面的常识，在绘画方面掌握基本的写生技巧，可以有条理地处理人物、树木、房屋的关系，并注意到大小远近等透视关系。儿童这些逻辑思维能力的发展，是以他们具体的直接生活经验为依据，以超越这些直接经验培养独立思考能力为归宿的。细心观察事物、将所学的知识应用于生活之中、孩子们之间的对话和交流，是发展儿童抽象思维能力、逻辑推理能力的关键。只会死记硬背，不会灵活应用，很少接触生活，甚至不接触生活，这些都不利于这个时期的儿童独立见解的形成和发展。

（三）儿童的社会兴趣

童年中期是孩子面向社会、为正式成为社会成员做准备的时期。孩子开始通过报纸、电视、网络等途径来关心自己无法直接接触的社会生活；通过参观当地的科技宫、少年宫、消防税务部门、公共设施等，懂得社会劳动的意义和价值，并加深对家乡的了解；通过参加一些地区性的庆祝活动，增强社会兴趣；通过对父母工作的了解、帮助做家务等活动，建立投身社会的兴趣和自信心。

面对成年人传授的观念、思想、知识，这时的孩子不再是囫囵吞枣、不加选择地全盘接受，而是经过自己的思考、选择和判断，这样，经过9～10岁阶段的自立实践探索，儿童又向成年迈进了一步。虽然孩子这时的“思考力”“判断力”“自我评价的能力”还不够成熟，但他们已经站在通往社会的起跑线上了。

学校生活作为孩子最初接触到的社会，能使孩子直接投入到社会生活之中。学校必须从促进孩子成长出发，培养孩子的社会兴趣和健康人格，使其向真正的社会成员的角色迈进。

关于健康人格，阿德勒认为，“合作”“奉献”“社会兴趣”是三大核心要素。阿德勒在其心理治疗的工作中发现，心理疾病患者最常见的共同特点就是合作能力非常低。此外，他们还缺乏奉献精神和社会兴趣。在培养健康人格的方法上，阿德勒较多地强调环境的作用，他主张通过教育培养孩子具备健康人格的基本品质。他指出：“我们在现代文明中所享受到的各种利益，都是许多人奉献出自己力量的结果。假使个人不合作，对别人不感兴趣，而且也不想对团体有所贡献，他们的整个生活必然是一片荒芜，他们身后也留不下一丝痕迹。只有奉献过的人，他们的成就才会保留下来。”（黄光国译，1987）国家、社会等概念作为抽象、权威的固定观念，早已扎根于老一辈人的心中，而在儿童成长的过程中，学校有责任用儿童能够接受的方式，激发其社会兴趣，培养他们健康的人格。

（四）童年中期儿童常见的反抗行为及对策

1. 家庭

情境1：当孩子在生活中尝试探索、观察周围环境的时候，他们难以忍受父母对他们过多的监视，常对父母的干预做出极端的反应。

情境2：有些家长用“禁令”对待每件事，不允许孩子这样，不允许孩子那样，其结果导致孩子的各种破坏、反抗行为。

情境3：不少家长限制孩子的交友或安排他们认为可以发展孩子学业的课程，令家长吃惊和烦恼的是，孩子会突然做出和他们的愿望相反的决定。

指导对策：

对策1：父母要理解孩子在这个阶段的反抗行为，并提供必要的指导。

对策2：父母要对这些现象有所准备，共同制定出适当的限制性要求，说明反抗将产生的后果，并始终执行一致的纪律。如果孩子的各种反抗行为都引起大人同样的反应，这反而会使他们不理睬父母的意见。父母必须决定哪些规则是最重要的，是必须坚持遵守的；对那些不太严重的反抗行为在处理时要灵活，留有余地。

2. 学校

情境：此阶段的孩子有时会通过反抗行为来维护自己正在发展着的个性。这些行为包括破坏课堂纪律，不完成作业，不喜欢所学课程，对学习不感兴趣，甚至旷课、逃学等。

对策：用严肃但又和蔼、令人信服的方式与孩子平等交谈，以便有效地制止孩子的反抗行为。通过这样的方式处理问题，可以教育孩子从中受益，懂得人类很多复杂而又多变的关系和感情。

情境：不成熟的、处于探索实践期的孩子有时会表现出损害集体利益、直接危害他人利益的行为（这是个严重的问题）。

对策：这时，首先要坚决用正义和恰当的纪律立刻去约束并惩罚这类行为，然后再花时间去分析、思考、探讨孩子不轨行为产生的原因，最后着手处理这种行为的直接后果。

通常，孩子那些细小的调皮捣乱的反抗行为应视为正常的、成长过程中自然的现象。而对于那些对孩子本人、同伴、老师、父母或其他人产生有害影响的行为应及时加以制止。这种反抗行为应该是孩子走向生活、趋于成熟的人生道路中的一种阶段性现象，而不应该成为孩子的一种生活方式。

四、羽翼初长成：小学高年级儿童心理发展的年龄特征

高年级小学生从发展的总体上看还处于儿童期，但其中一些年龄偏大的儿童已处于儿童向少年的过渡期。这一时期的儿童有了进行更高层次学习的认识基础，有些孩子的生理发育开始趋于成熟，尤其是性成熟，使他们开始关注男女之间的差异，社会化发展进入了快速发展的状态。

高年级的孩子对各种事物都怀有极强的好奇心和求知欲，具有开放、探究的心态，显示出他们广泛的爱好。在这种求知的心理状态下，他们的判断力开始理智地发展，对成人尤其是教师的批判精神开始萌生。与中年级孩子充满反抗、逆

反情绪的“见解”不同的是，他们相对显示出一些稳定与成熟，批判的目的更多的是想弄清是非，或表明他们的公正。

儿童对性别角色差异的认识，其实早在中年级就已经步入了快速发展的时期，如男生会时常对女生搞恶作剧，会在女生游戏时滋事扰乱，而女生则喜欢频频向老师告状，男女同桌时会画出分界线。到了高年级，由于青春期的开始，男女儿童对各自所属的性别意识在增强，有些儿童会疏远异性，他们开始关注自己的内心世界，心理发展正开始经历一个崭新的质的飞跃。这些情况会一直延续到青年初期。

五、青春期早期：开始体验真实社会与理想虚拟世界冲突的困惑

我们不认为青少年时期只是青少年向成人的简单过渡……青少年有着特定的性情和行为方式，他们需要在人生这一特殊的阶段内扮演特别的角色，完成特别的任务，发展特别的技能。

——埃里克森

世界卫生组织（WHO）将10～20岁定义为青春期。青春期和第二性征的出现，通常发生在孩子9～15岁的某个时候。由于营养和环境的问题，小学高年级的一些孩子已经提早进入青春期，开始表现在发育速度的急剧变化上。这时，一些孩子的生理变化快速而又不均等，发育过快的四肢显得与身体不太相称；身高长势迅猛让人感觉形体太过瘦长而不均衡。内分泌腺机能的增强，提高了神经系统的兴奋性，孩子有时会不由自主地激动、急躁甚至冲动。在身体迅速发育的同时，一些孩子进入了性成熟的发展状态，对异性产生了朦胧的好奇，并情不自禁地产生接近异性的倾向。通常，女生性成熟开始和结束都比男生早1~2年，在童年晚期，女孩的身高和体重都超过了男孩。

随着身体发育高峰期的到来，孩子的心理发展也进入了巨变时期。这个时期，一方面，青春期激素的变化会导致孩子情绪上的紧张，但社会因素引起的情绪上的紧张，对孩子的成长来说是个更大的考验。由于这些孩子的身体中正经历着变化，处于青春期的他们变得非常担心同年龄群体会如何看待自己。因为此时孩子的自尊和同年龄群体如何看待他们密切相关，这种担心会影响孩子自己的个人感受。

某些小学高年级孩子的青春期比一般的孩子要来得早，提早到来的青春期，让这些孩子觉得他们和同年龄群体变得更不一致了，这使他们更可能感觉自己是外人。此外，由于社会文化因素的影响，青春期的提早到来对男孩和女孩的影响又是不一样的。通常，女孩子受社会赞扬的品质是天真、甜美、可爱，而这些都是处于青春前期的女孩所具备的特点。进入青春期，对这个时期的女孩子来说，不是获得了更多的权利，相反，她们需要为月经来潮做许多卫生工作，这给她们的生活带来了很多不方便。同时，她们也变得更敏感，更容易受伤害，而且最为突出的是，这时女孩子的行为会变得谨小慎微，她们会比较紧张，感到很不舒服，甚至很讨厌青春期的来临。与此相反，男孩子的情况就有些不一样了。通常，我们的文化鼓励男孩子尽快成长为一个男子汉，欣赏男孩子的力量、勇气和果敢。一旦男孩子在成长中实现了这个目标，他们通常会为自己所具备的男子气概而自豪和欢呼雀跃。这些现象在我们的文化中往往是具有普遍性的，为此，我们需要对这些提早步入青春期的孩子给予更多的个别指导和帮助，在日常生活和教育中渗透青春期是人发展中的一个令人渴望的、积极的阶段的思想，让即将或刚刚步入青春期的孩子感觉到青春期是一个与美丽、力量及丰富的新奇感受相联系的阶段，而不仅仅是某些媒体所宣扬的那样：叛逆、反抗甚至暴力。

此阶段，教师可以通过丰富多彩的学校生活，鼓励孩子从事一些他们自己表现得相当出色且会令其满意的活动，鼓励孩子多阅读青少年书籍或期刊，参加体育活动，参加诸如夏令营等社会团体活动。通过这些活动，可以帮助孩子寻求能够增强社交技巧的信息和体验，帮助孩子在身体和形象改变的时候，维持对自己能力和价值的积极评价和愉快的体验。

步入高年级的儿童开始渴望独立，依照贝勒和希泽斯的观点，独立性是指既依靠自己又相信自己的行为。这时的孩子总是尝试着自己做许多事情，可他们在相信自己的同时却并不能同时依靠自己，显然这种独立性的背后有其虚假性的一面，流行歌曲《我不想长大》就反映了这种心声和事实。他们不再认可成年人要求的“听话的道德”，而是期待“平等的道德”，他们对家长和教师不平等的“说教”会开始反感，总是想尽力摆脱成人的过分保护，寻求个人自主的行为。这时孩子的自尊心、荣誉感、好胜心开始表现明显，而且很敏感，成人无意中说出来的有损他们自尊心的话，就能激起他们强烈的反应。为了维护自己的尊严，他们甚至选择明显的逆反行为来抵抗。这也是家长和教师苦恼的一个事情：原本善意的批评、督促、激励，有时却会事与愿违，成为孩子厌恶学习的原因，甚至会产生更糟的后果。我们对处在发展中的、不成熟的高年级儿童渴望独立的心理，应给予适度的宽容与理解、真诚的信任与尊重，但又不能过分迁就他们。

第二章

学校生活与儿童社会性的发展

任何个体的成长、发展都是通过社会化形成的。在实际社会生活中，一个人自出生后就接受社会的影响，开始了社会化的过程。社会化是指个人凭借其与生俱来的某些解剖生理特点，主要是神经系统尤其是脑的解剖生理特点，在社会实践中通过学习，获得符合某一特定社会要求的知识、技能、习惯、价值观念、态度、理想和行为模式，从其刚出生时处于“自然人”或“生理人” 的状态成长为社会人，成为具有独特人格的社会成员并履行其社会职责的过程。

学校作为儿童社会化发展的重要场所，对儿童的成长至关重要。我们的学校教育需要帮助儿童更好地成长，帮助他们更好地完成社会化，帮助他们获得成功。作为奋斗在教育第一线的教师，我们不仅要关心儿童的学业发展，更要关心儿童品德、行为和心理的成长，儿童的“成人”比“成材”更重要。

本章首先通过实例分析当前学校教育中存在的一些问题，明确指出儿童的心理健康、儿童的“成人”教育，已经是今天学校教育再也无法回避和忽视的一个问题。在此基础上，我们探讨心理健康的内涵、心理健康的内在层次结构和心理健康的核心。接着，重点讨论学校生活与儿童社会性的发展，主要包括：儿童的人际关系及其社会性的发展，小学儿童情绪的发展，小学儿童自我的发展。

第一节 心理健康与儿童的学校生活

对儿童的教育，主要是“理解”“指导”和“解放”；要培养他们“能在世界新潮流中游泳，不被淹没的力量”。

——鲁迅

学校是儿童学习、成长的重要场所。当前，学校的惯常做法是以学习的学科为中心，我们已经在儿童如何做功课、学习、考试等方面取得了长足的进步。可是，一些基本的教育问题并未能很好地解决，有关“教育危机”的警报此起彼伏，儿童的心理成长与健康发展常常被忽视。面对当前的教育，杨东平先生曾尖锐地指出，“我们仍需要大声疾呼：救救孩子！”我们不禁要问：“我们的教育怎么了？”“我们的教育在干什么？”教育儿童是我们所有事业中最重要的事业，比任何所谓的防卫措施都更为紧迫和重要，儿童的健康成长不容忽视！

一、学校生活与儿童的成长：幸福与享受的学校离孩子有多远

无意看到孩子的毕业留言册。我以为这留言册一定是风花雪月般粉粉紫紫的，里面涂画着孩子的理想和祝愿。但我在翻看孩子们写的内容的时候，我看到不只一个孩子写他们最大的理想是“杀死张某某”“杀死沈某某”。我问我的孩子“张某某”“沈某某”是谁？孩子的回答让我震惊，“张某某”“沈某某”就是他们班上的同学。

谁让我们的孩子如此冷血、如此仇恨，以至于在区区12岁的青涩之年树立起这样“杀杀杀”的最大理想？

我们习惯于把这样的血腥归咎于网络、影视等暴力源头。我问孩子他们班的同学接触这样的影像多不多。孩子说，他们班的同学很少看这些。他们看得多的几部动画片我几乎都陪孩子看过，其中没有血腥内容。我转而去问“张某某”“沈某某”在班上是怎样的孩子。孩子告诉我，这两个孩子在班上很“犯嫌”。“犯嫌”也就是调皮，比如“张某某”就有把整层教学楼的电闸拉掉的“恶行”，而且在班上的成绩很糟糕。

在一个考试成绩就是硬道理的教育环境里，我们不难想象这些“犯嫌”的孩子在班上如何引起同仇敌忾的愤怒。他们先是被老师打入另册，被孤立，成为孩子世界中的局外人。而所谓的“好孩子”则是耻于与他们为伍，害怕被老师合并同类项。进而这些被孤立的局外人就开始对孤立他的世界进行破坏性的反戈一击。在这样的恶性循环中，渐渐地，仇恨就萌芽了。

冷血和仇恨，其实有时候渗透在我们教育者润物无声的日常教育中。

我们必须正视日常教育中的暴力，它们来自孩子周围的世界——社

会、家庭和学校。

（何平，2007）

华东师范大学课程与教学研究所的钱雨博士在《是谁发明了学校——一个小学生的责问和一个教育者的反思》(2006）一文中介绍，他在上海浦东新区某小学五(4)班一节探究课上发现，当老师鼓励孩子提自己最感兴趣的问题时，其中一个孩子举手问：“我想知道是谁发明了学校？”老师随即把这个问题写在黑板上，并问道：“顺便问一下，你觉得这个发明好不好呢？”这个孩子毫不犹豫地回答：“不好！”课后，钱雨听老师介绍，这个孩子特别“率直和可爱”，他经常说的一句话就是：“我有自己的想法，我不管别人是怎么想的。”对此，钱雨不禁感慨道：“学校原本应该是一个充满愉快、令人向往的地方，可是为什么今天的学生却如此厌恶学校生活呢？”过了几天，钱雨又来到这个班，忍不住地问这个孩子：“你为什么说学校是个不好的发明呢？”孩子回答说：“没有意思。”钱雨又进一步追问：“你指的是什么没意思？”孩子干脆回答：“就是上学，放学……没意思！”

由此，我想起生活中自己碰到的一件事：一位初中教师无意间在课堂上问起学生是否愿意再回到幼儿园开始生活，结果几乎所有的孩子都回答不愿意。问其原因，答案竟然是：“好不容易才熬到今天，再回头多么痛苦啊！”一项“关于学生对课堂教学是否感到愉快”的调查结果表明，在现实的学校教育中，学生对课堂学习生活缺少愉快感。课堂学习对大多数学生而言不是一种幸福与享受，而是一种负担。

我的女儿今年刚升入初中一年级，当经过了小学升学考试“洗礼”的她和她的同学，面对初一政治课上老师的提问——“请你用一种颜色来描写你现在的学校生活”时，孩子们是这样来回答老师的：“是灰色！”“是白色！”“还有呢？”学生沉默了，老师也沉默了，陷入了思考……

有关当前的学校教育，不少人都提出了批评，在一篇题为《今日教育与儿童的精神世界》的文章中，作者提出当今儿童承受的教育问题主要包括三个方面：“学习生活和百草园生活的隔离”“个性与自我中心的矛盾”“设计和自主性的冲突”。确实，今日的儿童缺少生活体验，他们的童年生活只有“准备价值”——为未来美好生活做准备，儿童的生命意义没有得到真正的重视。在信息社会和“独生子女”时代的大背景下，儿童的生活里唯有学习，他们的兴趣、个性、能力和创造性都被忽略了，即使有一些空余时间，不少孩子也把这有限的时间消磨在远离现实生活的、光鲜的、刺激的虚拟网络世界，出现了一些学者所说的“水泥儿童”“电脑、电视儿童”。尽管当今独生子女的物质生活比他们的祖辈不知要好上多少倍，但作为家族中“聚焦性关注”的独生子女，甚至在他们还没出生时，祖辈、父母就已经开始在为他们设计和规划人生了。正因为如此，今日的儿童才会出现“个性与自我中心的矛盾”和“设计和自主性的冲突”。在这样的时代背景下，我们的学校教育需要加倍关注儿童的健康成长，关心他们健全人格的培养和心理健康的发展。

在四年级的某一节语文课上，老师在讲解《戚继光怒责舅舅》这篇课文和“秉公执法”等课文中的词语。课后，我想知道学生是不是真正理解了“秉公执法”的意义，于是问后一排的学生：“你在生活中有没有见过像戚继光这样秉公执法的人？”出乎意料，他回答我：“不知道，我每天上学，然后就回家，没见过什么人。”我问了第二个问题：“如果你是戚继光，会不会责打自己的亲舅舅？”他微笑着说：“打！50不够，我要打100下。”倒是我愣了一下：“打100下要是打伤了怎么办？”他无所谓地说：“打死了才好，关我什么事。”我的心里当时咯噔一下，涌出了说不清道不明的滋味。

（钱雨，2006）

二、心理健康的内涵：怎样的孩子才算健康

中外学者对心理健康的标准提出了许多有价值的看法，但是，它们中大多是要素的简单罗列，并没有深入探讨各要素之间的内在逻辑关系。参照现实社会生活与人们的心理与行为表现，本书采用伍新春提出的现代人和青少年学生的心理健康表述，即以智力正常为基础，关系协调是关键，情绪状态为表现，人格完善是结果。也就是说，心理健康具有其完整的内在层次结构。

其中，作为心理健康关键要素的关系协调可以具体细分为四种关系：

■ 人—己关系，即主体我和客体我之间的关系，也就是通常所说的认识、接纳、完善自我等；

■ 人—人关系，主要包括处理与长辈、同伴、异性、家庭等的关系；

■ 人—事关系，包括如何有效地从事学习、工作、休闲等活动；

■ 人—物关系，即协调与物质（金钱）、科技（工具）、环境（自然）、

社会（政治）等的关系。

而在这四种关系中，人—己关系（即自我意识）是最为核心的要素。

根据对心理健康的结构关系和核心要素的认识，可以进一步把心理健康的标准设定为：

- 智力水平正常；
- 自我意识正确；
- 人际关系和谐；
- 生活平衡积极；
- 社会适应良好；
- 情绪乐观向上；
- 人格统一完整。

总之，心理健康的标准是对心理健康概念的具体化和操作化，是一个由以上各种因素相互制约所构成的、具有层次结构的整体，也是我们开展心理健康教育的出发点和最终归宿。

小学阶段是培养儿童健康心理素质的重要时期，小学儿童的心理健康主要表现在以下六个方面：

- 智能发育正常，智力商数在70以上（包括130以上的超常儿童）。
- 情绪稳定，能够适当表达和控制自己的情绪，积极、乐观向上的情绪体验占优势，对学习和生活充满信心和兴趣。
- 有良好的人际关系，乐于与人交往、乐于帮助别人；尊重他人、理解他人，并能以友善、宽容的态度与别人相处。
- 能够正确认识自己，了解自己的优点和缺点、自己的兴趣和特长，有符合实际的发展目标；能够悦纳自我，并努力使自己变得更加完善。
- 有健全的性格，开朗、待人坦诚、勇于负责、正视困难。
- 能够正确对待现实，有较强的环境适应能力，接受新事物、新概念快，思想和行动能与时代同步。

第二节

小学儿童人际关系及其社会性的发展

研究儿童的生活，教员当然必须观察他的全部。儿童的家庭生活，也是很可以注意的。所以，教员最好和儿童的家庭联络，发生一种有感情的关系，将校内校外的教育联合拢来，成为一气，方易收功。

——摘自《杜威五大讲演》

社会性的发展是指个体的思想、行为、价值被社会上的人所接受和重视的过程。其实儿童一出生就开始了社会化——主要是通过他们对成人或儿童的观察以及与他们的交往来实现的。促进儿童社会化的因素包括家庭、学校、社会、大众媒体等。

建立在爱与被爱基础之上的人际关系是儿童健康成长的重要前提。在良好的人际关系互动的过程中，随着爱的体验与积累，儿童就会自然而然地产生出认识并理解他人，进而理解人类的能力。儿童进入小学之后，他们的社会交往更为广泛。亲子关系、师生关系和同伴关系构成了小学儿童社会关系的主要内容。

一、亲子关系：家是孩子心灵的泊岸

家庭对儿童的社会化成长至关重要，孩子首先在家庭生活中获得了有关人与人之间共同合作的第一印象。

——阿德勒

人们一般认为，在儿童早期的社会化进程中，最重要的影响因素是家庭。父母与儿童的关系，有助于儿童探索和形成性别角色以及与成人的相互关系。家庭的人际关系也会影响儿童与他人进行的交往。奥地利心理学家阿德勒认为，“在孤独、不与人交往的家庭中长大的孩子会把家人和外人划分得一清二楚；在他们看来，家庭与外在世界之间存在着巨大的鸿沟；这样，这种孩子以带有敌意的目光

注视外在世界也就是顺理成章的事情了。与别人素无往来的家庭生活无从增进社会关系；它使孩子变得疑心很重，使他们在交往中只会想着谋取自己的好处。这样，孩子与他人的社会感情就无从培养了。”（韦启昌译，2002）儿童与父母的关系是他们在青少年期和成人期形成多种社会经验的基础。

父母的教养方式、不同性质的亲子关系都会直接影响儿童的社交能力和在群体中受欢迎的程度。有研究表明，如果母亲以积极、赞许的方式同孩子交流并公开表达她的情感，那么孩子更有可能和他人建立起积极的友谊关系。相反，如果母亲采用专制的教养方式，那么孩子就倾向于用武力解决与同伴的矛盾（白学军等译，2005）。

家庭的心理氛围是影响孩子成长的另一个重要因素。“如果一个父亲是酒鬼，或者脾气暴烈，他就要记住，这些都会影响他孩子的成长。如果父母的婚姻不幸福，如果夫妇经常吵架，为此付出代价的是孩子。”“这些孩提时代的经历会留在孩子的心灵里，他不会轻易地忘记它们。”（韦启昌译，2002）所以，当教师碰到不会与人相处、合作的孩子时，他就需要通过自己的加倍努力，指导孩子走向健康之路，以弥补因父母的缘故给孩子造成的心理伤害。

父母是孩子最早模仿的对象，是孩子的第一任老师，他们与孩子形成了一种纵向的人际关系。虽然进入小学之后，孩子的人际交往逐渐丰富起来，但家庭、父母依然是孩子心灵的家园和温暖的“避风港湾”，这时的亲子关系对儿童的发展仍至关重要。我国著名心理学家林崇德先生（2003）认为，父母主要通过四种社会化心理机制对儿童的发展产生重要影响：

第一，教导：父母的言传身教，直接向儿童传授各种社会经验和行为准则；

第二，强化：父母采用奖惩的方式强化儿童的行为职责，并巩固这些行为准则的地位；

第三，榜样：儿童最早仿效父母，学习父母的行为方式；

第四，慰藉：儿童对父母形成的依恋感使他们易于向父母倾诉不安和烦恼，以得到父母的安慰和帮助。

父母的责任不仅是解决孩子的温饱问题，教育他们写字、计算、读书，更重要的是他们要为孩子以后的成长打下适宜的心理基础。否则，这些孩子入学乃至于成年之后会比其他的孩子承受更多的困难、更大的挑战。

二、师生关系：教师是孩子心灵的镜子

学校教育通常都应该能帮助儿童更好地完成社会化，使他们对自己的行为更加负责，使他们的生活获得成功。

家庭是以血脉为基础的血缘共同体，而学校则是以乡土（家乡）观念为基础的社会生活共同体。在学校里，每一个孩子都是一名称为“小学生”的社会成员，学校是孩子们最初接触到的社会，在那里，孩子们需要重新获得新的人际关系与价值观，而这些成长目标的实现则有赖于有效的指导者。为此，教师必须与孩子们建立起值得信赖的密切关系，帮助和指导孩子们找到可以互相帮助的伙伴，建立起稳固的友谊。学校应该成为使孩子们能够体验到这种理想关系的主要场所，而教师则应该理所当然地成为有效的指导者。

师生关系作为儿童生活中的一种重要人际关系，不仅影响小学儿童的学习、生活、情绪、自我等方面的发展，而且对小学儿童的亲子关系、同伴关系都有重要影响。

1. 小学儿童师生关系的结构特点

冲突性（师生之间是否经常有情绪、行为上的冲突）、亲密性（是否具有紧密相处、互相接纳的态度和行为）、反应性（是否有情绪、认知上的主动反应）是小学儿童师生关系的三个重要因素。这三个因素不仅构成了小学生师生关系的内在结构，而且也是影响师生交往过程的重要因素。根据师生关系结构成分的不同特点，小学生的师生关系表现为亲密型、冲突型和冷漠型三种类型。有研究发现，四年级是师生关系最好的时期，从师生关系的类型来看，四、五年级是师生关系变化最大的时期。该研究还指出：在师生关系的类型上，随着年级的升高，小学儿童积极师生关系类型的人数逐渐下降，而消极师生关系类型的人数逐步上升。

小学阶段是儿童获得博爱精神和互相帮助等品质的起跑线。老师对于刚刚开始人生新征程、尚不懂得社会为何物的儿童来说究竟意味着什么呢？在儿童的眼里，老师简直就是一个无法揭开的谜。小学老师无疑会成为儿童模仿的对象，义务教育阶段的老师，特别是小学第一任老师（尤其是班主任）的人格可以影响到儿童一生的为人。教师必须凭借自己的学识、教养和力量去告诉他们应该如何去爱、明白人的尊严与价值、懂得与人友善交往的乐趣、感受民主法制社会的幸

福……

师生关系是一种双向互动的人际关系，对儿童而言，儿童对教师的态度是师生关系的一个重要成分；对教师而言，教师对儿童的期望是师生交往中颇为重要的因素（林崇德，2003）。

2. 小学儿童对教师的态度

刚刚迈进小学大门的儿童，对他们的老师几乎都充满了崇拜和敬意。通常，老师的话是无可置疑的，老师的话往往比家长更有权威。有关调查（余强基，1985）发现，84%的小学生（低年级小学生为100%）认为要听老师的话。小学低年级儿童这种绝对服从的心理，有助于他们很快适应和遵守学校生活的基本规范和要求。然而，随着儿童心理的成长和年级的升高，他们的自主选择能力和价值评判能力也在不断地发展。大约从小学三年级开始，儿童的道德判断进入“可逆”的阶段，他们不再无条件地服从和信任教师了，他们学会了对教师进行评价，对不同的教师也有了不同的喜好。有关调查表明，这时，儿童喜欢的教师往往是讲课生动有趣、喜欢体育运动、严格、耐心、公正、知识丰富、能为学生着想的教师。对教师的评价影响小学生对教师的反应，他们对自己喜欢的教师予以积极的反应，也极为重视对自己所喜爱的教师的评价，对自己不喜欢的教师往往予以消极的反应。

3. 教师的期望对小学儿童的影响

有关研究（俞国良）指出，教师的期望对儿童的影响广泛。对学习不良的儿童，教师的积极态度比消极态度更利于其健康地成长。这种情况在小学低年级表现得尤为明显，甚至儿童的身体表现有时也受教师期望的影响。相关研究（韩进之，1985；林崇德，1986，1993；纪秩尚等，1987）表明，教师是根据学生的性别、身体特征、社会经济地位、家庭成员、兴趣爱好等信息形成对某个学生的期望的。

当教师对学生有高期望时，他们就会通过言语和非言语渠道向学生传递各种积极的信号。教师会对学生表现得更亲切、更愉快、更温暖，他们通常会发出一些积极的信号：更多的点头、微笑、注视，谈话更多，提问也更多，并提供较多的有挑战性的材料、更多的线索，并给予密切的关注。教师很多时候认为，那些他们看好的学生的失败是由于一时努力不够造成的，而那些低期望学生的失败则是由于缺乏能力造成的。这一切都在潜移默化中影响着儿童的成长。

教师对学生有不同的期望受多种因素影响：教师自己的态度，学生的外表、社会阶层、能力和兴趣，教师和学生的人格，学生的学业和家庭等。通常，那些乖巧的学生（如认真听课、及时完成教师布置的作业、守纪律、值日认真负责的学生）会给教师留下深刻的印象，并提高教师的期望。

三、伙伴——同学关系：一个朋友就是一个世界

友谊是培养人性情的学校。我们之所以需要友谊，并非是要用它打发时间，而是在人身上，首先在自己身上培养美德。

——苏霍姆林斯基

儿童与同伴的交往随年龄的增长而增加。埃利斯等人（Eills，et al.，1987）为了研究儿童与成人、同年龄伙伴以及其他年龄儿童的交往情况，观察了436名2～12岁儿童在家庭以及邻居附近的游戏活动，结果发现，从婴儿期到青少年前期，儿童与其他儿童的交往稳步增加，而与成年人的接触则相对减少。与此同时，随着年龄的增长，儿童与同性别伙伴玩耍的趋势不断增强（林崇德，2003）。

同伴关系是儿童满足社交需要、获得社会支持和安全感的重要源泉。进入小学之后，儿童同伴交往的机会显著增加，人际关系变得日益重要。良好的同伴关系有利于缓解儿童体验到的负面情绪，而儿童同伴关系不良则是导致儿童短期或长期社会情绪适应困难的重要原因之一。

（一）伙伴规则

从大人那儿学到的社交技能远比从同伴交往中所能学到的要少，儿童会从错误和考验中学会取舍，并且自觉地根据经验做出反应。

——劳伦斯·沙皮罗

小学儿童经过入学适应阶段的发展，逐渐脱离了幼儿时期的发展特点，全身心地投入到学校集体生活中来。他们一边继续服从教师的权威，一边开始重视伙伴之间的真诚与法则，伙伴规则时代悄然而至。儿童在与同伴交往的过程中会逐渐认识到，随心所欲、任性是无法与其他儿童结为伙伴的。当许多儿童聚在一起时，他们之间自然就会形成一种法则，当儿童加入到伙伴中间、与同伴们一起游戏后，他们就会明白，谁违背了这种准则谁就会受到排挤。对于这一点，儿童只有在同他人交往中才能理解。通过与他人相处、交流，在社会生活中反复接触多种人际交往的经验，儿童就会懂得他人有他人的权利，伙伴成员各有义务和责任。在此

阶段，学校应不断增加集体生活，鼓励学生同伴之间的交往，不断增强团体气氛，为儿童今后社会化的发展打下良好的基础。

儿童在与同伴交往的过程中，社会性发展水平不断提高。儿童在与同伴的交往中至少收获了三方面：其一，理解同伴团体中其他同伴的观点；其二，理解和体会社会规范和团体压力；其三，学会与同性同伴保持亲密（白学军等译，2005）。

（二）观点的采择与认知的灵活性

著名儿童心理学家皮亚杰认为，同伴在消除自我中心的过程中发挥着重要影响，因为他们彼此平等地交往。当儿童一起游戏、一起玩耍时，他们会发现，同一种游戏可以有不同的规则和玩法，面对这一切，儿童不需要像接受成人的观点那样去被迫接受同伴的观点。通过平等地协商、争论、讨价还价，儿童最终友好地交换意见，达成共识。在了解他人观点的过程中，儿童既学会了与他人合作，保持和维护了友谊，更好地理解和了解他人，也更好地了解了自己。当儿童与对事情有不同看法的同伴交流时，他们开始发现自己观点的局限性，“儿童参与解决同伴团体的问题和游戏的经历使他们远离幼年时的自我中心主义，并最终具有成人思维的灵活性”。如果儿童交往的对象是能力稍强于自己的同伴，他们就能学到更先进或更灵活的方法，这对他们是非常有益的（Tudge，1992）。在良好的同伴人际互动中，儿童的社会认知能力（包括社会观点的采择能力、人际问题解决的能力、信息加工的能力）和各种社交技能（分析社会问题的能力、对他人情绪的识别和理解的能力、理解和接受个体在能力和人格等方面存在差异的能力）都得到了有效的发展。

同伴之间的交往是一个双向的互动过程，那些较多参与同伴交往的儿童会获得更高水平的人际关系知识，而随着人际关系知识的增长，儿童又会获得更多的社交技能，并且能意识到哪些行为在人际交往中会受到同伴更多的赞赏、更有效。而经常被拒绝的儿童会认为他人的行为是不友好的和有敌意的，带着这种消极预期的儿童，在人际交往中常常会碰壁，而这又会进一步强化他们消极的预期。随着这种恶性循环的发展，被拒绝的儿童名声会越来越坏，最终失去发展社交技能的机会。

（三）理解社会规范和同伴团体压力

真诚的友谊是一株缓慢生长的植物，它必须经受磨难的打击，才能名正言顺地称之为友谊。

——乔治·华盛顿

同伴团体在其形成和发展的过程中逐渐形成、发展出自己的规范来约束其成员的行为。儿童在与同伴交往的过程中，逐渐感受和意识到这些规范，在这个过程中，他们会面临“从众”的压力，而教师也会因此而失去部分影响力。小学低年级儿童会把教师的认同和赞扬作为自己行为的标准。大约从小学中年级开始，儿童开始把同伴团体的态度作为自己行为的标准。这时，儿童经常在同学而不是教师面前表现，班级中搞笑者一类的角色都是在这一个时期出现的。不少儿童把扮演这些角色作为获取同伴赞许的途径。对同伴赞许的需求成为儿童从众的动力。儿童学习按同伴所能接受的方式去穿衣、交谈和开玩笑，他们学着抑制自己的一些情绪反应，特别是悲伤、脆弱和愤怒，以便在同伴的面前保持冷静、干练的公众形象（Salisch，2001）。

为了受同伴欢迎，儿童需要在衣着、行为和态度上服从团体规范，甚至不得不隐藏某些强烈的情感。而亲密的朋友之间在心理上更安全，他们彼此之间坦率、真诚、信任和支持。这一时期，儿童开始有自己“最好的朋友”；在这样的氛围里，好朋友一起分享彼此的秘密，聊一些不公开的家庭轶事，共创一些独特的游戏，进行冒险活动，并在困难中彼此帮助。虽然好朋友之间也会经历不理睬、打斗、互相威胁、关系僵化破裂、重归于好，但儿童在这样的友谊中体验到更多的爱和亲密感，这些美妙的体验、感受要超过成人，因为成人的友谊包含了更多的权力、地位及可利用资源的互惠关系。当好朋友之间产生矛盾时，儿童会在彼此认同的框架内解决，而不会像成人那样升级为严重的矛盾。沙利文（Sullivan，1949）认为，这些早期亲密的友谊是成年期友谊的重要基础。

（四）影响小学生同伴接纳的因素

同伴接纳是同伴关系的一种，反映的是同伴群体对个体儿童的态度：喜欢还是不喜欢，接纳还是排斥。研究表明，儿童的社会行为、教师接纳、学业成绩、社交策略都会影响儿童的同伴接纳（程利国、高翔，2003）。

1. 儿童的社会行为与同伴的接纳

儿童与同伴交往最直接的方式体现在其行为表现上，儿童的合作、友善、亲社会行为和同伴接受性成正相关，而攻击与破坏行为则导致同伴拒绝（陈欣银、李伯黍，1995）。研究表明，处在不同攻击水平上的儿童同伴接纳有明显的不同。那些表现出较少攻击行为的儿童会得到同伴的欣赏，他们能与其他儿童和睦相处，在别人需要帮助时给予及时的帮助，并能表现出更多友好的行为（程利国、高翔，

2003)。那些攻击别人的儿童经常会受到群体的排斥。同样，那些表现出较多行为退缩的儿童，总是给人一种胆小、怯懦、害羞的印象，常常退缩在同伴群体中，不敢更多地表达自己，不敢主动地和同伴交往，这也会影响他们在同伴心目中的地位，更为重要的是，他们会更多地被同伴群体所忽视。

儿童的社交障碍类型及其行为表现

小学儿童人际交往的主要问题：(1) 攻击型。表现为攻击性强，经常打人骂人，行为古怪，或是以武力相威胁，狂妄自大，自命不凡，喜怒无常，粗暴。(2) 学业不良型。表现为上课不认真，不完成作业，有作弊行为，学习成绩差，不努力学习，不求上进。(3) 吵闹型。表现为不守课堂纪律，不遵守活动与游戏规则，缺乏必要的交往规则，不善于处理交往中的问题，缺乏责任感，生活无约束，无组织，无纪律，说慌。(4) 孤僻型。退缩、安静、孤独、易于拒绝，对人冷漠，不合群，兴趣缺乏，气量狭小，不真诚。

(陈文彬，2005)

2. 教师接纳与同伴的接纳

小学儿童与教师的关系是一种重要的人际关系，由于小学师生关系的特殊性，小学教师对儿童的影响重大而又深远，小学教师在儿童心目中的地位是其他人所无法代替的。儿童对教师的态度是极其敏感的。研究表明，教师接纳与同伴接纳之间存在显著相关，不同的教师接纳水平的儿童，他们的同伴接纳存在着显著差异（程利国、高翔，2003)。那些在班上备受教师关注和喜爱的儿童，由于教师对他们有着较高的期望值，教师经常有意和无意地在班级中表扬他们，结果这些儿童在同伴中的地位就会与日俱增，在教师眼中稍逊一筹的儿童在同伴的心目中地位自然也会相应降低，而那些在教师眼中不受欢迎的儿童，通常也很难得到同伴的认同和喜爱。

3. 学业成绩与儿童同伴的接纳

研究表明，儿童的学业成绩与儿童的同伴接纳有显著相关。当前，在我国的学校教育中，学业成绩不仅是教师、家长、社会关注的焦点，也是儿童自己评价自己和同伴的标准。每个班级的学生都很清楚哪些儿童成绩好、哪些儿童成绩差。

那些学习优秀的儿童往往为同伴所佩服和尊重，同伴会更愿意与他们交往，并且以此为荣。相反，学习成绩不好甚至差的儿童，不仅会因为自己学业的失败而感到自卑，也会因此而受到同伴的轻视，不容易成为同伴乐意交往的对象。

4. 社交策略与儿童的同伴接纳

国内外学者的研究表明，不同社交地位的儿童在人际问题解决策略上存在着差异。那些能提出较多适宜策略的儿童最受同伴的欢迎。在社会交往中，儿童除了要更多地表现出友好、合作等行为外，其人际交往的策略性知识也是其获得同伴认同必不可少的要素。通常，那些有较多人际交往策略性知识的儿童在人际交往中往往会更懂得如何运用这些策略性知识，并表现出更多的亲社会行为，如尊重别人、真诚不说谎、帮助别人、守信等。相反，那些提不出策略或较少懂得和应用社交策略的儿童，在人际交往中常常会表现被动，有时还会把自己不好的一面在同伴面前展现出来：任性、自私、不信任别人、拒绝别人善意的帮助等，而这一切常常导致他们被同伴接纳的程度低。

这些因素对不同年级儿童的同伴接纳的影响是不一样的，低年级阶段，教师的接纳与认同对儿童同伴接纳的影响更大，而高年级阶段，儿童自己的学业成绩则更多地影响儿童的同伴接纳。

第三节 小学儿童情绪的发展

情绪是个体与外部客观事物之间关系的反映，是以个体的需要为中介的。在发展心理学研究中，情绪与需要被看做是个体整个生命连续发展的核心动力。

一、情绪的发生和发展：体验的旅程

任何一个发展正常的儿童都应有感受和表现情绪的能力。情绪的感受和表现，从出生时就显露出来了，理解儿童的情绪发生应从出生开始。

1.儿童情绪的发生、发展阶段

儿童情绪的发生和发展可划分为以下几个阶段：

- 个体阶段（0～2岁），这时婴幼儿内部的情绪与外部发生着的事情不分离，情绪表现形式以身体运动和口头发声为主。
- 个体间阶段（2～7岁），儿童情绪与外部事件相分离的意识增强，外部事物被视为有感情的，但这种感情是被儿童投射上去的。
- 相互作用阶段（7～11、12岁），无论是关乎情绪的内部世界，还是有关事件的外部世界，都已被儿童赋予了独立的地位。通常情况下，个体会更多地把情绪看成是一个人的内心体验。
- 自主阶段（12岁以后），从此时开始，主观和客观世界已明确地划分开来，情绪也完全属于主体内部的和个人的。

2. 小学儿童的情绪发展

小学儿童情绪的发展有这样一些特征：

- 情绪的丰富性：进入小学的儿童，已基本具有人类的各种情绪表现形式，他们的主要活动形式由游戏转向学习，在学习中体验着各种情绪。
- 情绪的稳定性：小学儿童的情绪虽然还带有很大的冲动性，但与学前儿童相比，他们的情绪已逐渐内化，调节和控制自己情绪的能力也在逐步增强。
- 情绪的社会性：小学儿童不仅能辨认和了解他人的情绪状态，而且能够以更多可控的方式表达情绪，6、7岁的儿童已经开始出现掩盖自己真实情绪状态的能力，知道如何根据文化规则来表达自己的情绪。
- 情绪与评价相联系。小学儿童此阶段的情感体验，与评价中的他人态度有很大的关联。教师对学生的成败评价、相关的周围人的态度，都会影响个体的情绪体验。如果学习评价不能让儿童体验积极情绪，儿童就会变得消极、冷漠，甚至一蹶不振。

二、童年期情绪的社会化与自我调节：童心拨动世界

情绪调节的发展被认为是儿童期社会情绪发展的核心成分，情绪调节不仅仅是一个简单或被动适应社会情境的活动，还与个体对情境的主观意义理解及应对能力有关，它是一种十分重要的社会情绪能力。

情绪调节基本上是在与照料者人际关系的情境中发展起来的，艾森波格等人概括了父母影响儿童情绪和社会能力发展的三个方面：

- 父母对儿童情绪的反应。父母对儿童的情绪反应方式如果是积极的，即对儿童的情绪反应是敏感的、热情的、能理解的，儿童会比较敏感，他们的情绪调节也会是良好的。相比之下，父母对儿童的情绪表达过于严格控制，会促使儿童隐藏而不是调节情绪。
- 父母与儿童间关于情绪的谈话。桑姆朴森（1990）就曾经提出假设，父母与儿童进行口头谈话可以促成情绪调节。有些研究也证实，父母与儿童关于情绪的谈话与儿童的情绪调节能力存在关联。
- 父母对情绪的表达。父母常常会帮助儿童在情绪表达上接近文化和家庭规范，有时父母不仅说出表达的规则，而且还会提出情绪调节的明确方法。

三、儿童情绪掩饰能力与社会化发展：走向成熟

个体情绪的发展是情绪社会化的过程，情绪伪装（emotional masking）是指个体出于某种社会性的目的，通过不同的表情，表现出和真实程度不符的情绪强度来掩饰内心体验到的情绪，它是情绪社会化的体现。

情绪伪装是一种调节策略，目的是更好地适应社会。儿童的情绪伪装能力是逐渐发展的，适宜的情绪伪装反映了儿童对具体情境做出恰当情绪反应的能力，这种能力可以进一步促进儿童社会交往行为的发展。

儿童情绪伪装的发展大致如下：2岁时开始出现情绪的伪装；4岁时是刻板的情绪伪装（一般是伪装负性情绪），难以理解他人的情绪伪装；6、7岁时可以灵活地伪装情绪，解释或理解他人情绪伪装的能力提高，儿童除了伪装负性情绪，也伪装正性情绪；9、10岁时，儿童可以洞察情境并自发地伪装情绪，可以有选择地表现或伪装负性情绪，准确地解释自己或理解他人情绪的伪装；11、12岁时则是儿童情绪伪装发展基本成熟的阶段，此阶段的儿童不仅能较好地进行情绪伪装，还可以了解情绪伪装所蕴涵的信息，并依此信息知道自己或预测他人的反应。10～13岁儿童的情绪伪装还与交流的对象有关，他们通常对成人掩饰自己的愤怒，对同伴则表达自己的愤怒。

影响儿童情绪伪装的主要因素有以下三方面：家庭、同伴、文化。家庭是儿

童理解和获得情绪伪装能力的重要渠道。父母与儿童的交往互动会帮助儿童获得有效的情绪调节技能。儿童和同伴之间的交往互动可以形成儿童的情绪表现规则。儿童的情绪伪装离不开儿童所处的文化环境，不同的文化有不同的有关情绪的信念。西方文化鼓励儿童表达自己的情绪和体验，以使自己的需要最终能被满足；东方文化则强调情绪的心理自律和儿童的行为标准，东方儿童可能更善于理解他人的情绪，倾向于压制自己的情绪以便表现出和情境相符的情绪。

此外，儿童的言语能力、性别角色、气质表现度等内部因素也是影响儿童情绪伪装的重要因素（史冰、苏彦捷，2005）。

第四节 小学儿童自我的发展

儿童自我意识的发展过程，也是儿童社会性认知发展成长的过程，同时还是儿童个性成长的过程。

自我是整个人格的核心，人的心理是由自我建构的，每一个人的行为表现、身心健康、人际关系和发展状况都受到自我的制约。

儿童时期的重要任务之一就是要获得对自己的认识，意识到自己是一个不同于别人的人。儿童是在人际交往中渐进地完成这些认识的，其自我意识逐步提升，自我调节的方式也随之发生变化。

一、寻找一个“我”：自我意识的发展历程

人来到这个世界上，首先认识外部世界，认识他人，然后才逐步认识自己。

个体自我意识发展的历程如下：

1. 自我意识萌芽时期（出生至1岁前后）

人出生后的第一年，几乎没有什么自我感觉，当然谈不上自我意识。小孩子照镜子却不知镜中的自己是何人，会盯着瞧，要伸手去抓他，津津有味地吮吸自己的小手，玩弄小脚就和玩弄玩具一样开心，这时的小孩不能意识到自己身体的存在，人我不分，物我不分，不能区分“我”与“非我”的概念，也就无自我意识可言。

动作的发展对儿童自我意识的发展产生了重要影响。当婴幼儿学会爬行和走步以后，能自主地将身体移动到自己想去的地方，这对自我意识的发展起着重要作用——自己能支配自己的身体和行为了。

2. 自我中心时期（1～3岁）——生理自我

1岁后，因活动增多、语言的发展，“我”字在言语现象中出现，儿童逐渐能用“我”来代替“军军”“宝宝”“阳阳”等一类原先自己对自己的称谓。这时，儿童的心理产生了“自我”的概念，儿童以自我为中心，常会说“我高兴”“我不喜欢”“我不好意思”“我难过”。语言的发展对自我意识有着重要影响。这时，儿童获得的是生理自我。

1岁半左右是儿童自立的一个关键时期，儿童学会说“不”。儿童大约从1岁半左右开始学会说“不”字，这是儿童自我选择能动性的表现，他们渐渐获得了自我决定的能力。

3. 客观化时期（3岁～青春期）——社会自我

3岁左右，儿童开始进入幼儿园，开始出现了自尊的感觉，具有了发挥自己能动性和主动性的愿望。在家里，他们最喜欢说的话就是“我自己来”“我自己穿鞋子”“我要自己吃饭”等。随着儿童内在发展的需要，他们对集体性游戏产生了兴趣。在集体性游戏活动中，由于扮演不同的角色，儿童逐渐开始觉察到自己在集体中的地位，学会对自己和他人进行评价。由于儿童有了更多的社会交往，他们打破了原先狭小的生活圈，并渐渐获得了社会自我。

小学阶段是儿童自我意识发展的加速时期，“背着书包上学去”对小学生来说是头等大事，他们从“小孩子”变成了“小学生”，生活中的主要内容从幼儿阶段的游戏，转变为小学阶段完成集体交给的各种任务。通过正确的教育，每个儿童都想成为班上的好孩子，能得到同学、家长、老师的信任和尊重，并学会主动地考虑自己应当怎样学习和行动，儿童的自我意识逐步提高到一个新的、较高的水平。在小学阶段，社会交往以及各种社会关系对儿童自我意识的发展产生了重要影响。

小学儿童是在人际互动交往中采择到适当的观点以满足他们自尊的需要，学会更好地调节自我，促进其自我意识发展的。在儿童成长的过程中，人际之间交流和沟通的机会越多，观点采择的经验就越丰富，像父母与子女之间进行的感情交流，师生之间的沟通、同伴之间的讨论都是观点的采择。在沟通和交流的过程中，双方不仅能够相互了解对方的观点，而且能够相互感受对方的情感，从而有助于彼此情感的接受。在这一过程中，如果对儿童的反应评价积极而稳定，就能促使儿童形成良好的自我概念；如果对儿童的反应缺乏恒定性，儿童没有稳定的可采择的观点，他们自我意识的发展就会受到阻碍。

4.主观自我时期（青春期～成人期）——心理自我

这时，人开始对自己的内心世界感兴趣，能够更加客观地评价自己和别人的个性品质。中学阶段学生的自我意识具有封闭性的特点，同时又充满矛盾。

二、从混沌走向清晰：塞尔曼的社会角色采择理论

美国心理学家塞尔曼从社会认知的角度提出社会角色采择理论，塞尔曼认为，自我意识的发展是社会认知发展的结果，他的理论被认为是“最详尽地说明自我意识发展的理论”（美国儿童心理学教科书如是说）。

塞尔曼（1980）采用两难故事法研究了儿童的观点采择能力。他根据儿童的反应，将儿童的观点采择和自我意识的发展分为以下五个阶段：

- 阶段0：（3～6岁）未分化的角色采择。儿童理解他们身体的存在，但未表现出对独立心理存在的意识。这一阶段没有出现观点采择。
- 阶段1（大约6～8岁）：社会信息的角色采择。儿童能够将心理状态与行为区分开来，他们认为外部表情和言行总是与内部的情感和思想相一致。因此，可以通过观察一个人的行为和言谈来了解他的自我。
- 阶段2（大约8～10岁）：自我反省的角色采择。儿童开始能够观察和评价自己的内在自我，意识到自己比别人能够更为直接地监控自己的行为和思想。
- 阶段3（10～12岁）：相互角色的采择。年轻的少年开始意识到自我代表了一个稳定的个性成分，开始从具体的心理状态认识到人格的一般特征，开始能够以一种一般的、公平的第三者的眼光看自己。
- 阶段4（12～15岁以上）：社会和习俗系统的角色采择。青少年试图通过将他人的观点与社会系统中的综合性观点相比较，以此来理解他人的观点。

三、塑造积极的自我：小学儿童的自尊、自我概念和自信心的发展

在个体成长的过程中，自我的发展常滞后于其他心理的发展。自我心理学方面

的著名学者卢文格曾非常深刻地指出："关于自我的发展，大多数人稳定在远远低于他们的智力和其他发展水平的某个阶段上。"自我的发展总会伴随着不断出现的新的冲突，个体会在一段平静、和谐的状态之后，出现新的问题。正处在自我发展中的小学生，不可能所有的行为都"坏透了"或一直"全优"，好学生不能或不会犯错误与差生没有优点的观点，是既不符合学生心理发展的特点，也不利于学生成长的。教师只有深刻地理解学生的这些发展特点，才能给予学生真正需要的支持和帮助，以促进儿童更好地成长。

1. 小学儿童自尊的发展

自我的本质是进行自我调节，而自我调节的内在动力则是个体的内部需要——自尊的需要。自尊的需要在小学不同的成长阶段有不同的体验：在小学低年级，儿童为得到老师的表扬而得意，由于在课堂上举手发言最容易得到老师的关注和表扬，所以他们会积极争取这样的机会，常会在没有准备好的情况下争着举手发言，被老师请到后，却不知说什么。也有的儿童一心专注于举手以赢得老师的关注，而把本已想好的答案给忘了。对他们来说，举手并不是准备好发言的标志，而是为了取得老师的关注和嘉奖，是获得自尊需要满足的一种手段。随着年级的升高，一些小学生即使能够回答问题，也不会轻易举手了，他们会根据不同的情况做出不同的反应：如学业成绩良好的学生，对于容易的问题常会表现得不屑一顾，生怕别人认为其能力平平。虽然低年级学生和高年级学生在课堂上的反应不同，但都体现了维护自我价值和满足自尊的需要。教师在自己日常的教育教学活动中，要充分考虑到不同年龄阶段儿童自尊发展的特点和心理需要。

2. 小学儿童自我概念的发展

自我概念是指人们对自己是什么样的人的比较稳定的总体看法，是个人对自己下的定义。自我概念作为心理健康的一个重要指标，在儿童的成长历程中扮演着重要的角色。儿童的自我概念是在社会交往过程中形成和发展起来的，学校是他们自我概念形成和发展的重要场所。在班集体这个同伴群体中，教师的认可程度和同伴接受程度的高低都会直接影响儿童对自己社会能力的判断，使其形成不同的社会概念，而儿童的社会行为对他们自我概念的影响，也是通过同伴关系、师生关系起作用的。相关研究（韩立敏等，2004）表明，在小学阶段，班主任的互动风格在个体水平和班级整体水平上与儿童自我概念及其他方面都存在着显著相关。儿童的学业自我（数学、阅读、一般学校表现）、非学业自我（生理外貌、同伴关系、亲子关系）以及一般自我都与班主任存在着显著相关。在小学阶段，班主任不仅对儿童个体自我概念的发展起着重要的影响作用，对班级群体也有着重要影响。因此，班主任在自己的日常工作中，可以通过班级群体，对班级全体儿童进行心理健康的渗透教育，促进儿童的自我更好地成长。

3. 小学儿童自信心的发展

自信心是儿童自我概念的核心内容，它的形成和发展直接影响着儿童个性的发展和成熟，乃至一个人一生的心理成长和心理健康。自信心强的孩子在学校中能更积极主动地参加各种活动，在活动中得到更多的锻炼和发展；能积极地与教师、同伴交往，与他人建立起良好的关系；面对困难能勇敢地大胆尝试。其实，人成年之后的自卑心理或自负心理，都可以追溯到他们童年时期自信心发展的情况和教育的状况。在小学阶段，教师作为对小学儿童自我概念发展有着重大影响的“重要他人”，要关注对学生自信心的培养，促使其形成健康的人格。

相关研究表明：小学阶段儿童自信心的发展呈非直线不均速发展的状况。主动性、社会交往、自我评价等方面，随着年龄的增长出现下降状况；自我表现年龄差异显著，随着年龄增长而呈现下降趋势；低年级阶段的独立性随着年龄的增长而提高；而家庭人际关系的影响因素呈现不均衡的现象（郭黎岩等，2005）。

高年级儿童的自信心随着年龄增长呈现下降的趋势，说明随着社会的快速发展，教师及家长对高年级儿童的发展水平要求越来越高，而这时儿童又处于毕业的特殊年龄阶段，教师和父母的过高期望及学业等多方面的压力不断增加，而儿童的社会适应能力、应对学习压力的能力、人际关系的调整能力、参加各项集体活动的能力还有限，这一切都影响了儿童自信心的发展。

此外，该研究还指出：双亲儿童自信心的发展水平与单亲儿童自信心的发展水平存在着显著差异。该研究进一步证实了家庭结构的裂变对儿童自信心的发展有负面影响。关于独生子女与非独生子女，该研究指出，他们自信心发展水平的差异不是很显著。

儿童自信心的发展，关系到他们心理发展的水平和心理健康的程度，关系到他们日后健全人格的形成、良好行为习惯的养成，关系到儿童一生的成长。因此，教师在日常的学校生活中，要通过各种途径和方式——显性的或隐性的，培养儿童的自信心。

第三章

行为规范的养成与小学儿童的成长

从某种意义上来说，习惯的养成就是教育，而教育就是习惯的养成。其实，每个儿童的内心都有一缕善良向上的温暖之光，由于受心理发展水平的制约，他们做什么事还不太能坚持，常常还没有力量要求自己去做知道应该做的事情，而教师和家长在这时候就需要通过自己的智慧，充分发挥“雕刻者”的作用，让儿童最终达成“习惯成自然”的目标，让习惯成为儿童的“第二天性”，通过学校的渗透教育迈向“育人细无声”的境界。

行为规范的养成不仅仅是行为习惯的养成，它对儿童的影响是全方位的：既能促进儿童学业的发展，也能帮助儿童养成良好的生活习惯；既能塑造儿童良好的个性品质，也能促进儿童品德的发展。本章分四节来讨论行为管理与儿童的发展问题：第一节讨论行为管理与小学儿童的成长，包括行为管理与儿童入学适应的行为规范的养成、行为管理与儿童亲社会行为的培养、行为管理与儿童学习习惯的养成；第二节、第三节、第四节分别介绍行为管理的一些基本原理、有效性原则和有效性策略。

第一节 行为管理与小学儿童的成长

小习惯很重要，可以积成一条小河，将小孩子冲下去。积重之余必定难返，小学教育的责任，就是要能利用或改正儿童的习惯，将他们培养成高尚的人。

——杜威夫人

习惯是通过学习而获得的，是一种程序化了的行为、思维和感情模式。我们每个人都有自己的习惯，每个人都处于一系列习惯的控制之中。稳定和卓有成效的学习、生活和做事习惯可以帮助儿童获得成功。当儿童良好的行为习惯在学校不断获得肯定时，他们渴望干好工作的习惯就会日趋巩固下来。通过教育和训练形成的习惯，可以持续多年，甚至保持终生。

一、入学：自然天性从此归于新路

习惯使自然天性走向新的轨道。

——夏洛特·梅森

（一）幼小衔接：儿童入学的行为适应

从幼儿到小学生，儿童的角色发生了巨大的变化，要实现这个角色的转变，除了生理准备外，心理的准备更为重要。心理准备包括学习习惯、学习态度、学习能力和社会性能力等方面。新环境、新的成长要求，需要儿童有良好的学习习惯。儿童年龄越小，他们的可塑性越大，也就越容易建立比较稳固的有着一定程序的暂时神经连接，即动力定型。根据这样的规律，儿童从一进入小学开始，就必须加强习惯的养成，良好的习惯会使儿童终生受益。

入学初儿童习惯的养成

良好的生活习惯：过有规律的生活；早睡早起；遵守作息常规；遵守小学规则；学习用品与班级物品放置顺序化、固定化，用完即归还原处。

学习习惯：专心与认真；爱护书籍；正确阅读与书写；及时复习；独立做作业。

自己收拾书包：有序放置书本，整理自己的文具。

正确的握笔姿势和看书写字姿势；不形成橡皮依赖症。

总之，教师要教儿童学会学习，养成好习惯，学会休息，学会用脑，学会用眼，学会书写，学会守纪律。

（二）行为塑造与儿童入学行为规范的训练

行为塑造法是一种程序，用来形成儿童目前还没有的行为，即个体从不会到一步步学会一个新行为的过程。它是通过爬楼梯的方式，一步一步帮助儿童逐步接近新的行为反应方式，最终建立起新的行为方式的过程。例如，1岁左右的幼儿学会走路，大人往往从孩子能独立行走一步或两步的距离开始，重复训练直至其能走完一定距离的路，并对每一次的正确行为给予表扬（强化）；然后增大孩子独立行走的距离，如走完三步或四步的距离，再给予强化。以此逐步地增加行走的步数，五步、六步、七步……最后终将使幼儿形成独立行走的动作技能。

日常生活中，家长和教师要有意识地运用塑造法，培养刚入学儿童的良好行为习惯，行为塑造法在儿童良好的行为规范养成中占有很重要的地位。

正确运用行为塑造法必须注意下列原则：

1. 观察需要帮助的儿童

需要帮助的儿童的什么反应出现得最经常？它的先行事件和行为后果（环境因素）是什么？教师要根据观察到的资料，考虑一下要塑造的最终行为目标是否能从儿童现有的行为反应中衍生出来。

2. 确定具体的目标行为

塑造的第一步是要清楚地确定最后需要塑造的行为。例如，刚刚学习书写自己名字的儿童的目标行为可确定为：按照老师的要求，在老师规定的时间内，能正确、规范地写出自己的名字。

3. 设计塑造步骤

塑造过程中，在进行下一个序列时，儿童必须已经掌握现有的行为。后一个行为单元比前一个行为单元更接近目标行为。每个行为单元之间不能差异过大，以致儿童无法完成，导致塑造失败；但是又不能差异太小，否则，进展过慢、过于费时。教师可根据自己的经验来确定步速。

4. 选择一个合适的起始行为

在塑造程序中，由于儿童的目标行为（如写字、做作业的正确姿势）起初并不可能发生——通常，儿童刚入学时，由于小肌肉发育还不完善，正确的书写姿势对他们来说还是比较困难的——所以，我们必须先强化一些与目标行为相似的行为（如眼睛离课桌有一尺远），这时就需要确定一个起始行为。这个起始行为应当是有时能发生的，以便可以强化；同时，这个起始行为还必须与目标行为相似。我们选择起始行为的重要前提是，必须了解儿童在当时已具有的行为水平，然后通过强化它，一步一步地从起始阶段向目标接近。在执行程序期间，起始行为或连续的相似行为要根据儿童的练习情况不断进行修改。

5. 正确地进行强化

在每个起始行为发生时，应立即给予强化（如表扬或鼓励）。任何一步都不能强化太多次，但也不能强化不足。如果一个连续接近的行为经过长时间的强化和重复以致变得过度牢固了，那么新的接近性行为就会很难再建立起来；如果儿童显得注意力不集中或表现出不感兴趣、厌烦时，则表明步子可能太小或太快了。在塑造儿童新行为的过程中，教师需要仔细观察儿童的行为，及时调整不恰当的措施，如调整步子的大小、加速或减速，甚至需返回到程序中的某一个步骤重新进行塑造训练等。

能否成功地塑造儿童适当的行为规范，关键在于塑造前教师要明确所要塑造的目标行为和起始行为，塑造的步子大小、步调快慢要控制得当，并依据儿童的反应情况及时加以调整、修改，只有这样才能保证儿童良好行为习惯的养成。

二、亲社会行为：世界原来充满爱

（一）儿童的亲社会行为

在儿童的学校生活中，教师运用行为管理的策略可以增加儿童适应性的亲社会行为，如关心他人、热爱班集体、帮助同学，减少和克服不适应的行为习惯，如攻击、欺侮行为等。

亲社会行为是指一切符合社会期望并对他人、群体或社会有益的行为。亲社会行为在不同的社会都得到了人们的一致欢迎和认可。国内外学者通常把帮助行为、分享行为、合作行为、安慰行为作为亲社会行为的主要形式。

亲社会行为对儿童的社会化发展起着重要的影响作用，儿童的亲社会行为越多，他们被同伴接纳、认同的可能性越高，在同伴群体中受欢迎的程度越高，朋友和玩伴越多。同时，良好的同伴关系会进一步提高这些儿童的社会能力和更积极的自我评价，使这些儿童在社会交往方面对自己更有信心。

通常，随着儿童年龄的增长，儿童的亲社会行为一般都会随之而增加，儿童的亲社会行为表现出更多关注社会、关注他人的倾向，而利他动机也呈上升趋势。在儿童的学校生活中，运用行为管理的策略可以增加儿童适应性的亲社会行为。

研究表明：四至六年级儿童评价同伴的亲社会行为动机可归纳为九

项，依次是：乐于帮助人，为他人着想，应该这么做，获得好朋友，班级荣誉，同情他人，获得互助，显示能力，获得赞扬。四至六年级儿童普遍认为，同伴的亲社会行为是出于对他人和集体利益的考虑。

（寇彧、赵章留，2004）

（二）增进儿童亲社会行为的行为管理策略

1. 强化

在现实生活的真实情境中，成人要善于把握机会，对儿童的各种亲社会行为进行强化（如赞扬）。当儿童的亲社会行为受到成人的强化时，儿童会产生积极的情感体验，经过一段时间的强化和训练，儿童这种积极情感的体验就会和亲社会行为建立起稳固的联系，随着时间的推移，即使没有外在的强化，儿童在各种人际关系的情境中也会表现出亲社会行为。

2. 观察学习与榜样模仿

榜样的力量是无穷的。

——毛泽东

对儿童的亲社会行为影响特别大的是社会榜样。儿童会模仿自己观察到的别人的行为，自己也就慢慢学会了帮助别人。

弗洛伊德认为，亲社会行为发展的必要条件是良好的亲子关系。所以，儿童早期父母的榜样示范作用很重要。进入学校之后，教师的示范对"向师性"特征特别明显的小学儿童而言就显得特别重要。此外，在引导、塑造儿童亲社会行为的同时，教师要在班集体中倡导良好的班风和树立儿童学习的榜样。在儿童的利他原则内化为孩子自我的一部分以后，儿童会努力去帮助别人，表现出亲社会行为。

三、学习习惯：终生受益的系统工程

小学儿童的发展主题：勤奋对自卑。

——埃里克森

心理学家埃里克森将人一生的发展分为八个阶段（见表3.1），他认为这八个阶段的发展顺序是不变的，而且普遍地存在于不同的文化背景之中，因为这是由遗传

表 3.1 八个生命危机（心理发展阶段）

发展的阶段	主要的发展任务	对积极的发展结果的重要影响
基本信任对基本不信任 (0～1岁)	婴儿必须学会信任别人对他们生存需要的照顾，如果照料者拒绝或前后不一致，婴儿会认为这个世界是不安全的。	养育者充满爱意的交流
自主对羞耻和疑虑 (1～3岁)	儿童必须学会“自主”，如吃饭、穿衣等。	父母的支持与孩子的模仿
自主对内疚 (3～6岁)	通过父母认同的行为，以及对自己行为的责任感而发展“自我”的意义。	父母的支持，认为与别人具有同一性
勤奋对自卑 (6～12岁)	通过与同伴的交流，掌握重要的社会和学习技能，发展自我价值感和自信感。	学校、教师、同伴；学习与教育；鼓励
同一性对角色混乱 (12～20岁)	这一阶段是童年迈向成熟的重要转折点。青少年会发展对同一性自我的强烈感觉。	同伴与角色塑造；社会环境与压力
亲密对孤独 (20～40岁)	形成亲密的友谊，与他人建立恋爱或伴侣关系。	配偶、同事、伙伴、社会
繁衍对停滞 (40～65岁)	成人面对的主要任务是繁殖，并承担工作、照顾家庭和抚养孩子的责任。	配偶、孩子、同事、伙伴、社区
自我整合对绝望 (65～)	老人回顾一生，认为它是有意义的、成功的、幸福的，或是失望的、没有履行承诺和实现目标的。	朋友、亲戚、配偶、孩子、社区与信仰的支持

因素决定的，但每个阶段能否顺利地度过则是由社会环境决定的。

童年期（6～12岁）儿童发展的主题是勤奋对自卑，这一时期儿童发展的任务是通过与同伴和教师的交流，掌握重要的社会和学习技能，发展自我价值感和自信感。学校、教师、同伴的教育和鼓励对儿童积极的发展产生着重要影响。儿童勤奋感获得的重要途径是小学阶段的学习。尽管游戏仍然是刚入学儿童的重要活动，但在整个童年期，儿童的行为会更具有勤奋感和目的性。小学阶段儿童学习习惯的养成对其勤奋感的形成至关重要。

(一) 学习习惯

良好的习惯是一个人在自己的神经系统中存放的一注不断增长的资本，一个人一生都将从它那里得到利息。

——乌申斯基

学习习惯是个体在特定的学习情境中经过反复练习形成的、相对稳定的、自动化的学习行为模式。由于学习习惯自动化的性质，学习的意识控制水平降到了最低限度，个体常在自觉的状态下进行学习活动。学习习惯对学业成绩的影响是明显的，它是提高学习质量的诸多重要条件之一。

(二) 影响学习习惯的因素

1. 心理因素

(1) 认知特点。认知具有以下两个特点：

元认知水平：元认知是指个体对自己认知过程的自觉了解和控制。相关的研究表明，个体的元认知水平越高，良好的学习习惯也就越容易形成。元认知能力强的学生善于反思，对自己的学习过程有着较强的自觉监控，因而易养成良好的学习习惯。

认知方式：认知风格或认知方式，是人们对信息和知识经验进行加工时所表现出来的一种认知倾向。认知风格影响着学习习惯形成的快慢，使学习者的学习习惯带有独特的个人色彩。

从个人处理信息的速度来划分，可把认知风格分为冲动型和沉思型。冲动型学生的感知、思维方式直觉性强，速度快，具有强烈的感情色彩；沉思型学生的感知、思维方式以反省为重要特征，速度相对较慢，情绪稳定，喜欢按部就班。一般来说，沉思型的学生解决问题的策略比冲动型的学生更为成熟，记忆策略与记忆方法的发展水平也相对较高，因而容易养成稳定的良好学习习惯，冲动型的学生虽然感知、思维的速度快，但其使用的认知策略和方法往往不太成熟。所以，他们学习习惯的养成需要一个较长的过程。

从个体加工处理信息的独立性特征来看，可把认知风格分为场独立型和场依存型。场独立型的学生不易受他人或情境的影响，在思维方式上偏于自主、创新，这种认知倾向对于形成稳固而个性化的学习习惯具有积极意义；场依存型的学生既容易适应环境，也容易受环境、他人、情境的影响与暗示，教师的表扬、班集体学习的氛围、同伴的学习特征等因素常影响和限制他们学习的努力程度，他们独立学习习惯的形成相对较慢，但可塑性很强。

(2) 个性因素。动机是影响学生学习习惯形成的首要个性因素。一般来说，学习动机越强烈，良好的学习习惯就越容易形成。此外，相关的研究表明：个体对学习习惯重要性的认识越明确，就越容易形成良好的学习习惯。

性格是影响学习习惯形成的另一个重要因素。学习习惯的形成是一个长期的过程，在形成过程中需要克服许多来自内部和外部的困难，这就要求学习者对学习习惯有正确的认识、良好的坚持性和毅力。在整个学习习惯形成的过程中，良好的性格品质起着至关重要的影响作用，其中性格结构中意志特征的作用尤为突出和明显。

2. 环境因素

教师和家长是影响学生学习习惯形成特别重要的外部因素。教师和家长通过指导和榜样示范作用，影响着学生学习习惯的内容、性质和形成过程。教师在学生学习习惯的培养方面起着不可替代的作用，这是系统化影响学生学习习惯形成的首要因素。教师对学习习惯重要性的认识，直接制约着学生对学习习惯的重视程度，教师提出的要求、监督和评价，直接影响着学生学习习惯形成的快慢、水平和性质。一位称职的教师应在课堂教学以及与学生日常的互动过程中，营造促使学生良好学习习惯形成的环境和氛围。此外，学校与班集体的学习气氛、同伴的学习习惯与学习特征等，也是影响学生学习习惯形成的重要外部因素。

（三）小学生学习习惯的培养与指导

1. 小学生常见的不良学习习惯及其原因分析

良好的学习习惯是学生学业发展的基本前提，是学生学会学习的具体体现，也是学生学习成功的重要保证。在日常的学习活动中，有不少学生存在着不同程度的不良学习习惯，具体表现在以下几个方面：

- 学习时间习惯：不会统筹安排和支配学习时间，时间利用率低、学习效率差。
- 课堂学习习惯：课堂上注意力不集中，思维常处于被动状态，不能跟上教师的思路和节奏，思想常开小差。
- 课后学习习惯：不少学生放学回家后先玩再做作业，做作业时常做一些小动作，或边做作业边听音乐。

- 考试复习习惯：平时不复习，考得不好不愿听批评；作业本、试卷发到手，看看分数就扔到一边，不分析、不总结、不反思；基础没打好考得不理想，变得灰心，渐渐对学习失去兴趣，学习动机也因此不断弱化。
- 其他：不准备工具书，需要查字典、词典时，嫌麻烦，草草应付了事；懒惰，不懂、不会的题目不主动去问等。

造成上述不良学习习惯的原因主要有以下几个方面：

第一，缺乏学习动机，没有明确的学习目标。对不少学习习惯差的学生而言，学习是一种盲目而又被动的行为，他们常常随心所欲地凭自己一时的兴趣去学习，或因他人的要求而学习，很少考虑学习的质量和效果。

第二，不会学习，习惯于死记硬背，没有独立思考的习惯和能力。

第三，对学习不感兴趣，缺乏自觉性。不少学生是在家长和教师的“逼迫”下学习的，通常他们对学习敷衍了事，于是渐渐就养成了不少不良的学习习惯。

此外，一些学生的个性特征影响和制约着他们学习习惯的养成。那些性子急的学生，虽然本身对学习比较感兴趣，善于动脑筋，做作业时总能以最快的速度完成，但容易养成字迹潦草、错误率高的不良学习习惯。还有一些活泼好动的学生，他们经常边学边玩，即使在做作业的时候也乐此不疲，到头来总是最后完成作业。

2. 小学生学习习惯的培养

良好学习习惯的培养和形成是学生学业发展的前提和归宿，小学生的发展只有融入习惯中，才能成为他们终身发展受用不尽的重要资源和宝贵财富。我们可以从以下几方面来培养小学生良好的学习习惯：

- 抓住学习习惯形成的关键期，促进小学生的学业发展。小学低年级阶段是学生个体学习习惯形成的关键期，因此，我们要从学生刚入学起就开始加强学习习惯的培养。
- 通过前后一致的强化管理，造就学生良好的学习习惯。学生习惯的养成不是一朝一夕就能获得成功的，需要教师持之以恒的指导。破除不良习惯，保持优良习惯，需要教师付出更多的努力，教师可通过有效的强化塑造学生良好的学习习惯。
- 凸显学习者的主体地位，培养学生良好的学习习惯。通过有计划的强化，不断培养学生元认知的能力和习惯，让学生学会自己主动监控整个学习过程。例如，学习计划的制订、执行和调整，兴趣爱好与时间的调控，学习方法的反思和调整，情绪的监控等方面。

■ 从具体的环节入手，培养学生良好的学习习惯：

A. 课前学习准备的习惯：包括知识准备（预习）、心理准备（学习的动机、注意的状态等）、物质准备（学习工具与学习材料）三个方面。自觉预习的良好习惯并不是靠一朝一夕的努力就能行的，它既要靠学生自己的努力和坚持，也要靠教师及家长日常的检查、督促和强化。

B. 课堂学习习惯：包括课堂上选择性注意的特点与习惯、思考与回答问题的习惯、支持性的学习习惯（如记笔记、自我监控等方面的习惯）等。任课教师不仅要引导学生使其思维处于积极的工作状态，还要指导学生（尤其是高年级的学生）学会记课堂笔记，养成良好的课堂学习习惯。

C. 课后学习习惯：包括先复习后做习题的习惯，对难点、重点、错误常采用的应对策略和步骤等。

D. 学习卫生习惯：包括生活卫生、用眼卫生和体育锻炼等方面的习惯。

E. 考试的习惯：具体表现为考试之前的物质和心理准备，考试时做题的顺序及时间安排和情绪调控，考试后的总结和反思等。

F. 遵守规范的习惯：包括遵守课堂常规、学校纪律的习惯，遵守家庭和自我约束的习惯等。

第二节 行为管理的基本原理

在老师对我的夸奖过程中，我发现良好的行为在得到不断夸奖时，这一行为就会得到重复而形成习惯。

行为奖惩技术在我们的日常生活中十分常见。对学习成绩好的学生给予奖励，用心理学术语叫“正强化”。司机随便闯红灯，警察对司机罚款，用行为心理学的术语叫“负强化”。生活中即使目不识丁的老奶奶也知道用行为奖惩的方法对付自己淘气的、不用功的小孙子。“作业做完了，我就让你出去玩。”老奶奶可能并不知道她是在用行为奖惩的方法。行为管理的目的之一，就是消除孩子习得的非适应性或不良的行为习惯，培养孩子良好的行为习惯。

有一次凡凡（化名）想吃冰激凌，当时天气还比较冷，父母怕从小体质不好的孩子胃受不了，就没同意。刚上幼儿园的凡凡立刻就发起脾气来，躺在地上，大哭大闹，不肯起来。孩子的母亲看不过去了，连忙答应了孩子的要求，她拿着凡凡渴望的冰激凌说：“好了，宝宝，快起来。”在与父母的“对抗”中，孩子以哭闹取得了胜利，他如愿以偿，得到了那个冰激凌。正是母亲的妥协强化了孩子哭闹的行为。

如果使用好的强化，就能控制和引导儿童的行为反应，帮助儿童养成良好的行为习惯。儿童的一个偶然行为，恰好得到成人的强化，那么，这个行为出现的概率就会增加。例如，儿童把自己的书桌收拾得干干净净，这时家长或老师及时给予一定的夸奖和奖励，以后，儿童整理书桌的次数就会大大增加，而且强化的次数越多，相关行为出现的概率就会越大。强化可以塑造一种行为。

不少儿童的行为是想引起家长或老师的注意，希望得到成人的认可。如果儿童碰到不遂心的事，开始哭闹，妈妈就去抱他，而儿童做其他事时妈妈却不注意他或没有什么反应，这样以后每当儿童想达到自己的目的或想让妈妈抱时，他就会哭闹。相反，如果儿童出现一些不良行为，如争吵、冲突或攻击，成人不予理睬，这样孩子出现这些不良行为的概率就会慢慢降低。儿童常常把外界的强化作为衡量自己行为的标准，当没有强化时，一些不良行为就会消退，这在矫正儿童的不良行为中具有重要意义。

一、正强化与负强化：别忘记提醒我

习惯的养成——随手关门

“约翰尼，”妈妈用好听、和善的语气说，“我想让你尽量记着，进出门时如果里面有人就要随手关门。”“可是，妈妈，我忘了怎么办？”“我会试着提醒你。”“但是可能我正好有急事。”“不管有什么事都得关门。”“为什么呢，妈妈？”“因为，如果不关门就是对屋里的人不礼貌，会让他们感到不舒服的。”“那如果我马上就要出去呢？”“还是要关门，等你出去时再打开，你记得住吗？”“我试试吧，妈妈。”“很好，我会注意看你忘了几次。”

有两三次约翰尼忘记了，他就像脱弦的箭一样冲下楼，他妈妈还来不及叫他回来。“约翰尼！”约翰尼已经完全忘记了关门的事情，他不知道妈妈为什么喊他，被激起的好奇心让他返回家，他妈妈还像以前那样在那儿忙碌。妈妈抬起头，朝门看了一下，说道：“我说过我会提醒你的。”约翰尼有些心虚地说：“我忘了。”他关上了门。

但是，这小家伙的记忆力确实有限，妈妈不得不采用不同的方法提醒他。有两点她很小心——不要让孩子漏过一次关门，不要因这件事情让她和孩子起摩擦。一点一点的，比如20次吧，如果约翰尼一次也没忘了关门，关门的习惯就会养成。约翰尼自然而然地关门，妈妈高兴地看到他进房间关门，从桌子上拿了东西出去又关上门。

（夏洛特·梅森，2003）

斯金纳将强化分为正强化和负强化两类，这两种强化都可以改变和塑造行为。

正强化：在一个行为之后出现一个特定的后果，从而使该行为反应增加。前面所说的儿童收拾自己的书桌后得到成人夸奖的例子就是积极的正强化。在这里，强化物是成人的夸奖，正性强化物被认为是一种令人喜欢的事件。但是，对一个儿童有显著强化作用的事件(陪妈妈逛街——可以买自己喜欢的东西)，对另一个儿童来说（讨厌逛街——不感兴趣）可能就是惩罚。因此，同一个强化物对不同的儿童来说意义不同。例如，很多时候被教师认为是惩罚的事情（学生因为在课堂上讲话而被赶到了走廊），也许被某些儿童看成是正性事件（有机会逃避课堂学习——正强化）。因此，正性强化物的定义性特征是，在它之后行为出现的频度增加。

负强化：移去了厌恶事件之后，行为反应增加。如果在某个反应之后移去某个事件，反而增加了那个反应，那么，该事件就是负强化物。比如，儿童碰到不遂心的事，开始哭闹（行为表现），此时，如果妈妈去抱他，这就是正强化；相反，如果成人对儿童的行为不予理睬（厌恶刺激——不少儿童的不良行为是想引起家长或老师的注意，希望得到成人的认可），不加注意，忽视其哭闹行为，那么这种哭闹的不良行为习惯的消退，就是一种负强化。很多时候负强化可以让儿童改掉坏习惯，去掉坏习惯是一个行为减少直至消退的过程。再如，有些教师在考试前明确对学生提出，只要他们考试在95分以上，就可以不做作业，这时教师使用的就是负强化：移去或减少厌恶刺激（学校作业），增加教师所期望的行为结果（认真考试，考出好成绩）。

二、观察与榜样学习：榜样的力量

儿童可以通过观察他人获得学习，养成良好的行为习惯。

儿童除了根据自己的亲身经验获得学习、养成良好的习惯外，还可以通过对别人的观察，产生学习。观察学习即通过观察他人所表现的行为及结果而进行的学习。

儿童看到他人的行为获得了成功或受到了表扬，就会模仿榜样实施同样的行为；儿童看到他人行为的失败或受到了批评或惩罚，就会削弱或抑制这种行为的发生，或不去做这样的事情。这种由观察获得的行为方式叫替代强化。榜样并不局限于他人，儿童也可以从电视、网络或书籍中习得新的行为方式。

社会学习理论的创始人之一班杜拉认为，强化是行为习惯养成的必要条件，强化主要包括三种情况，即直接强化、替代强化、自我强化；观察和模仿是儿童行为习惯养成的重要途径。

- 直接强化：通过外界因素对学习者直接进行干预，如对孩子的具体行为进行奖励或惩罚。
- 替代强化：学习者本人并没有直接受到强化，而是通过观察别人的行为受到强化而获得学习，如儿童见到同伴因骂人而受到惩罚，他就会抑制自己的这种行为而不去骂人；看到同伴因分享而受到赞扬，他就会学习同伴的分享行为。
- 自我强化：是用自我肯定或自我批评的方式对自己的行为做出反应，它依存于自我评价的个人标准。当成人对儿童达到或超过为其提供的标准的行为表示喜悦，而对未达到标准的行为表示失望时，儿童就渐渐形成了自我评价的标准，获得了自我评价的能力，从而对榜样示范行为发挥自我调整的作用。儿童就是在这种自我调整的作用下，调节和改变着自己的行为，形成自己的观念、能力和人格。

班杜拉（1977）认为，强化控制着我们的大部分行为，一定的社会行为（特别是观察和模仿）能够通过各种方式进行强化。同时，班杜拉也认为，我们在行动时也能预见和想象行为的结果，它的效果极大地依赖于我们对行为和行为结果之间关系的认知。

三、惩罚：没有惩罚的教育是不完整的教育

不使用惩罚只是那些不接触实际工作的“教育家”的看法，这会使教师无所适从，而且会使教师变得虚伪。

——马卡连柯

在大力呼吁、倡导赏识教育的今天，不少人走向了另外一个极端，即出现了无条件否定教师惩罚的倾向。对儿童只有表扬没有批评不仅是错误的，甚至是危险的。2002年10月28日，《中国青年报》发表了孙云晓的长篇访谈，题目是“没有惩罚的教育是不完整的教育”。2003年7月12日，孙云晓在《中国教育报》又发表了“教育惩戒就是扶正祛邪”一文。下面的内容节选自孙云晓有关惩罚的一些教育思想：

民主的教育是最有益于孩子成长的教育，但表扬与批评、奖励与惩罚，都是民主教育的题中应有之意。惩罚或者惩戒是指一种扶正祛邪的教育手段。惩罚的核心是让孩子对自己的过失负责，其方法是唤醒孩子心中沉睡的巨人，其原则是尊重孩子。惩罚教育与棍棒教育的性质是完全不同的。惩罚教育是培养主人的教育，棍棒教育是训练奴才的教育。

一种只能表扬奖励不能批评惩罚的教育，不就等于任凭心智未成熟的孩子信马由缰地在高速路上驰骋吗？对于优点突出、缺点也明显的当代青少年来说，这是一种放弃责任的教育，也是一种制造隐患的教育。

如果把孩子比做驾驭小船试航于人生之海的小船长，那么父母与教师便是导航的罗盘和灯塔，必须时时提醒缺乏经验的小船长，哪里有险恶的暗礁，哪里是畅通的航道。

惩罚绝不等于体罚，更不是伤害，不是心理虐待、歧视，让你觉得难

堪，打击你的自信心。

惩罚是把双刃剑，使用者需具有高难度的教育技巧，用不好会伤害人。我认为，越是惩罚，越要尊重。

惩罚也需要尊重与信任。并不只是赞赏才能给孩子自尊与自信，惩罚更需要尊重与信任，要特别小心地为对方着想，要顾及对方的承受力、尊严，不要让对方难堪。教育的前提是了解，了解的前提是尊重，不能把孩子的特点当缺点。

简单粗暴的虐待、伤害，可能给孩子造成怎样的负面影响？它会直接摧毁孩子的自尊、自信，使其厌恶学习、厌恶学校、甚至厌恶生活。

教育不是改造人，是唤醒人，唤醒内心中沉睡的巨人。当一个孩子犯了错，要惩罚他时，首先要肯定他是一个优秀的孩子，再指出他的错误。比如，对他说："你确实优秀，但是今天这件事，你伤害了别人，你是怎么想的，你怎么办？"惩罚的一个基本出发点和目的，应该是让孩子为自己的过失负责。

其实，当一个人知道自己犯错的时候，内心都有一种要接受惩罚的准备，这是一种心理需求，是要为自己的愧疚承担责任，取得心理平衡。只有那些年纪小的孩子，或是社会化程度比较低的人，才会选择逃避责任。

回想我们自己长大的过程，一定有一些惩罚让自己终生难忘。一般来说，孩子犯错的时候，恰恰是教育的良机，因为内疚和不安全感使他急于求助，而此时明白的道理可能使他刻骨铭心。

教育本来就是十八般武艺，表扬、批评、奖励、惩罚，什么都应该有。没有惩罚的教育是不完整的教育，没有惩罚的教育是一种虚弱的教育、脆弱的教育、不负责任的教育。

（孙云晓，2002，2003）

惩罚与减少行为有关，当儿童出现不当行为时，成人通过运用厌恶刺激或不愉快刺激减少孩子的不当行为。在惩罚时，教师要尽可能把惩罚和错误行为联系起来，这样不仅能激发儿童对生活中公正的需求，而且也教会了他们为自己某一行为的后果负起责任。

在使用惩罚时，教师要确保所选择的厌恶刺激确实是儿童讨厌的，因为一些在成人看来是厌恶刺激的，也许对某些儿童来说是正性的。只有仔细地分析后果是如何影响行为的（增加或减少行为的出现），教师才能确定事件是强化的、惩罚的、还是中性的。

在训练儿童时，教师要注意控制自己的脾气、语言和行为。教师的权威性行为，不仅能够帮助教师有效地处理和规范与纪律有关的问题，避免对儿童的感情产生负面作用，而且也为儿童树立了一个有力的自我控制的榜样。

四、反应代价：究竟是什么塑造了“我”

当教师希望减少的行为出现时，撤消或移去正性事件称为反应代价。撤消正性事件的结果是限制、减少或消除先前反应重复出现的不当行为。

为了正确使用反应代价对儿童进行有效的行为管理，教师必须准确地判断是什么导致了儿童不良行为的增加，从而识别出正性强化物；然后，把这些正性强化物以儿童乐意接受的形式呈现出来。当教师希望减少的行为出现时，正性强化物即被拿走，此时出现的就是反应代价。

有一次，当父亲回家时，我正要去参加好朋友莫克家举行的复活节晚会，父亲高兴地对我说：“卡尔，镇上来了一个魔术师，我们去看他的表演。你不是很想知道魔术是怎么一回事吗？”我那时最向往的事就是看魔术表演，现在终于有机会了。我高兴地把去莫克家的事抛到脑后，激动地叫道：“走吧！走吧！我们快去吧！”这时母亲提醒我：“莫克家你不去啦？”

“不去不去，莫克如果来了，你就说我病了，不能去。”我对母亲说道。“什么，你跟莫克约好去他家吗？”父亲停下脚步问道。“是的。”我不敢在严厉的父亲面前撒谎，只得老实回答。“那你为什么不告诉我？”“我想看魔术表演。”（对儿童具有吸引力的正性强化物）我低声说。“那你就对莫克失约？”（成人希望减少或去除的行为）“是的，可是莫克家的人很多，不去也没关系。”父亲怒吼道：“没关系？你竟然认为不守信用（成人希望减少或去除的行为）没关系？撒谎不诚实（成人希望减少或去除的行为）也没关系？那么，你是想做一个不诚实、没道德的人啰？你不愿做一个诚实守信、光明磊落的人，是吗？”“不！不！”“你忘了我教你的话吗？我告诉你，说谎是可耻的行为，是不能容忍的极坏的品质。现在你居然认为不守信用没关系，撒谎也没关系。继续这样下去，将来你就会成为一个无耻的令人恐惧的骗子。你太让我失望了！”看见父亲如此生气，我觉得羞愧难当，于是大哭了起来。父亲没理我，继续说道：“你对莫克不守信用，还想撒谎欺骗他，你对他不诚实，这是你的两个错误。本来我可以明天再带你去看魔术表演的，可是你撒了谎。为了惩罚你，你现在必须去向莫克道歉，我也不会带你去看魔术表演了。”（不去看魔术表演，移去正性强化物——反应代价）

如何判断你所使用的行为管理是何种手段呢？正强化、惩罚、反应代价、负强化在实施或移去正性刺激/负性刺激时的关系如下图（见图3.1）：

	实施	移去
正性刺激	正强化	反应代价
负性刺激	惩罚	负强化

图3.1　正性刺激和负性刺激关系图

第三节
行为管理有效性的原则

对于儿童的任何管教，如果不能使他为做错事而感到羞愧，而只是使他感到肉体上的痛苦，那是没用的。

——约翰·洛克

由于小学生对事物的判断及对事情的处理都不够成熟，在他们成长的过程中不可避免地会产生各种不良行为习惯。行为管理本身不是目的，其真正的价值在于帮助孩子在成长的过程中养成良好的行为习惯，促使孩子更好地成长。为了达成这一目标，教师和家长需要掌握有效行为管理的策略。

一、赏罚分明知是非

教师必须让孩子清楚自己是为了什么受到赏罚的。

无论是奖励还是惩罚，教师都要有原则，奖赏要分明，要让孩子明白自己是为什么受到奖励或惩罚的。

在一次散步中，我发现了一件令人深思的事情。在散步的过程中，邻居威廉姆斯太太发现女儿的裙子被弄脏了，她立刻生起气来，开始冲着女儿大声责骂。看见女儿大哭以后，她又马上给了女儿一块小点心。我问威廉姆斯太太："你为什么骂女儿呢？""她总是这样弄脏自己的裙子。"威廉姆斯太太回答。"可您为什么又给她一块点心呢？是为了表扬她的行为呢？还是给她受责骂的补偿？"威廉姆斯太太哑口无言，她不知道如何回答我。

这时，小女儿已经被弄得稀里糊涂，她不知道为什么母亲会责骂她，更不知道挨了骂后她为什么又能得到点心。母亲这样的做法，让女儿弄不清是非，这对她的成长是相当有害的。

（李浩然译，2007）

上例中的母亲无论责骂还是给女儿点心，都是无效的，因为她没有针对具体的行为做出相应的奖惩。孩子对母亲的反应根本不能理解，因而也就不能改变不良的行为习惯（经常弄脏自己的裙子）。所以，在班级管理和日常教学活动中，教师一旦制定了合理的规范，就一定要言出必行，并对孩子讲清为什么他受到了老师的奖励和惩罚。

二、为错事负责明事理

教师的批评、惩罚针对的是孩子的行为，而不是孩子本身。

孩子很多时候犯错误都不是有意的，但既然孩子犯了错误，就要让孩子对自己的行为负责。其实，对成人来说也是如此。同样，对孩子的奖励也应该是针对他的行为，通过奖励使这种好的行为习惯能够得到强化并保留下来。

无论是奖励还是惩罚都应该指向孩子的具体行为，而不是抽象地、笼统地说一下了事。如“这个学生老是犯错误”“这个孩子爱欺负其他同学”“这个学生总是做一些让人头疼的事”。教师要清楚是孩子的哪一种行为需要得到强化，或需要去除，如“他打了别的小朋友”“他天天迟到”“他喜欢在语文课上大叫”。教师必须清楚，强化或惩罚的是孩子的行为，而不是孩子的感情或人格；强化或惩罚的是学生的具体行为，而不是“说不清楚的”笼统行为。

需要提出的是，当孩子同时有许多不良行为习惯需要去除时，教师最好先选择其中最迫切需要去除的行为进行行为管理，当这个不良的行为习惯去除之后，再考虑其余的。

三、奖惩并用是艺术

任何坏人也不是出于本人意愿成为坏人的。

——柏拉图

惩罚的目的是为了帮助孩子去除不良的行为习惯，在使用时，每次都要告诉孩子是因为什么行为而受到惩罚的，而且惩罚只应具有短期效应，一旦孩子的不良行为有所改观，马上就要给予正强化。这样，孩子不良的行为习惯慢慢就会消退，而好的行为习惯则会因教师的及时强化得到保留，在孩子成长的过程中，教师有效的奖惩是必不可少的。有时哪怕不是孩子的本意，但只要有符合规范的行为出现，教师也应该立刻给予强化。例如，一个经常在课堂上怪叫的孩子，如果某天由于感冒嗓子哑了叫不出声来，教师也应及时给予强化。

在日常的学校生活中，教师要留心观察孩子那些值得称赞的行为。同时，忽略那些不值得称赞的行为。这是行为管理重要的技巧之一。

四、正向引导走大路

教师是孩子行为的引领者。

学龄儿童的生活变得越来越复杂，因此，每个孩子都可能犯错误，每当孩子犯错误出现不当行为的时候，教师应尽量避免使用“不准这样”“那样不行”“不可以干什么”这些消极的、否定的言辞。这些语言不仅会让孩子觉得自己一无是处，对自己毫无信心，而且也会引起孩子的对抗心理，尤其是中、高年级的孩子。作为教师应该要求自己经常使用积极的、肯定的带有鼓励性的话语，如“应该这样去做”“努力去做”，给孩子以明确的行为指引。

在学校最常见的情况是，当课堂纪律不太好的时候，有的老师会批评那些不遵守纪律的孩子，甚至大发其火（其实很多时候发火正是老师不自信、内在力量不足的表现），而智慧的老师这时会停下讲课，表扬那些遵守纪律的孩子，引导全班孩子关注和强化此类良好的行为，其实这也是对那些不守纪律孩子的行为的负强化（没有得到关注和赞赏）。

五、期望行为具体化

教师希望孩子做什么或者不做什么，要尽可能具体化。

学龄儿童一般都会按照教师所期望的要求去做，因此，教师的指导和规则必须是非常清楚的，而且是孩子能够理解和明白的，这一点对低年级的孩子尤其重要。对一个7岁的孩子说“作业要认真、要遵守课堂纪律”是不够的。相反，要求要具体。例如，“写字要一笔一画，按照老师课堂上教的笔顺来完成作业，作业本要整洁，写得不好的字要用橡皮擦干净”“课堂上不说话，不下位，要发言先举手”。

除了要让孩子明白你期望他们做什么之外，你还得指导他们如何实现这些期望。此外，教师还应该告诉孩子你对他们提这些要求的原因是什么。学龄儿童越是了解教师为什么提这样的要求或规则，在具体完成任务的时候就越可能采取合作、听话的态度。

六、夸奖适度才有效

夸奖并不总是有利于孩子成长的。

每个孩子都希望听到夸奖，有效的夸奖可以使人源源不断地产生信心和勇气。

夸奖孩子，不仅体现教师的人文关怀，而且也坚定了孩子的信心。孩子需要鼓励，需要夸奖，但过度的夸奖则容易让孩子妄自尊大，不利于他们的健康成长。夸奖孩子也应有一定的梯度，比如：当孩子考到90分以上或得了“优”的时候，教师要夸奖；当孩子得了“良”或“中”的时候，夸奖依然是必要的，但要让孩子自己找差距；即使孩子的成绩很差，教师也要善于对其进行正面的夸奖，不要给孩子世界末日的感觉，关键是要和孩子一起找原因，并发现孩子的可夸奖之处。当孩子失败的时候，教师说的“我就知道你不行”这一句话可能会让孩子从此丧失信心。

此外，相关的心理学研究表明，过多的不适当的赞扬，有时会消弱或降低孩子对某些学习内容的直接兴趣。这一点需要引起教师的重视。

七、因人而异是技巧

有时候对有些孩子而言是惩罚的事情，对另外的孩子来说则可能是一种强化。

在学校中经常会出现这样的情况，当教师尤其是班主任老师发现自己所教的学生出现一些不良的行为，如打架、辱骂他人、偷东西、撒谎等时，很着急，觉得应该给孩子以严厉的处罚，以去除孩子的不良习性。其实，这样做可能事与愿违。有些孩子的不良行为是为了吸引老师和同学的注意，而老师的惩罚或负强化正好帮助他们达成了目标。有时，孩子的不良行为会在老师不明缘由的情况下得到不适当的强化。当然，对有些孩子的不良行为，惩罚也是必不可少的。

在孩子成长的过程中，可能会出现各种各样的坏习惯，有的任性、自大，有的爱捉弄人，有的时刻不忘表现自己，有的甚至攻击危害别人、损坏公共财物。面对这一切，教师要根据不同孩子的情况和特点，采用不同的方法去加以解决，以达到最佳效果。

八、习惯终究成自然

孩子良好行为习惯养成的最终目标是为了脱离强化，养成习惯。

当教师及时地对孩子的某一行为进行强化时，这一行为就会更多地在孩子身上不断地重复出现，良好的行为习惯就会得到及时的强化和巩固。时间久了，孩子就会养成良好的行为习惯。教师要选择孩子表现最好的时候及时给予表扬，并明确告诉孩子是因为什么而得到夸奖的。

随着年级的升高，孩子的心理不断成长，当孩子学会新的行为方式并理智地去实施这一行为时，教师就不再需要每次都去赞扬孩子，而应该延长夸奖的时间间隔，实施间断性的或随意性的夸奖，并且是没有规律的赞扬，最后发展到偶尔为之。当孩子得到偶尔的强化时，他们仍然会继续表现良好的行为，孩子对老师的表扬依然会感到高兴和满足。最后直至孩子不再需要强化，这时，良好的行为习惯已成了他们的自然习惯和内在需要。

第四节

行为管理有效性的策略

在日常的教育教学活动中，不少小学教师经常使用这样一些教育措施，如学生课堂上积极举手发言1次就可以得1面“小红旗”印章，5面“小红旗”可以兑换一个“笑脸”贴画，10面“小红旗”就可以换得一件学习用品。这些课堂管理策略常常很有效，教师们可能还不知道自己使用的正是行为管理的“代币管制”策略。为了帮助教师们了解和掌握有效的行为管理策略，本节介绍教育心理学中的三种行为管理策略：示范学习、代币管制、契约法。

一、示范学习：给儿童一个标杆

示范通常用来教儿童学会更适应的或亲社会的行为。示范不仅可以帮助儿童获得新的技能，而且可以减少儿童对不适当行为的反应，如恐惧。正如班杜拉（1969）所说：

> 通过观察适当榜样的行为表现，个体能够掌握复杂的反应模式；通过见证经受痛苦或愉快体验的人的情感反应，个体可以观察性地习得情绪反应模式；通过观察榜样对恐惧对象的接近行为，并且没有导致增加恐惧和回避的任何恶性后果，个体可能替代性地消除恐惧和回避行为。最后，通过观察有影响力的榜样的行为，个体能够提高并且社会性地调节习得良好反应的表现。

对儿童来说，同年龄、同性别、威信高的榜样提供行为示范所起的作用最佳；活生生的榜样所起的作用要大于电影中的榜样；多个榜样和多个情境，其作用好于一次性示范。儿童参与到教师引导的示范过程中来，称为参与性示范(participant modeling)，它会使儿童产生长久的行为改变。

这是一节数学课，张老师讲授三位数除以一位数的除法。张老师站在黑板前面，指着一道例题问："谁来说？"她用眼神扫视了一下全班，"唯，你来！"唯站起来，很响亮地回答："先用26除以3，三八二十四，商余2，把7移下来，27除以3，商9，所以267除以3等于89。""嗯，很好！"张老师面露喜色，"奇，你说这两道题有什么区别？""一个是367除以3，一个是267除以3，它们的百位数不同……""好的，不错。"张老师用略带鼓励的口吻问道："谁能把这几点说完整？""旭，你来。"张老师非常高兴地说。"367除以3，百位上够除，267除以3百位上不够除！"张老师一边听着旭的回答，一边不住地点头，轻声地连说了几声"很好！""很好！"当旭说完的时候，张老师微笑着，说了声"非常好！"

(吴娴兰，2003)

这堂数学课上，张老师的赞赏对唯、奇、旭三位学生来说，就属于直接正强化，而对于班上其余学生而言就是通过示范学习而获得了间接的强化，并带动了整个课堂气氛。

二、代币管制法：每一个标记都有因由

代币管制法（token economy）也称代币法，是在儿童出现目标行为（期望行为）时，立刻给予一种"标记"或代币加以强化，然后让儿童用"标记"或代币换取各种优待的一种行为矫正方法。在小学里，不少教师使用带有可爱图像的印章、小红旗来对儿童的作业和课堂表现进行管理，这就是常见的代币管制法。

代币是一种在班集体内流通的类化制约强化物，其优点有：

- 可在目标行为出现时立即发放，在适当时间兑换，在反应（作业认真——得"优"）与强化物（得"小红旗"）间建立一个较长时间的延缓桥梁；
- 在任何场合均可根据行为表现增减代币；

■ 可奖励一连串的行为动作；

■ 可选取最喜欢的强化物，避免儿童对强化物失去兴趣或引起饱厌现象；

■ 儿童若出现不良行为则扣回其一定数量的代币作为惩罚，以去除儿童的不良行为。

我们剪了许多方形硬纸片，并在上面盖上各种“花”，对遵守纪律的同学，发给“金色大雁花”；对爱劳动的同学，发给“校园小白鸽花”；对发言好的同学，发给“小喇叭花”。对一周累计得“花”数最多的同学，老师在“比比谁的红花多”评比栏内给他（她）盖一朵“大红花”。

虽然代币管制法有许多优点，但代币管制法也有一定的不足之处。例如，施行时，教师在代币管制上花费的时间与精力较多，在很多情况下不能为儿童的良好行为提供代币，这影响了代币管制法的使用。教师在使用这种策略时可以考虑和其他方法一起灵活使用。

三、契约法：为自己签约

契约法也是正强化技术的一种形式。利用这种形式，教师与儿童一起讨论儿童的行为目标是什么，如果达到了目标，儿童应该得到什么样的强化物。为了强化儿童好的行为，教师可与儿童订立契约，明确规定一方对另一方的要求以及会给予何种奖励。契约法也可用于处理亲子关系等问题。例如，父亲可以与儿子订一个“契约”，儿子晚上写作业，如果做对了5道数学题，就允许他在剩下的时间里看电视。

使用契约法应注意以下几点：

■ 明确儿童的期望行为。与儿童订契约时，要特别注意任务的具体性和小步子原则。例如，要求儿童“保持自己座位周围、抽屉内整洁”是不适当的任务；应该要求儿童“座位周围和抽屉内没有垃圾和废弃物，把每节课要用的书和文具摆放好，把其余的书、本子整齐地放在书包内”。

■ 确定契约执行的时限。

■ 对儿童的奖励应经常变化，但每次奖励的量要少，以保持他们的兴趣。

■需要规定契约没有执行时，如何处理，采用何种惩罚方法。

■应该严格认真地履行契约的规定。

为自己签约

陈玄是班上的女生运动员，家住江宁，晚上训练回家很晚，早晨喜欢赖床，上学经常迟到。为此，班级常规经常被扣分。在此过程中，教师与她的家长联系过，争取他们的配合；多次与陈玄谈心，体谅她的困难，摆事实讲道理。她也多次保证过，可是仍然经常迟到。班上同学也因为她影响了班级荣誉而不喜欢她，瞧不起她。我冥思苦想，决定用一个新招试试。我就以她的态度很好、愿意改正、能向老师和同学承诺可是又做不到为突破口，问她每次跟老师保证之前是否有充分的心理准备，并告诉她："说话是否守信用往往取决于我们对约定有没有做好心理准备；承诺是一件认真的事，要有认真的态度才行；当履行诺言时，会遇到很多困难与阻力，要克服这些阻力，就要付出代价，所以承诺一定要充分估计到困难，并且要有克服困难的措施。"我拿出事先设计好的一份小合约，让她为自己签约。她觉得新鲜有趣，填写认真（文句经过些许修改——编者注）：

守时合约

甲方：朱老师　　　　乙方：陈　玄

1. 3 月 22 日乙方答应甲方，今后早晨无特殊原因坚决不迟到。

如果不守约，我甘愿：课间为班级打扫卫生一周。

甲方签名：朱老师

乙方签名：陈　玄

2. 在遵守约定的过程中，我可能遇到许多困难，其中：

（1）最严重的是：训练结束晚上 9：30 到家，还要做作业到 11：00，早晨 6：00 又要起床，睡眠严重不足。

（2）其次严重的是：自己有懒惰思想，不肯早点起床。

(3) 再次严重的是：坐公交车要转车，等两趟车的时间把握不了。

3. 克服困难的措施：

如果遇到了困难（1），我打算：在学校抓紧时间少玩多做作业，训练间隙时间也做作业，晚上早睡，早上早起。

如果遇到了困难（2），我打算：让爸爸监督叫我起床，不起就掀被子，并把此合约读给我听，看我是否守信用。

如果遇到了困难（3），我打算：骑自行车上学，自己把握时间。

4. 一周后守约情况自我评价：

我守约了吗？ 是 否

为什么守约？主观：重视这件事了，不想再让别人小看我，就下了决心。

客观：爸爸知道我签了这份合约，也开始严格要求我。

收获与体会：只要下定决心，付出努力，任何困难都是有办法克服的；做人要守信用，说到就要做到，这样才会有人尊重你。

终于有了一周不迟到的成功体验，在老师当着全班同学的赞美声中，陈玄有了自信。在后来的日子里，她基本没有迟到过，最迟也是踩着铃声进教室。为自己签约，她教育了自己。

（朱莉娟）

第四章

游戏——儿童通往社会的桥梁

在人成长的过程中，游戏无所不在：初生婴儿的模仿动作，学步的宝宝用湿沙子建造城堡，学前儿童带着穿戴整齐的玩具娃娃散步……

儿童在游戏中成长，游戏使得儿童在身体、智力、情感和社会化等方面得到发展，游戏也可以在很多场所展开：家庭、操场、教室、游戏室等。在各种游戏中，儿童大胆地想象、充分地体验、尽情地享受，游戏让儿童以自然的方式表达他们自己的想法、情感，探索自己和他人的关系，扮演不同的角色，不同的游戏体验让儿童学会体谅和同情他人。游戏对儿童的社会性发展起到很大的促进作用，当儿童表现出色、遵守游戏规则、和他人合作时，他们会得到小伙伴的认可，这让他们对自己充满自信，感觉到有能力来成功地驾驭自己和周围的环境。

游戏和游戏治疗虽然有一些差别，但对儿童的成长来说都“功不可没”。通过游戏活动，儿童可以得到更好的成长；借助于游戏治疗，我们可以帮助那些在成长过程中经受过创伤或需要得到帮助的儿童更好地成长。

本章首先介绍儿童游戏的四个发展阶段，接着介绍游戏与儿童的全面发展，第三节、第四节、第五节从三个不同的层次上分别介绍“游戏辅导、游戏治疗与儿童的健康成长”“游戏辅导在小学团体（班级）心理辅导中的应用”“游戏活动在小学学科教学中的渗透”。

第一节 儿童游戏的发展阶段

缔约国确认，儿童有权享有休息和闲暇，从事与儿童年龄相宜的游戏和娱乐活动，以及自由参加文化生活和艺术活动。(1989年，联合国)

——《儿童权利公约》

在通往儿童内心意识和无意识世界的道路上，有一条洒满阳光的路，那就是儿童的游戏。游戏充满乐趣，游戏中的参与者往往充满奇特的想象力。所以，游戏时儿童可以通过感觉、思维及推理等手段去探索他们自己的世界。儿童能通过富有生命力的和积极的游戏体验来获得对世界的控制感和自尊感。游戏是儿童生活中必需的东西。如果想了解和帮助儿童，我们就应该先学会了解并参与到儿童的游戏当中去。

一、感官游戏：和世界第一次亲密接触

最初，儿童思考、想象、说话所需要得到的信息都能够通过感觉获得。出生后不久的小宝宝就能通过操作物体和完成一定的任务搜集一些感官信息。他们的眼手能够良好地进行协调，知道推动悬挂着的玩具使它们摇摆。一旦学会这个行为，儿童就会重复该动作，这就是最初的游戏。

大概3个月大时，儿童的游戏主要是看着人和物体，并且不时地尝试抓他们面前的东西。3个月后，儿童就能够抓、握、检测小目标物。他们检测所有他们能吮吸、揉拧或拉动的东西，碰不到的东西他们就只能看。当儿童学会翻身、爬、坐的时候，他们的手就能够自由地去碰、探索、检测以前没碰到的东西。在出生的头一年里，刚学步的儿童开始玩玩具。当卡车陷到沼泽里时，他们会用声音模仿马达的声音；当狮子出现时，他们会模仿吼叫。他们会摁按钮、拉线或敲击玩具，以便听到玩具“说话”。秋千、跷跷板、在父母的膝盖上弹跳、像一架客机似的盘旋、由父母或其他强壮的人抛起，这些都是儿童刺激感官的方式。

儿童接近两岁的时候，游戏当中已经包含很明显的主动性。当儿童在房屋之

间穿梭，像飞机一样发出轰隆声时，他们已在为想象游戏做准备了。

二、想象游戏：我想象故我在

想象游戏的关键是象征能力。它有力地促进儿童智力和语言的发展（皮亚杰，1962）。想象游戏一般出现在2～6岁之间，这时儿童学会了建立信任。想象游戏可以包括以戏剧和社会戏剧的方式扮演、幻想、联想或想象一个虚构的朋友。

儿童建立信任的第一步是通过表演戏剧（过家家）表现出来的。在戏剧表演中，儿童尝试扮演他（她）生活中的重要他人（如爸爸、妈妈、爷爷、奶奶等），选取并模仿他们说话、走路和活动的姿势。在“过家家”游戏中，儿童建立信任的目标常被用来代替其他的东西，并且还会有一系列真实或想象出的非正式的情节。学前儿童通过想象游戏发展认知技能、综合能力和忍耐力。

想象游戏可以采取幻想的形式，它包括扮演、联想、创造想象中的玩伴。幻想被描述为象征游戏的一种自由的、个性化的、内在的方法，是儿童行动的自然媒介。儿童不仅幻想童年的有趣活动，还可以退出现实生活尝试新的经历并解决问题。

放暑假了，邻居家5岁的小女孩晶晶特别喜欢来我这儿玩，而我手头总是有事。于是，我通常和她玩黑房子游戏，就是两个人分别到两个房间表演一套动作，然后早做完的人跑出来说：“黑房子，熊瞎子，赛不过一只小兔子。”

这个游戏究竟是玩什么呢？它既不像小孩捉迷藏那样惊险刺激，又不像“过家家”那样趣味盎然。既然小孩子把它发明出来了，那总是有道理的。我想，可能是比谁动作快吧。那又为什么不到一个房间做这些动作呢？我也想不通，不过只要能哄住小家伙别烦我就行。

于是，我说：“我们演一套从早上起床到上学之间要做的事情吧。”当然，我是百分之百不会做的，我只是估摸着小家伙那边也差不多了，才站起身来胡乱做几个动作，等小家伙来骂我“熊瞎子……”但今天我手头的事情也差不多要做完了，于是突发兴致，我躲到门边看看小家伙在干啥。

只见小家伙先是右手抓着一把“空气牙刷”，很认真、很仔细地把牙刷了。然后又拿起“空气脸盆”“接水”，认认真真地洗脸……就这样，足足有10分钟，小家伙按程序有条不紊地将刷牙、洗脸、梳头、吃早餐、喝牛奶等动作都做完了。在她笑着准备跑出房间时，我一转身，飞快跑回我房内，佯装梳起头来。小家伙又开始念了："黑房子，熊瞎子，赛不过一只小兔子……"

我羞愧难当，突然间知道这个游戏是玩什么了。它表现了一个人在无人监督的情况下的诚信水平。当然，没人监督，你可以不做或少做，甚至大言不惭地去"骂"别人熊瞎子，自己是小兔子。可是，你的目光会如晶晶这样清澈、坦诚吗？

（昙花，2005）

儿童常常不知道是什么困扰了他们，或者即便知道了，也常难以准确地表达出自己的想法。因此，他们在故事或其他游戏形式中用一种象征性的交流来表达这种被掩饰的情绪。这种表达可以帮助儿童发泄情感，解决他们的问题。

尽管幻想并不总是被鼓励，但它还是对童年起到了重要的作用。这种想象游戏能使儿童将他们内心解决问题的方法应用到外部的现实世界中去。

三、社会化情景剧游戏：再造现实世界

社会化情景剧游戏可以完全出自想象，可以与周围的人或物无关，可以由几个游戏者共同进行。

社会化情景剧游戏建立在假定的社会化游戏中个体间相互反应、互动的前提下（Smilansky，1968）。这个游戏形式结合了所有戏剧游戏的元素，还加入了游戏分享和两个以上儿童间的言语互动。在这种游戏中，儿童需要和其他儿童一起来互相模仿动作，再造他们眼中的世界。尽管是互动游戏，儿童还是可以锻炼言语技巧、情绪表达，实现他们自己和社会的互动。在这个信任的游戏王国里，儿童可以发展应对现实生活情境的技巧。

那天，特迪将小伙伴们分成两组玩攻城堡的游戏。特迪带领五六个小朋友守城堡，另外的几个人扮成攻城的敌人。

特迪挥舞着他的宝剑——一根木棍，英勇地站在一辆拉货的马车上。他一手叉腰，一手拿剑，将两只脚踩在高大的马车轮上，口中喊着自己的同伴："快，把敌人打下去……"这真是一副大英雄的气派。

当时我也在其中，我和特迪并肩作战。"敌人"把石块、树枝向我们

猛烈地投掷过来。特迪用"宝剑"把它们一个个地打落在地。

"一定要守住城堡。"这是特迪和我们的一致想法。可是敌人的冲锋越来越猛，我们终于抵挡不住了。

（李浩然译，2007）

四、规则游戏：在规则的世界里

在规则游戏阶段，儿童的社会性行为开始真实地成长，这种成长伴随着由外部规则约束逐步向内部规则约束的发展。

随着儿童的成长，他们的游戏从自发的、非结构的虚拟游戏发展到更结构化的、正式的、有组织的、有规则的游戏。等儿童到4～5岁时，他们通过做游戏来检测自己的技能而非仅仅寻找乐趣。对于儿童来说，游戏规则是很少有约束力的，常常被改动或违反。儿童早期的传统游戏，比如猜谜、拼图游戏等，他们首先是和父母、兄弟姐妹们玩，后来才和同伴们玩。随着儿童不断长大，游戏的规则逐渐严格，竞争性也日益增强。

对于7～11岁的儿童，由于他们有更强的认知能力去思考和做出逻辑推理，规则游戏开始变得比想象和虚拟游戏更受欢迎。做游戏需要更多地控制冲动，忍耐挫折，接受限制他们行为的规范，遵守严格的游戏规则。许多高年级儿童玩的游戏包括了运用智力去计划、组织、逻辑思考和解决问题的内容。规则游戏对于儿童的身体和认知发展很重要，由于游戏一般需要和两个以上的人互动，它对儿童的社会化发展也很重要。

游戏能在认知、想象以及动机等方面综合促进儿童的成长和发展，这个成长出现在儿童自我意识的发展和形成阶段。通过游戏，儿童可以表达他们的想法和感受，表达好恶、期望和恐惧，表达积极和消极的情感。压抑的、说不出来的情感可以通过游戏释放出来。在游戏中，儿童可以尝试用新的方法解决过去的问题，并综合到他们的经验中去。通过这种方式，儿童能够控制好自己的想法、感受和行为。这种控制感对儿童自我意识和自信心的建立很有帮助。积极经验的积累能够帮助儿童获得胜任感。

随着儿童的成长和发展，象征性的游戏渐渐被社交游戏代替。通过社交游戏，儿童可以练习和他人建立关系的必要技巧，模仿能被社会接受的行为，学会和其他儿童相处、分享和合作。儿童通过遵守游戏规则并顺利完成游戏所带来的同伴认知，能够培养控制社会和现实环境的能力。儿童早期发展起来的这些经验，为他们将来良好的人际关系打下了基础，这对于儿童和成人的健康、幸福都很重要。

第二节 游戏与儿童的全面发展

"游戏性"在儿童时期是游戏的一种精神态度，而从发展的角度来看，它在日后会转化为游戏者的青年乃至成年时期的"人格特性"。

——利伯曼（Lieberman，1967）

受精神分析学派的影响，20世纪50年代，人们比较注重游戏的情感发展价值；受皮亚杰等认知学派的影响，20世纪70年代，人们比较重视游戏的认知发展价值，从20世纪80年代以来，人们开始关注游戏对儿童身心各方面的发展价值。

一、游戏的意义

游戏不仅是人类的生理现象和心理反应，而且还具有一定的社会功能，是生活中的一种文化因素。对儿童游戏意义的追寻，不能只局限在个体有限的生命周期中（个体心理学），还应从生命进化的历史大背景（如生物学、文化学等）来考察。

（一）游戏的生物学意义

游戏是包括人在内的所有哺乳动物未成熟生命体的一种重要特征，它是幼小个体的正常活动。

——费根（Fagen）

生物因素是社会因素的前提，个体一生的发展都要受生物学规律的支配。人类的游戏与动物的游戏在种系演化上具有连续性与一致性，主要表现为：游戏是包括人在内的所有哺乳动物未成熟生命体的一种重要特征，它是幼小个体的正常活动；游戏只有在从生存的压力中解脱出来时才可能发生；动物的游戏与人的游戏都具有虚构性或假想性（Fagen，1984）；社会性游戏无论是对幼小的哺乳动物还是对儿童，都提供了亲密的身体接触和社会交往的机会，使个体在游戏中习得群体生活所必需的基本规则与技能，从而促进个体社会性的发展（Athey, 1984）。与动物“维系生存”的游戏不同，儿童的游戏不仅具有“生命功能”，而且具有“心理功能”和“文化功能”。

（二）游戏的心理意义

游戏活动与儿童心理发展最重要的变化有关系。

——列昂节夫

游戏是正在成长中的儿童的最大心理需求，在儿童心理发展的各方面起着重要的作用。对于年幼儿童心理的成长，游戏的意义尤为突出。凯洛夫认为，“游戏对学前儿童发育的作用，在于游戏能够触及儿童整个心理发展的各个重要方面。”儿童在多彩的游戏世界里创造出自己的天地，在心理方面实现着真实的成长。游戏是儿童精神成长的家园，在游戏的王国里，儿童在认知、情感、意志、社会性及人格等方面获得了全面的发展。游戏对儿童心理发展的价值，不仅仅局限在儿童时期，它还会延续到儿童成人以后的生活中。

（三）游戏的社会文化意义

……在整个文化进程中都活跃着某种游戏因素，这种游戏因素产生了社会生活的很多重要形式。

——胡伊青加

游戏是人类文化的载体。儿童的游戏不仅具有生物学、心理学的意义，而且具有文化学的意义。荷兰著名文化学家胡伊青加认为，游戏不仅是人类的生理现象和心理反应，而且具有一定的社会功能，是生活中的一种文化因素。他认为，“在整个文化进程中都活跃着某种游戏因素，这种游戏因素产生了社会生活的很多重要形式。游戏竞赛的精神，作为一种社交冲动，比文化本身还要古老……”

世界上无论哪一个民族，无论他们有何种文化、自然条件如何、社会制度及经济生产状况如何，儿童都会利用时间和材料来开发和开展自己的游戏。儿童游戏普遍存在于各民族和各文化之中。正是通过游戏和在游戏活动中，儿童一方面加强了对自身的认识和锻炼，另一方面能够达成对外部世界的认识和改造，促进自身的全面发展，实现种族的繁衍和文化的传承。

儿童游戏受社会文化的影响与制约，深深地烙下了社会文化的印记。同时，随着社会的发展也在不断生成新的儿童文化。儿童在游戏中创造出一个自己的世界，儿童游戏是超越了生存领域的创造性活动。在游戏中，儿童发掘出自己全部的力量与智慧，使自己的童年生活充满了灵性。在各种创造性的游戏活动中，儿童的精神得到了极大的满足。

（四）游戏的哲学意义

只有当心灵的激流冲破宇宙的绝对控制时，游戏才成为可能。

——胡伊青加

“游戏是从人性深处流淌出来的旋律”，是一种“心”的活动。在游戏的王国里，没有任何世俗的功利色彩，游戏活动也不受制于任何外部世界的强迫与无奈，它根源于纯真的人性，是一种自由、灵性的主体性活动。游戏是超越了目的束缚的“美的自由”。在游戏的王国里，儿童会获得一种放松感、自由感、安全感、归属感，朝向“人性自身的解放与自由”。游戏是儿童的“精神家园”，它必将伴随儿童的成长，以多彩的方式使其人生充满阳光、智慧和希望。

二、在游戏中成长

游戏是儿童童年幸福的源泉，如果剥夺了儿童游戏的权利，也就破坏了儿童本该拥有的童年的幸福。

游戏是儿童的生活。婴儿时，小宝宝的手脚常常是他们最便捷的玩具，当儿童逐渐地能够以外界的某一特定对象为焦点进行观察时，凡是被看见的东西都会成为儿童的玩具；能抓握东西时，任何伸手可及的东西都是玩物；会走能跑时，他们认识世界的范围迅速扩大，伸着小手扑向爸爸的怀抱，跟着妈妈咿呀学语，和妈妈玩起了捉迷藏的游戏。游戏是儿童的工作，是儿童发展自己的头脑和肌肉、发现自我和自己能力的方法。在游戏活动中，儿童发现自我，认识他人，了解世界，适应环境，实现自我的成长。

大量的研究表明，想象性游戏（象征游戏）是多种能力发展的一个重要手段。这多种能力包括创造性、连续记忆能力、集体合作能力、接受言语能力、家庭关系的概念、控制冲动的能力、空间认知能力、情感认知能力以及认知上的观点采择能力等（高恩，1995）。

（一）促进儿童身体的发展和对自身的认识

人的身体是人最早和最自然的玩具，人体的很多器官和系统都可参与游戏或者作为游戏的对象。这时，儿童既是游戏的主体又是游戏的客体。有很多儿童游戏，并没有成人的指导或帮助，就自然存在于儿童世界中。在这种自发性和原发性的游戏活动中，儿童自发而自然地对自身进行着探索和认识，在这个过程中，儿童的身体得到了锻炼，也认识和发展了自身的心理机能。

在各种操作性游戏中，当儿童兴致勃勃地反复摆弄各种玩具、游戏材料时，他们的手部小肌肉动作的灵活性、手眼的协调性不断增强，他们变得更加“手巧心灵”。在活动性游戏中，儿童乐此不疲地嬉戏、奔跑、跳跃，不仅锻炼和发展了奔、走、跑、跳、攀、爬等基本动作，而且逐渐掌握了基本的运动技能。譬如在“老鹰捉小鸡”这个游戏中，儿童陶醉于“不断调整方向灵活地奔走”“听从‘大部队’调遣”的过程，他们既享受了乐趣，又锻炼了身体，同时还培养了团队合作精神。

（二）促进儿童认知能力的发展

儿童在游戏中编织了假想的世界，在心理方面实现了真实的成长。

认知活动主要包括儿童的感觉、知觉、记忆、表象、想象以及思维等。儿童在游戏中能够全面发展自己的认知能力，特别是感知觉、想象力和思维能力。在童年的游戏活动中，儿童的各种感官都得到了训练：几乎所有的游戏都离不开视觉的参与；触觉、动觉、机体觉、平衡觉等感觉系统，都会在诸如捉迷藏、“过家家”、打弹弓、玩沙子、做泥塑、爬树等游戏活动中得到锻炼和提高；在“过家家”的游戏中，有时还会有味觉和嗅觉的参与。在游戏中，儿童会充分调动自己的一切感觉器官，通过手摸、眼看、耳闻、脚踢等方式接触丰富多彩的游戏材料，在动手又动脑的实践性探索活动中，儿童感官的感受力和观察力得到了显著的发展。

游戏，特别是想象游戏，赋予了儿童想象、探索和创造的自由，它在儿童学习能力的发展中起着重要的作用。儿童可以在游戏里按照自己的意愿和想象去扮演各种角色，体验不同的情感和思想，游戏活动能够为儿童营造一个属于儿童自身的梦想世界。从某种意义上说，游戏就是一种假想，很多在成人看来很普通的物件，在儿童的游戏活动中会发挥奇特的作用，如儿童常会把竹竿当马来骑，在角色游戏中会充满想象地与不同的对象进行交谈。

问题解决能力是认知能力的核心。在游戏中，儿童常常面临着许多有待动脑筋去解决的问题，如复杂多样的拼图游戏、高难度的城堡积木，正是这些丰富多彩的问题激发了儿童的思维，在手眼协调、动手又动脑的游戏操作中，儿童不断地尝试，不断地努力，不断地发展自己解决问题的能力。正是在这样的游戏活动中，儿童创造性的智慧得到充分的展现。

对儿童来说，游戏是一种强有力的能促进他们发展的重要活动。在五彩缤纷的游戏活动中，儿童的感知觉、想象力和思维能力等认知能力得到全面的发展。认知能力的发展，不仅会促进儿童对所处情境的感知，还会让儿童逐渐学会判断环境中的各种信息，并对自己的能力进行有效的感知。

（三）促进儿童语言的发展

儿童游戏是促进儿童语言发展的重要途径之一。

游戏是轻松、快乐的，在这种气氛中，儿童可以较为轻松、自由地表达出自己的想法和愿望。在语言游戏中，儿童有节奏的吟唱、“接儿歌”（成人说上句，儿童说下句的一种语言游戏）、富有想象力的故事续编（或改编）等，有助于培养儿童对语言韵律的感知能力，并从语音、语义多方面去理解语言。

儿童一旦拥有了语言技能，也就获得了一种有效的符号化手段，这会促进儿童自我认识的发展。儿童游戏是促进儿童语言发展的重要途径之一。

游戏为儿童提供了运用和练习语言的机会。儿童语言的发展既与发音器官、大脑语言中枢的成熟有关，更与儿童的实践活动有关。游戏为儿童提供了大量表达、运用和练习语言的机会，在频繁地使用各种语言的过程中，儿童与同伴交流的字、词、句由简单到复杂。在规则游戏中，儿童还必须通过领会教师的语言来理解游戏的规则等，这一切都促进了儿童语言的发展。

（四）促进儿童社会性的发展

游戏活动不仅关乎儿童心理的健康发展，更为解决独生子女教育的有关社会心理问题提供了一条新的思路。

儿童正处于初级社会化的重要时期，作为儿童期重要活动的游戏，多数是以集体的方式进行的。游戏的过程总是需要建立一定的关系，游戏中的个体都会受到群体心理的影响，此外，游戏的内容也都源自现实生活。因此，儿童游戏会影响到儿童社会化的进程及其身心发展的整体水平。

1.游戏能促进儿童社会认知的发展

社会认知又称“人际知觉”或“社会知觉”，是对人及人与人之间关系的知觉感受。个体社会认知的发展是一个由表及里的过程，包括对他人外部特征的认知、对他人性格的认知和对人际关系的认知等几个方面。

通常，儿童的社会认知包括两个方面：一是对现实生活中的人以及人与人之间关系的认知；二是对游戏中的角色及角色关系的认知。其中，对现实生活的认知是游戏角色认知的前提，而在儿童游戏中真正起作用的是对游戏角色的认知。这两种关系的存在成为儿童在游戏中充分开展社会交往的背景和依托，从而为儿童以人际交往为主题的社会生活提供了广阔的空间（丁海东，2003）。

2.游戏能够促进儿童社会交往技能的发展

儿童的游戏常常离不开游戏伙伴，在与游戏伙伴的交往中，儿童懂得了如何表达自己的意愿、想法以及如何回应他人，并以游戏材料为媒介，学习协商、分享、轮流、谦让、公平、竞争等交往规则。在游戏活动中，同伴间的相互学习和仿效往往为儿童对自己能力的评价和检验提供了合适的参照点，并有助于儿童自我效能感的发展。同时，游戏为儿童提供了社会实践的机会。在游戏中，儿童可以接触到各种虚拟化的社会场景，如“商店”“学校”“家庭”“超级市场”“医院”等。在这些场景中，儿童通过不同的角色定位，掌握各种社会技能，开展社会交往。在同伴交往中，冲突常常不可避免，每一次冲突的产生及其解决为儿童经验的积累、心理的发育都提供了机会。正是从一点一滴的交往小事中，儿童明白了怎样与人相处，也逐渐习得了各种社会行为规范。

（五）增进儿童的心理健康，促进儿童自我的成长

游戏具有独特的心理保健功能。在游戏中，儿童有机会观察别人的情绪，表现或控制自己的情绪，一些不良的情绪会在游戏中得到宣泄，它可以缓解儿童在现实生活中遭受的挫折感、焦虑和不满。例如，在“老师与学生”的游戏活动中，儿童（扮演教师）通过训斥“学生”（玩具娃娃），来宣泄自己在学校被老师批评的不满情绪。此外，儿童在现实世界中不能实现的期盼、愿望，在想象的王国里可以得到实现，这一切都满足了儿童的心理需要。在游戏中，儿童可以成为他（她）自己期盼已久的“王子”“公主”“天使”，可以成为“警察”“老师”“医生”“爸爸”“妈妈”，还可以像小鸟、蝴蝶一样自由、快乐地飞翔。

游戏活动能为儿童提供机会去学习有关自我、他人和集体等方面的知识。在游戏中，儿童通过发现、实践、探索和模仿日常生活中的规范，学会理解不同的社会角色，走出自我中心，学会发现他们自己多种发展的可能性，以便做出最好的自我选择，当儿童学会做出有意义的自我选择时，他们的自我也就得到了成长。一旦形成了一定的自我意识，儿童就可以站在他人的立场看待自己，意识到自己和他人的关系，意识到自己在与同伴相互关系中的位置。

小学的游戏活动以规则游戏为主，游戏的规则可以帮助儿童逐步摆脱自我中心，树立集体和群体意识，向社会合作发展。游戏中，当儿童运用规则来协调各种人际关系时，儿童的自我意识就逐步从自我中心的自我意识向社会性的自我意识不断发展，其社会性不断趋向成熟。

（六）游戏还是一种很好的诊断方式

游戏是一面镜子，我们可以通过儿童的游戏，观察、了解和判断儿童的发展状况。情绪失调的儿童会在游戏中攻击别人；心理压力大的儿童会在游戏中放不开手脚，缺乏想象力。如果儿童在某方面的发展存在缺陷或有一些特殊的创伤经历，那么这些信息会在游戏中真实自然地表露出来。作为教师，我们可以观察游戏中儿童的行为表现，及时了解和掌握儿童的情绪，正确引导儿童的游戏，促进儿童更好地成长。

很多人认为，游戏是幼儿时期儿童生活的主要内容，进入小学后，儿童应该以学习为重。于是，不少家长和教师最大限度地缩减儿童的游戏，其实这是认识上的误区。1993年，“中美大学生关于游戏记忆的比较”这项研究指出，游戏是童年早期的主导活动，在童年期的活动中占有很大的比例，是儿童最感兴趣的活动（刘文等，2004）。其中，规则游戏是小学初级阶段的典型游戏，假想游戏也是此时期的主要游戏。

其实，游戏与学习并不对立，二者完全可以融合起来。在家里，我们可以通过亲子换位体验角色、引入竞争因素（如亲子之间进行唐诗、口算、英文单词竞赛等），将学习变为轻松快乐的游戏。在学校，我们可以通过课程改革，将游戏与课堂教学结合起来，促使儿童生命力的焕发；我们还可以以班集体和小组为单位，通过各种团体游戏辅导，促进儿童健康快乐地成长。有关这部分内容，我们将在第四节、第五节中详细介绍。

第三节
游戏辅导、游戏治疗与儿童的健康成长

"游戏治疗"和"游戏"是两个概念，邱学青发现，游戏中的游戏行为和治疗中的游戏行为，二者之间存在不同的特性（见表4.1）。

表4.1　游戏和游戏治疗的区别

	游戏	游戏治疗
儿童的地位	主动的	被动的
目的	享受过程、不追求目的	希望达到一定目的
情绪体验	充满快乐	释放问题、放松
时间	自由的	有限制

我们从表4.1中可以看出游戏与游戏治疗的区别在于，它们在儿童发展中的作用是不同的。游戏治疗主要是面对有问题的儿童，通过治疗帮助儿童解决心理的困扰，促进他们向正常的方向发展（邱学青，2005）。

作为一名小学教师，我们不仅要通过游戏活动促进儿童的全面发展，还应掌握一定的游戏辅导和游戏治疗的常识，去帮助那些需要特殊帮助的儿童，以促进每一个儿童的健康成长。

一、治疗的视角：游戏治疗的历史渊源

由于大多数儿童缺乏必要的言语技巧来清楚地表达他们的幻想、恐惧和焦虑，不少心理学家发现，用游戏替代成人使用的语言，可以更好地帮助儿童。米兰·克莱茵和安娜·弗洛伊德是尝试把游戏纳入治疗过程的两位先驱者。

在治疗的初期，克莱茵把儿童和治疗师之间的互动关系作为游戏分析的重点，这种分析包括对儿童游戏行为和伴随言语的深层解释，并通过治疗师通俗、浅显的语言解释给儿童听，以帮助儿童减少焦虑，并为儿童提供继续游戏的动力。安娜·弗洛伊德则通过游戏和玩具与儿童及其父母建立起良好的治疗关系，把他们吸引到游戏中，以此来获得儿童内心世界的一些线索。关系建立后，安娜·弗洛伊德逐渐把中心从游戏转向言语交流。为了鼓励言语交流，她会要求她的小病人

把他们想象和联想的内容创造成一些直观的形象。通过这种技术，安娜 · 弗洛伊德力图发展儿童的言语并使其理解自己的想法和感受。

另一位心理学家阿德勒更注重儿童发展的社会人际动力，他的理论具有发展和成长的倾向。与弗洛伊德的精神分析相比，阿德勒更关注“此时此地”。弗洛伊德的方法是希望寻找到已经发生的错误（关注过去）并改正，而阿德勒的方法是寻找正确的东西（关注当下和未来）并让它们更强大。阿德勒游戏理论的技术，如跟踪、内容重述、情感反应、鼓励等，已经被广泛使用。

具有人本主义倾向的儿童心理治疗师阿克斯兰（1947）强调儿童中心的游戏治疗。阿克斯兰认为，儿童中心的治疗师应听从儿童的吩咐，关注儿童的力量，感受儿童的情感，相信儿童成长变化的潜力。

一种旨在鼓励孩子与父母交流自己的需要、想法和感受的“亲子游戏治疗创新技术”在20世纪60年代得以发展。这种技术把父母也纳入训练和治疗的视野，它要求训练父母每周在家指导孩子游戏。通过亲子游戏交流彼此的认识和看法，不仅父母变得容易接纳，孩子的自信和自我效能感也在不断增长。

20世纪50年代以来，一些行为管理技术，如奖惩、模仿示范、放松训练和系统脱敏等方法，被用于儿童游戏治疗中，通过强化和模仿，修正或去除适应不良行为，代之以适应良好的有建设性的行为，使得儿童的行为向积极方面转变。

1950年以来发展出后来所称的“团体游戏治疗”。当前，团体游戏治疗被广泛用于实践，它显示出能有效帮助儿童的特点，并在学校团体辅导中发挥出巨大的作用。

游戏治疗、游戏辅导不仅符合儿童的年龄特点，而且把儿童和伙伴、父母、老师及其他亲密的人一齐纳入到个体与团体的发展性游戏中，它能更好地帮助儿童，促进儿童的全面发展。

二、游戏活动：具有治疗作用的儿童游戏设计

在被温暖和被接受的治疗关系中，儿童能够很轻松自然地释放他们成长中的情感，再现真实生活中对他们造成困扰的情形，意识到并驾驭那些使其不舒服的情感，在轻松合作的情境下探索新的思考和行为方式。在游戏中，儿童可以练习新的行为，保留积极有效的行为，放弃无效的行为。

在准备帮助儿童时，心理辅导教师需要选择一些帮助儿童交流的玩具和材料。

玩具应尽可能简单、结实，方便儿童制作，让儿童可以通过自己的想象发挥能量，而非一些自动化或电动的玩具。玩具和游戏材料应该能促使儿童表达，鼓励创造性，帮助儿童释放情感，并为攻击性情绪的表达提供机会。

以下是建议使用的玩具和游戏材料的清单，它们可以帮助你着手规划游戏治疗：

各项游戏治疗技术的材料清单

玩偶游戏：家庭成员玩偶，布制动物，玩偶房，缩略模型。

木偶游戏：纸板拼图，家庭成员木偶，动物木偶。

沙盘游戏：人，动物，汽车，建筑物等模型。

规则游戏：棋盘游戏，治疗游戏，行动游戏，团体游戏。

这份材料清单虽然并不详尽，但也不是每种材料都必不可少。有些东西，儿童和辅导教师可以制作，并在不同的游戏中交换使用。

1. 玩偶游戏

玩偶提供给儿童非威胁性的方式，让他们表达想法和感受。玩的过程中，儿童会明确某个玩偶或木偶的身份，把他（她）自己的感受投射到游戏形象上，并借助这些玩偶或木偶来表达自己在现实生活中的冲突。玩偶游戏常常为辅导教师提供了一个机会去观察儿童的想法、感受和行为，而这些儿童自己往往是不知道的。除了游戏活动，还必须借助于言语反应来对儿童的问题做出判断。辅导教师可以鼓励儿童在游戏中加入言语。

玩偶游戏中推荐使用的材料

接近真实生活的婴儿玩偶：不同种族、肤色各异的婴儿，并带有奶瓶；

人体仿真玩偶；

家具完备的玩偶房；

玩偶房中的家庭成员：妈妈、爸爸、男孩、女孩；

可弯曲折叠的家庭玩偶套件：爸爸、妈妈、女孩、男孩、奶奶、爷爷；

玩具动物：玩具熊、猴、乌龟、蛇、狮子、老虎或其他儿童可用来表达情感的动物。

2. 木偶游戏

与玩偶游戏相类似，木偶可以让儿童象征性地讲述故事并表演出他们的想象。这是一项古老的游戏形式，我国汉代民间就出现了这种游戏，也有人把它称之为傀儡游戏，后来逐渐成为广受欢迎的游戏。在木偶游戏中，儿童可以表演出并处理他们很难面对的想法和感受。儿童可以用木偶来创造一个独立于自己的人，并通过这个人显示出那些他所不能直接表达出来的东西。这时，儿童不仅和木偶所代表的人的特征一致，还把他（她）的想法赋予木偶。木偶有一个很重要的作用，就是允许儿童把他们强烈的情绪（比如生气）发泄到木偶上而不会导致对其他人产生危害，并使自己承担负罪感，从而使儿童以安全健康的方式发泄情绪。尽管在木偶游戏治疗中，3岁或更小的儿童也可以得到帮助，但一般研究者建议，木偶游戏对5～11岁的儿童最合适。

家庭木偶可以由很多不同的材料做成。有些教师在他们自己的指头或手套上做木偶，你也可以在市场上购买现成的木偶娃娃。很多不同的配件如勺子、铅笔和手工纸做的东西都可以用到木偶游戏中，比如纸折的船可以载着家人、两把勺子可以做桨等。

动物木偶为儿童提供了一种以不含威胁的方式来探索他们接受不了的想法、感情和行为的途径。有一群各式各样的动物特别重要，因为儿童常会把人的一些特征，如生气、沮丧、羞怯、恐惧、焦虑和妒忌等情感，攻击、退缩、哭喊等行为，赋予动物木偶们。鳄鱼、鲨鱼、老虎、狮子等可以用来代表攻击，而兔子、老鼠和小羊羔可用来代表胆怯。在攻击性儿童的木偶游戏中，一个木偶老虎突然活过来了，口里吐出火焰，将假设的敌人置于死地。通过赋予老虎攻击性的特征，儿童的情绪得到了发泄，并且也不会带来恶果和罪恶感。同样，老鼠木偶常常胆怯害怕，蛇则是奸诈和令人害怕的，鲨鱼几乎总是伺机咬人。在认同鲨鱼的过程中，儿童能取代攻击性，而袭击真实生活中折磨他的人。一些中性木偶，如小狗、猪和鸡，也是有帮助的，虽然它们不会引起一些特别的感情和需要，但由于中性木偶可以有自由的象征意义，所以，儿童可以任意选择他们的情感需要并赋予到它们身上。

木偶游戏也是一种出色的团体活动形式，儿童不论人数多少都可以使用它，尤其在学校场所中。木偶妈妈、爸爸、兄弟姐妹和婴儿是特别有用的，它们能很好地促使团体讨论且让所有的儿童加入。木偶游戏，尤其是团体木偶游戏，可以让儿童欣赏别人的观点，并有效地提高解决自己问题和社交方面的技能。辅导教师还可以根据自己的需要配置多套不同的木偶用于团体辅导。

木偶游戏中推荐使用的材料

家庭手掌木偶：这些要有各种人群，包括父母、女孩、男孩。其他木偶代表继父母、继父母的孩子、祖父母和家庭中的其他成员，包括叔叔、阿姨、姑姑、舅舅等。

指头木偶：这些可以用纸和布等很多材料自己制作，儿童的指头，画上头像，带上帽子，如果儿童和治疗师喜欢的话，可以用橡皮泥和面团做帽子。木偶配件包括勺子、线和纸帽子等。

3. 讲故事

自从加德纳（Gardner，1993）首次提出“讲故事”这个概念之后，相互间讲故事的技术在游戏治疗中受到显著的重视，事实也证明这种方法用于儿童辅导十分有效。这项技术采用儿童在游戏活动中自编的故事，帮助儿童探索、选择已有问题的解决方法。

辅导过程：先让儿童说出他（她）的故事，然后教师回应故事，介绍一个更合理的解决儿童故事中冲突的方法。这个技术可以配合录音和录像来给予补充，以便让儿童直观地看见并听到他们自己讲的故事。

下面是运用故事治疗在取得成功的前一阶段的一个片段：

杰德的故事：小小的旧房子

从前，在一座结冰的山顶上，一间小小的旧房子正往下滑。住在房子里的人很害怕，但他们还是设法安全地着地了。他们出门去，发现一间破旧的木屋，里头的火炉正烧着火。他们打开门，发现没有人在家。于是，他们走进去，坐在火炉旁边。他们坐下来以后，有个老人走进木屋，看到他们冷得发抖。那个老人就让他们待在房子里，直到他们想办法回到美国去。故事结束。

治疗师的分析

这又是一个具有多重意义的故事版本，它最显著的特征或许就是充满希望的语调。这栋老房子从结冰的山顶上往下滑，对杰德而言，这个过程显然包含某种危险，但是这个过程也给他的未来带来更多希望，远胜于他过去与现在之间冰冷的距离。他似乎也将我（指治疗师）描写成那个“老人”，而将治疗描绘成温暖的中途站，通往他最后的目标“美国”。故事中的“美国”可以视为整合而稳定的自我，是杰德希望通过治疗而获得的结果。

（林瑞堂译，2006）

在实际辅导时，如何运用故事要视儿童和辅导教师的想象力、创造力而定。有时候，教师还可以让儿童以写作文的方式写下故事，而非简单地说出来。此外，讲故事的时候还可以伴随玩具、木偶游戏一起进行，这种技术性的调整可以让儿童更加生动地表演出他们的故事。

讲故事是一种很好的建立融洽关系的方式，并能更多地了解儿童。儿童讲述故事，交流了跟他们自己和家庭有关的重要信息，并学会表达和控制他们的感情。在分析儿童故事时，辅导教师会去寻找反复被重复的主题，它们提供了跟儿童情感的挣扎有关的重要线索。通过解释，故事中的主题一定会被知道更多其他情况的儿童描述清楚。辅导教师在解释故事时要考虑到儿童的想象能力、年龄和发展水平。

讲故事中推荐使用的材料

写作材料：如纸、笔；

美工材料：如纸、蜡笔、彩色铅笔等，用来描绘故事；

让儿童重演他们故事的木偶、玩偶，以及表演木偶戏的剧院，剧院可以由包装盒做出来，并让儿童装饰；

录音机和录像设备。

4. 规则游戏

随着儿童不断成长，他们的游戏逐渐由想象转向现实，推理和逻辑能力的增强使发展中的儿童进入到有规则的游戏阶段。一开始，游戏要有趣，并且规则可以比较宽松，儿童经常修改甚至违反规则。随着儿童不断长大，规则逐渐变得严格起来，竞争性也日益增强，个人和群体游戏帮助儿童学会怎样与他人分享、怎样等待轮到自己、怎样与他人合作以及怎样遵守游戏规则。游戏教会儿童自律、合作、竞争，并从根本上训练儿童学会生活。

如果有选择游戏材料的机会，学龄儿童常选择棋盘游戏，如象棋、围棋、跳棋、飞行棋及其他一些游戏棋。除了棋盘游戏，“跳房子”等动作游戏也深受男孩和女孩的喜爱，他们会因为比老师跳得远而兴奋不已。不过，在安排这类游戏活动时，需要注意到一个问题，现在，很多城市独生子女，由于生活方式的原因，可能对这类活动已经不太熟悉甚至变得比较陌生了，他们更希望参加那种独自和电脑虚拟人物互动的游戏。对于这一点，辅导教师必须非常谨慎，一般情况下最好不要安排这类游戏活动，虚拟游戏很容易令儿童沉溺于一种虚幻的世界中而难以自拔。

5. 沙盘游戏

无论在海滩、庭院还是游戏室，儿童都喜欢玩沙子。他们会不由自主地铲、挖、凿、雕，造出一些城堡、隧道、山脉、跑道和河床，观看者可以看到儿童独特的内心世界。如果游戏室里有沙箱的话，儿童就会有一个有趣、放松并有治疗意义的媒介。

沙盘游戏首次被玛格丽特·洛温菲尔德（Margaret Lowenfeld）引入治疗技术，她称之为“世界技术”，因为儿童把玩具放置在被他们称为“世界”的箱里。后来，她又验证了沙盘游戏作为精神分析技术的一种工具，可以让问题儿童通过表达幻想、发展控制能力来解决创伤问题并控制内心的冲动。

沙盘游戏在辅导教师营造的真诚、温暖和认同的氛围下，可以帮助儿童表现出内心问题，促进心理发展。

沙盘游戏在游戏辅导中会被许多儿童反复选用。有些治疗师深信，沙盘游戏比其他治疗方法更占优势，因为它不像画画和戏剧那样需要专门技术。因此，儿童很少说他们不会在沙盘（如图4.1）中创造东西。儿童铲、挖、凿、雕，都是自己在

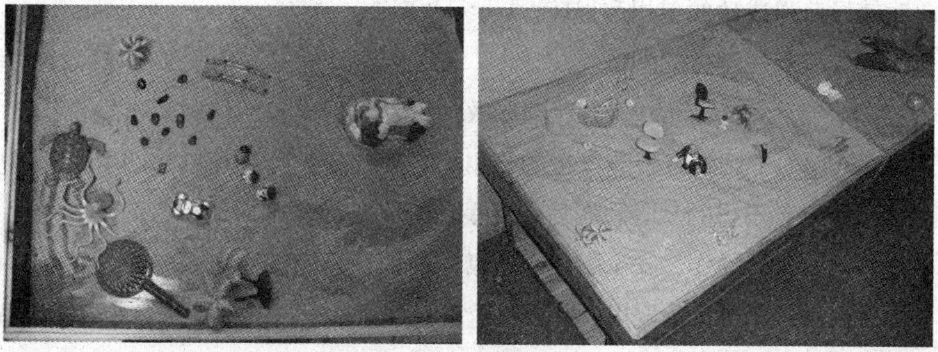

图4.1　沙盘

掌控和创造。玩沙子时，儿童能创设情景，无论受何种创伤的儿童都能够表现出他们内心深处的想法和感受。由于有掌控权，儿童能消除不良感受，表达出那些困扰他们的问题，包括那些受虐儿童在沙盘游戏中都会感到舒畅，感受到被呵护和关怀。

三、多样化的尝试：游戏治疗在小学心理辅导中的应用

游戏治疗作为在小学开展心理健康教育的有效辅导方式，已经被越来越多国家的小学教师和行政管理人员所认同和接纳。在我国香港、台湾地区，游戏治疗已经作为一种帮助儿童解决心理困扰的有效方法，应用到学校心理辅导领域中，并显示出较好的辅导效果。学校心理辅导教师可以通过儿童喜爱的风格各异、功能独特的木偶、玩偶、沙盘等器械，让需要帮助的儿童把内心的冲突和情感表达出来，在游戏活动中通过探索和尝试多种解决问题的方法，发展儿童新的应对问题的技能，最终使儿童从困境中走出来。

（一）小学游戏辅导的实施

1. 游戏辅导场地的建立

游戏辅导特别适合小学儿童的年龄特点，有条件的小学应选择一个相对比较安静、宽敞的房间（最好设在非教学区、远离集中办公的区域，学生或家长进出具有一定的隐蔽性），来专门建立一个设备齐全的儿童游戏活动室。不具备条件的学校，心理辅导教师也可以在学校的心理辅导活动室开辟出一块地方，建立一个小型的游戏辅导区域。环境的布置要本着温馨、舒适、保密、安全的原则，房间达到一定的隔音标准，地上最好铺有地板或者地毯，以便学生自由活动。整洁的房间、明亮的光线、柔和的色彩、吸引儿童的玩具，会使儿童心情恬静、舒畅，这是游戏辅导获得成功的前提和保障。

2. 玩具及相关器材的配备

游戏辅导玩具必不可少，心理辅导教师可以根据学校的情况选择适合儿童的玩具。此外，为了达到宣传和渗透的作用，心理辅导教师还可以发动全校师生收集儿童在家弃置不用的玩具，鼓励心灵手巧的家长和教师自制玩具。使用的玩具要尽量简单、容易操作、安全耐用。通常，各种玩具应按固定顺序陈列在玩具框或者玩具柜里，方便儿童取用。为了便于重复观察，室内最好有录音、录像设备，有条件的学校可以在游戏室隔壁设一个观察室，以便在需要教师回避的情况下也

能获取真实、自然的信息。

3. 心理辅导教师的自我成长

学校的心理辅导教师作为游戏辅导的初学者，可以通过参阅相关书籍、参加一些游戏治疗的工作坊、带领简单的游戏治疗团体或班级团体等途径，提高自身游戏辅导的技能和水平，在对儿童进行游戏辅导的实践中，不断与儿童、家长交流，及时取得学生和家长的反馈信息，并通过与同行的交流，及时反思总结。条件好的小学，心理辅导教师还可以争取机会继续深造，进行系统的学习和训练。

当然，游戏心理辅导在小学开展的有效性，还需要得到学校领导和上级行政主管部门的理解、认可和政策上的支持。

（二）小学游戏辅导：一项综合的方法——5R 法

游戏是儿童习得正确经验的工具。心理辅导教师和儿童都可以通过游戏互动，让儿童以一种不同的方式和更加积极的结果重新体验以往的事情。

游戏辅导包括五个步骤：建立关系，释放情感，再现重要事件、关系，以新的理解方式重新体验冲突、杂乱的想法和感受，在游戏中通过实践新的行为来解决问题和冲突。当然，每个儿童的情况都有其独特的一面和不同的表现方式，因此，心理辅导教师在针对不同的儿童进行辅导时，不一定需要刻板地依次遵循每一步，他们可以结合几个步骤，跳过一个或停留在某个特定的辅导过程中。

5R 法是一项综合的方法，具体包括以下项目：

- 建立关系（听清并明白儿童游戏时的语言）(Relating)。
- 儿童通过游戏宣泄情感，释放紧张情绪（Releasing)。
- 在游戏中再次经历过去困扰的事情和想法（Re-creating)。
- 帮助儿童将过去的事情和现在的情感行为联系起来(Re-experiencing)。
- 儿童解决问题并发现新的应对方式（Resolving)。

1. 建立关系

辅导关系只有在心理辅导教师理解儿童的表达时才能建立起来并得以维持。

不少小学心理辅导教师意识到需要通过和儿童建立一种温暖、悦纳的关系来帮助儿童。在宽松的游戏氛围中，不管儿童的情感多么消极，教师都应该鼓励儿童勇敢地表达出来，通过良好关系的互动，儿童在游戏中会体会到他们自己的这些情感体验得到尊重。随着儿童不断感到被接受、理解和支持，他们会更多地表露自己，这些自我表达可以帮助辅导教师观察到儿童自身特有的世界。随着关系的发展，教师可以更多地了解儿童和他独有的生活经历，并更好地感受这些儿童独有的经验。在这个“同感”①的过程中，儿童会逐渐明白在特有的经历中他（她）自己的感受是什么。当把这种“同感”传达给儿童时，心理辅导教师对儿童的认识和感受会更加全面、丰满，同时也会促进咨询关系的建立。在建立良好的咨询关系后，辅导教师还需要考虑利用温暖、悦纳的氛围和温馨、舒适、保密、安全的环境来建立一些辅导规范，帮助儿童学会对自己的行为负责，教给儿童以更好的方式满足自己的需要，这样才能正确地矫正行为，帮助儿童将他们的想法、感受和现在的行为联系起来，以达到良好的辅导效果。

2. 释放情感

儿童可以通过沙盘游戏这种活动自由地表达以前被隐藏的想法和情感。有些儿童会猛烈地捣烂在沙土上布置的场景，把摆放好的人剥离分解开；有些儿童会把小人埋在沙子中，然后很快地拿出来晾在一旁，让他们呼吸；还有些儿童会把婴儿的头埋在水下帮他们洗澡。这些动作为儿童提供了一种通过游戏来释放情感、表达感情的方式。因为这种宣泄让儿童释放了紧张的情绪，这本身就能起到治疗作用。很多情况下，教师需要帮助儿童处理表达出来的情感。

例：小明在释放由于他姐姐最近死亡而产生的怒气。小明似乎在表达对他妈妈的怒气，因为他的妈妈没能挽救他的姐姐（妈妈尽力了，却没能挽救孩子）。

5分钟内，小明踢房间里所有的东西。他推倒箱子并踢玩具。乱喊了一通后，他开始在玩具中乱翻，弄得一片狼藉。他最后把注意力集中在一张很大的家庭剪拼板上。他冲着他妈妈发泄怒气。他不断地要求妈妈为他做这做那。“给我一个瓶子”“给我一把勺子”，当妈妈递给他要的东西时，他却试图破坏它们。妈妈反馈道：“你好像在生我的气？”“没错！”孩子回答。然后，小明把其他家庭成员的拼图纸板排列好，开始捶击它们。他让妈妈击打他姐姐拼图的脸部。

3. 再现重要事件

随着和辅导教师关系的逐渐成熟，儿童感到很安全，便会进一步探讨他在生

① 注：“同感”又译做“移情”“同理心”等。它有广义和狭义之分：广义上是指所有人际场合中产生的设身处地为他人着想的能力；狭义上是指从临床心理中发展出的一种特殊的理解能力。

活中产生这些问题情绪的重要事件。在辅导中的这个阶段，儿童在游戏中再现以前和现在的事情，体验到经常伴随他的不舒服的感受。尽管儿童知道有些事情引起了他现在不舒服的想法和感受，但他还不能将这些感受和当前的问题冲突联系起来。辅导教师应该重述儿童表达出的语言，这能显示他听到并理解儿童的信息。

小明扮成圣诞老人，把礼物藏起来让辅导老师去找。然后，他又假装被埋在雪中，希望老师用手电筒把他找出来。

小明选了几个玩具，和老师一起进入一间很小的办公室。刚进房间，他就把除了手电筒以外的其他玩具全扔了。他不准老师碰手电筒，而且只有得到他的允许才能够玩其他的玩具。他关了灯，绕着房间转，用手电筒照每个墙角。最后，小明决定假装圣诞老人。他用手电筒找到埋在雪里的礼物。很奇怪的是，过了一会，小明开始允许老师用手电筒找礼物了。小明假装被埋在雪中，他把灯关掉让老师去找他。

小明再现的一切情景是在帮助他面对自己害怕的死亡和黑暗。他似乎在测试自己对黑暗的恐惧，证实自己可以关掉灯并平安无事。当他打开灯时，恐惧的表情从他脸上一闪而过，然后，他的脸上洋溢起笑容。

4. 重新体验事情

在这个阶段，儿童开始逐渐明白过去的事情，并将它们和自己现在的想法、感受和行为联系起来。成人经常用言语表达出这时的体验，而儿童只能在游戏中玩出当时的情形，再次体验过去的事情，并通过整合来促进当前的理解。

辅导教师的共情能帮助儿童理解并同化曾经历过的痛苦经历。一旦教师整合起儿童过去的经历，理解了儿童在游戏中反映出的象征性意义，教师就可以用儿童能够明白的语言把这种理解告诉儿童。

下面是围绕姐姐的死和小明展开的第五次游戏。尽管害怕黑暗对于4岁的孩子来说很正常，但小明的害怕被他姐姐的死加剧了。他发展到怕水，而他以前是不怕的。从儿童发展的角度来看，小明还不能明白死亡是不可避免的，游戏可以使小明克服对死亡的恐惧。

（小明假装游戏室的地板是会掉下去的水坑，只有睡椅、桌子和衣架是安全的地方）

小明：小心！这是你会掉下去的水坑（回忆起姐姐曾经在游泳池中

死掉），我们掉下去就会死的。

老师：是吗?

小明：是的（这时，小明完全单脚站在地面上，而且对老师的话没有反应。抬起他的一只手臂）。

老师：（假装哭）呜……

小明：（突然活过来了，他相信当人死了以后还会起死回生的，就像卡通片中那样）你死了，你躺到躺椅上去（假装控制了场面，完全一副老板的样子）。

小明传了一张大纸板给老师，和老师一起在大纸板下爬过。

小明：这很黑，我们得出去。

老师：是的。

小明：你不能说话，你死了（暂停），这个很重，我们得出去。

小明穿过纸板。小明再现了姐姐死亡和被埋葬的概念。他努力具体化，但他仍然认为他们可以再生。

然后，小明把纸板放在他俩身上，又把它反过来，重复了好几遍。当纸板正面向上时，是晚上，反过来时就是白天。

5. 解决问题

辅导过程的最后一步，儿童可以表达他（她）对存在问题的理解，并尝试多种不同的解决方法。因为有些问题没有解决方法，儿童可以发展出新的应对问题的技能。当儿童在辅导中感到足够的安全，就能消除戒备心理并体验轻松真实的感觉，尝试多种不同的想法和行为，并保持有效的实践途径。这个过程在游戏治疗和儿童的日常生活之间起到了很好的过渡作用。

在对小明进行游戏辅导的过程中，随着游戏的进展，老师鼓励小明和他父母聚焦于生活，不再强调死亡。结束辅导后的一周里，老师安排小明去上游泳课，以让他克服对水的害怕，这个策略成功了，渐渐地小明就能面对姐姐的死亡了，他对自己健康问题的害怕也逐渐减少了。目前，他们全家已经恢复正常了。

（三）小学游戏辅导需要注意的具体事项

很多文献中记载了游戏治疗以及辅导教师出现的各种问题，其中主要涉及儿童对游戏场景的好奇、害怕、焦虑、进退两难，他们对辅导教师的兴趣或与辅导教师的关系、游戏室的限制以及儿童的攻击性表达等方面。

1. 游戏关系建立的关键：沟通

沟通是小学游戏辅导的关键。沟通包括心理辅导教师与班主任、学生及家长之间的沟通。通常，具有心理保健意识的班主任会把他们认为需要得到专业帮助的学生带到心理辅导教师那里。不少班主任认为，让学生从正常的学习中进入游戏辅导，会影响学生的正常学习，而且可能没有太大的效果，这些认识上的误区会影响游戏辅导在学校的全面展开。这时，辅导教师需要通过广泛的宣传与介绍，加强和班主任的沟通、联系，让他们明白游戏辅导对接受辅导的学生的成长及班级同学都有帮助。心理辅导教师与小学生及家长沟通的有效性也会直接关系到游戏辅导的成功与否，这也是心理辅导教师基本的专业技能。

最初辅导中常见的一些情况：

儿童对游戏环境的好奇

“我为什么在这儿？”

“你跟我玩，不要上课吗？”

“这些玩具是你的吗？”

“有其他人来过这里吗？”

在学校里，前来进行游戏咨询的儿童通常是由班主任老师介绍来的，因此，儿童会问及他们为什么来这里，是否有别人来过，这很正常。新来的儿童总会问很多跟游戏材料有关的问题。比如，他们会问玩具是谁的、他可否玩玩具等问题。

矛盾，焦虑，喜忧参半

“我的好朋友能和我一起进来吗？”

“别关门。”

“我在这儿害怕，但又很喜欢这儿。”

“我现在能回到班上去吗？”

有些儿童在起初参加辅导时会表达矛盾、焦虑、喜忧参半的情绪。他们害怕离开班级群体单独尝试新的陌生任务，希望避免产生焦虑的情形，不愿意完全投入到游戏中或希望提前结束游戏。在这种情况下，辅导教师需要理解儿童的感受并把自己的理解跟儿童沟通。此外，为了减少儿童的消极情绪或减少儿童起初的分离焦虑，有时可以让同伴或家长加入进来和儿童一起游戏。

当儿童想提前结束或不想参加游戏时，辅导教师该怎么办呢？对于这个问题人们有些不同的见解。有些人建议，辅导教师要尽量查出儿童想缩短或终止游戏的原因，但在弄懂原因之前，辅导者最好不要让儿童离开；而另有些人则认为应该尊重儿童拒绝参加游戏的权利，即便不允许儿童离开，也应该让儿童自由地在游戏室打发时间；此外，也有人建议，让儿童继续参加游戏，答应游戏一结束，他就可以离开或实现他的愿望。西方学者普遍主张采用其中第二种方法，即让儿童感到游戏辅导很有趣，并愿意留下。

对辅导教师感兴趣

"你多大年纪啊？"

"你是我们学校的老师吗？"

"我好像以前在学校见过你的。"

"你喜欢小孩吗？"

儿童容易对辅导教师感兴趣并问一些他个人的生活问题，这些问题在辅导初期经常发生，这是儿童和辅导教师建立关系的一种方式。一般来说，如实回答有助于建立亲善的关系，但不能过于繁冗。儿童经常会问辅导教师是否有孩子、他们几岁以及老师家庭生活的其他问题。其实，儿童有时是想通过这样的询问来了解辅导教师在自己的生活中可否再多接受一个孩子。如果是这样的话，这正好是辅导教师让儿童明白周围存在着很多爱的好机会。

儿童和辅导教师的关系

"你做孩子，我做爸爸。"

"帮帮我，我做不了。"

"保证你猜不到我会干什么。"

"这样可以吗？"

"我可以画我的同学吗？"

"我现在干什么啊？"

当儿童来接受辅导时，辅导教师便开始探索影响辅导关系建立的因素。通过提问和表达，他们建立起即将在辅导中扮演的角色。有些儿童会很快承担领导角色，指导辅导教师的行为（你做孩子，我做爸爸）；而有些儿童则习惯依靠辅导教师的指导（帮帮我，我做不了）；有时，他们会设法让辅导教师一起加入游戏，让辅导教师猜他们的行动（保证你猜不到我会干什么）。

当儿童让辅导教师猜或给出几个选项让他选时，这往往是儿童寻求支持的方式（这样可以吗），或请求允许分享他（她）的想法和感受（我可以画我的同学吗）。当辅导教师直接回答儿童的问题时，他可能冒着令儿童失望或阻碍儿童自我探索的危险。相反，辅导教师应该询问儿童自己的建议，然后把责任转给儿童。

有些儿童的问题（如我现在干什么啊）可能代表儿童不想拿主意，把责任交给辅导教师，如果辅导教师做决定的话，他便纵容了儿童的依赖性，增强了他不能胜任的感觉。因此，辅导教师最好鼓励儿童自己寻找解决问题的答案，把责任转交给儿童，指导他们进行自我探索。

2. 游戏辅导的时间安排

一般情况下，一次游戏辅导的时间为40分钟，通常不超过1个小时，每周可进行1～2次。游戏辅导的时间应该尽量与正常的课业时间交错开来，以免影响学生正常的学习。辅导教师可以利用早上晨会、中午午休或者晚上放学后这三个相对比较固定且没有特别学习任务的时间段来进行游戏辅导。另外，辅导教师还必须考虑假期或重大的学校活动是否会造成辅导中断，并尽量避免这种情况的发生，因为这样有可能对已经建立起来的辅导关系或已经取得初步效果的辅导产生影响。

有时，儿童会因喜欢游戏辅导而不愿结束游戏，辅导教师应温和地提示儿童时间到了。如果辅导教师用一种友好真诚的态度，儿童一般会从一开始就愿意合作，并在快结束时把东西整理好。如果儿童偶尔拖延或要解决很重要的问题，心理辅导教师可以适当放宽时间限制。如果儿童每次都延时，拖延成了一种习惯，辅导教师必须要温和而严肃地提醒儿童时间限制的问题。

3. 游戏辅导中的设限

在游戏辅导前，辅导教师还要申明辅导教师及所有成员对游戏辅导过程保密。在辅导的过程中，辅导教师需要对玩具的使用和特殊的游戏行为加以必要的限制，如禁止儿童有意破坏游戏材料和设备、不允许儿童将玩具带走；一些规定的游戏要遵守某些特殊游戏限定，如沙盘游戏只能在沙箱内玩沙子和水；限制危及他人及伤害自己的行为，不能攻击辅导教师和其他儿童，辅导教师要注意做游戏儿童的个人安全，限制儿童游戏中的危险动作和行为。另外，游戏室里尽量不要出现用玻璃材料做成的玩具及其他容易伤害儿童的尖锐器具，以免在游戏中伤及儿童。设限的另一个问题是是否要求儿童在辅导结束后整理游戏室。有些学者认为，当游戏时间到了，辅导教师不要刻意强调要收拾玩具。心理辅导教师可以根据具体情况做出相应的安排。

一些与游戏设定相关的常见问题

"我能留下吗？求你了。"

"再给我5分钟吧。"

"我能把这个木偶带回家吗？"

"咱们去喝可乐吧。"

(1) 从游戏室带走玩具。偶尔，儿童会请求带个特别的玩具回家。通常，在这种情况下，辅导教师不能允许儿童带走玩具，但如果是辅导的需要，辅导教师可以借给他们，虽然辅导中不提倡儿童向辅导教师借东西，但一些有趣的游戏可以鼓励儿童的全家共同参与。

虽然游戏的地点局限在游戏室，但要允许儿童利用玩具和游戏充分发挥他们的艺术创造力。拍照片可以让儿童保持住他们的沙盘形象。儿童和辅导教师一起游戏的活动照片可以在特定的时候装裱起来作为礼物送给儿童。这种方式可以让儿童把他们游戏辅导的经历带回家。

(2) 零食。有时儿童会在游戏辅导的过程中要求吃些东西，并常常会编一些理由。在满足儿童游戏辅导的心理需要之前，辅导教师应尽可能地满足他们的吃喝等生理需要。及时提供一些小点心、果汁或饼干就可以让儿童感到满足，如果在每个游戏环节结束时提供一些零食，儿童很少会再要吃的。

有时候，儿童的需要跟饥渴没有关系，而是由于对辅导中即将发生的事情感到焦虑。如果儿童不断要喝东西或去取糕点，他可能是在回避游戏辅导。在这种情况下，辅导教师就不能允许儿童不断离开房间。

4. 游戏中父母的参与与反馈

儿童的问题很多源自家庭，尤其是家庭中人际关系互动的情况。父母的教养态度和行为方式也会直接影响儿童的心理和行为。所以，学校心理辅导需要取得家长的支持、理解和参与，这样才能使游戏辅导达到更好的效果。当父母参与到辅导过程中来，他们便可以更好地了解儿童的心理、行为，以及家庭内部存在的问题，父母的参与过程也是对父母进行适当亲子辅导的过程，当他们了解孩子的问题、了解游戏辅导后，就会在家庭中巩固学校游戏辅导的效果，学习到在家里与孩子沟通的技巧。在心理辅导的过程中，心理辅导教师要和家长保持经常的联系，将辅导的情况、进展和出现的新问题及时反馈给家长，并从家长那里及时了解儿童在家里的情况、进步和新出现的问题。这样，心理辅导教师既可以对下一步的游戏辅导适时做出调整，也会继续鼓励、指导家长与儿童在家的沟通和游戏，以便儿童能在家里继续保持和巩固游戏室里学到的技能和取得的进步。

第四节

游戏辅导在小学团体心理辅导中的应用

游戏就是把真实的东西转变为儿童想要的东西，从而使他的自我需要得到满足。他重新生活在他所喜欢的生活中，他解决了所有的一切冲突。尤其是他借助一些虚构的故事来补偿和改善世界。

——皮亚杰

团体心理辅导是指在团体情境中，通过团体指导者的引导，给团体成员提供心理帮助和指导的一种辅导形式。在学校情境中，班集体就是一个小的团体，班主任作为这个团体的指导者，可以通过促进儿童自我认识、学习人际关系与社交技巧、学会学习、情绪调节等方面的游戏活动，全面渗透心理健康教育，促进儿童健康成长。

一、班级团体游戏辅导的意义

在班级团体辅导中，通过游戏活动，让儿童感受以下一些积极的体验：

1. 享受亲密感

在团体游戏活动中，儿童会形成很亲密的关系，可以体会到互相关心、互相爱护、互相帮助的友好情谊，从而形成进一步的信任。在这种游戏活动中，儿童也会认识到日常生活中的许多人际隔阂与冲突是如何通过团体游戏而化解的，从而促进他们更好地发展，充分发挥心理健康教育的发展性功能，提升儿童的心理素养。

2. 增强归属感和认同感

在团体游戏活动中，当团体凝聚力形成并增强时，会让儿童产生强烈的归属感和认同感，了解并体验到自己是如何被其他成员支持的。游戏活动提供了更多的机会让儿童之间彼此交换意见，互诉心声，商讨以后可能遇到的难题，及其可行的解决办法。这样的游戏活动会让儿童明确地意识到自己是团体中的一份子，要保持和团体一致的认识和评价，并以团体为荣，爱护和保护团体的形象及荣誉。这种认同感和归属感也是儿童社会生活中非常重要的经验。

3. 观察团体行为，学习社会交往技巧

在游戏活动中，通过团体成员的一系列互动，指导儿童观察体验人际关系如何形成、人际沟通如何进行。团体游戏活动为儿童提供了机会，让他们试验和发现自己与别人交往的能力，评价个人的人际关系情况。通过团体游戏的交互经验，儿童不仅学会了解自己的社交情况，还可以具体学习基于对别人的信任和关爱而发展出来的基本礼仪，有效沟通和融洽共处的方法。这些技巧还可以迁移到儿童班级之外的社会性互动关系之中，促进儿童更好地社会化。

4. 体验互助互利

由于团体游戏活动倡导成员之间互相帮助，每个成员在帮助他人的过程中，会发觉自己对别人很重要，这使他们感到自己存在的价值，获得欣喜感、满足感和自信心。助人是快乐之本，受助是成长之源。团体游戏中的互助互利是一种积极的人生体验，这种体验不仅在团体游戏中可以充分感受，而且还会扩展到儿童日后的生活中去，使承担责任和助人的行为继续保持下去。

二、小学团体游戏辅导的途径

以班级为单位的集体，是自然存在的小团体，是小学开展团体辅导的主要阵地。同一个班的学生由于处于相同的年龄阶段，他们往往有着共同的发展主题和发展任务，因而在团体游戏活动中更容易互动。

1. 班会

每周一次的主题班会，为小学开展团体游戏辅导提供了极好的契机。除了学校统一的计划安排和处理班级事务外，班主任都可以利用班会课来进行团体游戏辅导。每学期开学初，班主任应按照本班学生的情况和特点，设计好一学期团体游戏辅导的主题和计划，然后再通过师生的共同努力，设计和开展好每一次的团体游戏活动。

2. 晨会

在小学，每天早晨都有20分钟左右的晨会课，班主任除了及时处理班级中的一些事务外，还可以设计和安排一些有趣、灵活、短小的游戏活动。常言道："一日之际在于晨。"儿童一天良好的情绪状态就从早晨晨会的游戏活动开始。

3. 社会实践活动

在小学里，每一学期都要开展一些社会实践活动，学校和班主任都应该充分利用这样的契机，通过一些有趣的大型游戏活动，有意识地锻炼儿童的意志品质、责任心、自信心及团队合作精神。

4. 思想品德课

在小学思想品德课上，教师如果创造性地引用一些儿童喜爱的游戏活动，对儿童良好品德的养成会产生意想不到的效果。

5. 课外活动课

教师还可以通过课外活动课开展团体辅导，培养儿童健全的人格。

三、班级团体游戏辅导的活动设计

1. 班级游戏活动设计的步骤

(1) 了解学生。在具体设计班级团体游戏活动方案前，班主任首先应熟悉儿童当前心理发展的年龄特征，了解本班儿童当前发展的需要，他们所面临的共同困惑和当代儿童关心的热点。只有充分了解当代独生子女生存的时代特征(如信息社会的特征及“前喻文化”“并喻文化”“后喻文化”共存的社会文化特征）、特定阶段（低年级、中年级还是高年级）儿童心理发展的年龄特点，以及本班儿童发展的特有特征，班主任才能设计出促进儿童更好地成长的团体辅导游戏。

(2) 班级团体游戏主题的选择。在充分了解本班儿童之后，班主任接下来就可以规划、选择一学期游戏辅导的主题了。在已经获取的众多信息中，班主任需要通盘考虑，根据本班儿童的发展情况和特点，按儿童“问题”的轻重缓急来明确游戏主题的先后顺序。主题的选择要符合儿童游戏的心理需要和年龄特点，具有新颖性、趣味性、时代性、启迪性。

(3) 确定团体游戏辅导的目标。在确定游戏活动的主题后，班主任需要明确团体游戏辅导的目标，包括一学期的总体目标、每一阶段的阶段性目标和每一次活动的具体目标。游戏辅导的目标必须明确清晰，具有可操作性。合作、倾听、尊重、理解、宽容、接纳自己和别人、团体规范和团体信任应该是所有团体游戏的共同目标。

(4) 选择活动的方法及活动的时间和地点。配合已经设定好的游戏主题和目标，班主任应精心设计和选择游戏的具体活动方案，安排团体游戏辅导的时间和场地。

2. 班集体形成初期的团体游戏活动

归属的感觉——“被接受的体验”是团体最重要的特征之一。

在班集体形成初期，通过团体游戏活动，儿童初步相识熟悉，初步了解班级的规章制度及每个成员应尽的义务，并尽快消除同学之间的陌生感，形成融洽的班级氛围。

班主任可通过下列活动帮助儿童相互接纳，获得认同和归属感，尽快融入班集体：

快乐地走进人群

目标：促进新同学相识、了解、熟悉。

流程：

1. 分小组（前后两桌4人为一小组）。

2. 按一定的顺序，向小组成员做自我介绍。介绍的内容包括姓名、性格特点、个人兴趣爱好、家庭情况以及个人愿意让小组成员了解的有关自我的情况。

3.每个小组选派一名同学向全班同学介绍本组成员(可视情况分多次进行)。

要点：当对方自我介绍时，倾听者要全身心地投入，通过言语和身体语言的观察，尽可能多地了解对方。

找 朋 友

目标：加深了解，建立团体互动关系。

流程：

1.请学生闭上眼睛，想一想自己小时候最喜欢唱的歌（或儿歌）是什么，想到的举手示意。

2.当所有学生都想到了，就睁开眼睛，一边哼唱自己喜欢的歌，一边听别人唱什么，并站起来随意走动，当听到与自己一样的歌时，聚到一起成为一个小组，彼此交流为什么喜欢这支歌，然后一起大声唱。

3.接着交流小时候的趣事，如喜欢玩的游戏，再一起试试。

4.最后各组表演（可视具体情况做出调整）。

在此过程中，伙伴之间找到了共同语言，既放松了心情，又交了朋友。

3.促进儿童发展的团体游戏活动

(1) 自我意识团体辅导——认识自我，悦纳自我，完善自我。

人的心理是由自我意识建构的，自我意识是整个人格的核心，每一个人的行为表现、身心健康、人际关系和发展状况都受到自我意识的制约。

自我意识是个体对所有属于自己的身心状况的意识或觉察。例如，个子的高矮、身体的胖瘦、容貌的美丑等生理特点；自己的能力水平、个性特点、兴趣爱好等心理特点；自己的人际关系、地位的尊卑等社会特点。自我意识是人的意识区别于动物心理的重要标志。

通过以“自我意识”为主题的团体游戏活动，帮助儿童学会正确地认识自己，进行适当的自我探索，以促进儿童更好地体察自己、悦纳自我、完善自我。

真　我

（此游戏活动比较适合中、高年级儿童）

目标：

1. 了解自己在生活中扮演的角色。

2. 了解自己的重要性。

流程：

1. 把黑板分成6份，限时两分钟。每组轮流派人在黑板上写下在生活中可能扮演的角色有哪些。

2. 每位学生从黑板上的角色中挑选5个自己比较看重或觉得重要的角色。

3. 再从5个角色中选3个角色并在讨论单上写下自己做了什么，所以这个角色很重要。

4. 老师征询愿意发表意见的学生。

（傅宏，2007）

猜猜我是谁

（此游戏活动适合中、高年级儿童）

目标：通过彼此的合作，从他人的反馈中认识自己，体会被人理解的感受，建立信任感，培养班集体团体气氛。

流程：

1. 视班级规模的大小，把班级分成若干个小组，每组围成一圈，每人发一张白纸，各自写下3～5句描述自己的句子，“我是……”（教师可事先在全班学生面前做出示范和指导），不要写自己的名字，写完叠好放在小组团体的中央。

2. 每人随机抽取一张，朗读纸上的内容，让大家猜一猜纸上描述的是谁，猜中的要说明理由。

3. 活动中和活动后引导学生交流猜中别人和被别人猜中时的感受。

给你一份爱的礼物

目标：学生能从同学的回馈中增进自我肯定。

流程：

1.两两一组，互写对方3个优点。

2.放音乐，传递两个象征物，当音乐停止时，拿到物品的人要讲出别人的优点。

(2) 学习心理团体游戏辅导——学会学习。勤奋感的形成是小学阶段儿童发展的重要主题，“学会学习”应作为小学儿童团体游戏辅导的关键主题之一。

学习信条大推销

1.各组学生分别提出自己心目中理想的“学习信条”。

2.每组选派一名代表，解释说明自己小组的“学习信条”，并尽力推销给其他各组。

3.每组学生不得购买本组的“学习信条”，只可以买其他各组的“学习信条”，每个学生举手表示各自的购买意愿。

4.最后哪一组的“学习信条”持有者最多，即获胜。

(傅宏，2007)

跳 进 跳 出

目标：通过活动，引导学生采用有效的改进各科学习成绩的方法。

操作：

1.教师在地上画个圈，代表合格圈，由各组派一人担任裁判，圈外就是申请入圈的人。

2.申请入圈应做哪些努力或必须要哪些条件才能入圈，由裁判评审团举牌子过半数决定。

3.最后教师可带领全班学生讨论或补充方法。

时间馅饼

（此游戏活动适合高年级儿童）

1. 请学生记录自己的日常时间分配，并绘制在时间馅饼上。

2. 时间馅饼画好之后请学生指出：哪一方面比例最高，哪一方面可以增加一点时间。也可以进行分组讨论活动，分享其他同学值得学习的时间分配法，并进一步思考如何改变、完善自己目前的时间分配。

3. 最后再重新绘制一个时间馅饼图，并制订计划，采取行动。

（傅宏，2007）

（3）人际关系团体辅导——快乐地走进人群。

人际关系是指人们在交往过程中所形成的相互之间的关系，它是交往双方彼此心理上的依恋与心理距离的一种反映。罗杰斯认为，个体的成长需要在温暖、安全、真诚的环境中才能实现，而温馨和谐的人际关系能满足个体成长的环境需要，帮助儿童彼此接纳、探索自我。融洽的人际关系是儿童心理健康的一种表现，也是儿童心理健康的促进剂。在小学阶段开展人际交往团体辅导，可以帮助独生子女走出自我中心，掌握基本的人际交往策略和技巧。

魅力特征大搜罗

目标：引导学生了解最受欢迎的人具备的人格特征，发现自己和身边人的魅力，思考如何与不同特征的人交往。

规则：10人左右一小组，分组讨论人际交往中自己喜欢和什么样的人（他们有哪些品质）交往？把小组成员所说的魅力特征记录下来。对你自己以及你生活中的朋友进行魅力指数评定。

分享：你具有哪些魅力特质？如何塑造自我魅力？你身边的人有魅力特征吗？你是如何与有魅力的人交往的？当别人有你不喜欢的特征时，你如何与对方交往？

（傅宏，2007）

我爱我班

目标：

1. 设定积极的基调，明确团体的规则要求。

2. 归属的感觉："被接受的体验"是团体最重要的特征之一。

流程：

请学生根据老师提供的一些图片，针对不同的场景编出不同的故事，答案没有对错之分。

这个活动的目的是帮助独生子女走出自我中心，让学生认识到每一个人都有自己看问题的方式。

"撕纸"游戏

目标：说明沟通与交流在人际交往中的重要性。

材料：准备总人数两倍的白纸（废纸亦可）。

操作：

1. 给每个学生发一张纸。

2. 教师发出单项指令：

——大家闭上眼睛；

——全过程不许问问题；

——把纸对折；

——再对折；

——再对折；

——把右上角撕下来，转180度，把左上角也撕下来；

——睁开眼睛，把纸打开。

大家会发现有各种结果。

3. 这时，教师可以请一个学生上来，重复上述的指令，唯一不同的是这次学生可以问问题。

相关讨论：为什么会有这么多不同的结果（说明沟通、交流在人际交往中的重要性）？

（4）情绪调节心理辅导——我的心情我做主。

情绪辅导的目标是使学生的情绪变化做到目标适宜、方式适当、反应适度，并以积极情绪为主。我们可以通过团体游戏辅导，引导和帮助儿童学会调节、控制自己的情绪。

压力飞飞飞

1. 引导学生将手中的气球吹大，依自己感受压力的程度来决定气球的大小。吹好后捏紧气球吹口。

2. 大家都完成后，从一数到三一起将手上的气球放开，气体释放的弹力导致气球也飞了起来。

3. 引导大家讨论放开手中气球的感受。

（傅宏，2007）

勇于承担责任

目标：培养学生承认自己错误的勇气。

流程：

1. 学生相隔一臂站成几排（视人数而定），班主任（或任课老师）喊“一”时，向右转；喊“二”时，向左转；喊“三”时，向后转；喊“四”时，向前跨一步；喊“五”时，不动。

2. 当有人做错时，做错的人要走出队列，站到大家面前先鞠一躬，举起右手高声说：“对不起，我错了。”

3. 做几个回合后，提问：这个游戏说明什么问题？

说明：面对错误，大多数情况下没有人承认自己犯了错误；少数情况是心里认为自己错了，但没有勇气承认，因为很难克服心理障碍；极少数情况是有人站出来承认自己错了。

“无悔”童年

（可视儿童的发展水平和班级团体氛围的形成情况灵活安排）

操作：

1. 每5个学生分成一组，给每个学生发一张白纸。

2.请学生用下列句型写出让自己后悔过的事情："如果……就好了。"

3.与自己的小组成员分享自己的故事内容。

4.引导学生回忆：后悔之后的情绪是什么？希望有什么改进？怎么做？

小结：应该珍惜现在，不要做无谓的悔恨。把"如果"抽掉，代之以"下次"，告诉自己："下次我要准备好……下次我要好好努力……"

4.增强班集体凝聚力的游戏辅导

学生班集体是学校的基本组成细胞，是学生学习和生活的主要场所。在这个属于学生的"小社会"里，学生班集体有着特定的思想、心理与情感的共同性和相融性，有特定的道德"规范"和价值"准则"。作为班集体的管理者——班主任，可以通过以下一些有趣的游戏活动，增强班集体的凝聚力，促进儿童的发展。

助人的想象

过程：

1."助人的想象"：闭上眼睛，想象你曾经帮助别人时令你印象最深刻的一件往事（想象当时的场景、地点、人物、言行等）。

2."被人帮助的想象"：回忆当时的体验、感受，对帮助者的动机、态度进行推断。

3.把上面想象的结果通过动作表演在小组内展示、分享。

4.小组交流，组员一起来分享彼此的感受。

真情告白

（此游戏活动适合于班级举行的节假日联欢会）

目标：彼此祝福，增强团体凝聚力。

准备：每人一张白纸、几枚大头针。

过程：

1.每人在背后别上一张白纸，请小组内其他成员每人写一句祝福的话或建议，小组内写完，可以找其他自己认为重要的同学写。

2.写完后，坐下想一想同学们会给自己写些什么，自己期待他们写些什么。

3. 把背后的纸拿下来仔细看，分享读后的感想，感谢同学的真诚。

大 团 圆

（此游戏活动适合主题班会、社会实践活动、班级联欢会结束前使用，可以把活动的气氛推向高潮）

目的：通过身体的接触带来温暖和力量，体验在一起的感受，获得信任和支持，感受团体的团结。

过程：

1. 老师请学生站立，围成圆圈，将两手搭在两侧同学的肩上，聚拢静默20秒。

2. 然后轻轻地哼大家熟悉的歌曲，并随着歌曲旋律，自由摇摆。从儿童歌曲到学生熟悉的流行歌曲，一首接一首地哼唱，使全体学生在一个充满温馨甜蜜而又有凝聚力的情景中留下美好的富有象征性的回忆。

四、班级团体游戏辅导的操作要领

1. 营造气氛

班级团体游戏辅导成功的关键在于宽松、愉快、和谐气氛的营造。在游戏活动中，班主任要善于把握学生的心理特点，倾听学生的心声，通过有趣而又不庸俗的游戏活动，引起学生的心灵共鸣，烘托出真诚、快乐的团体氛围。

2. 构建关系

在团体游戏活动中，教师扮演的是组织者、引导者、参与者，在教师努力构造的平等、尊重、接纳、真诚、同感、积极关注的人际关系互动中，学生在团体中会有安全、温暖的感觉，他们会情不自禁地消除防御心理，向团体真诚地开放自己，推动团体游戏走向高潮，走向成功，使每一个游戏参与者都有很大的收获。

3. 认真聆听

在班级团体游戏活动中，班主任要认真倾听，理解和把握学生在游戏活动中语言表达的真正含义，通过教师自己的复述、理解、澄清，提炼出学生游戏中表达信息的重点，并使信息明朗化、具体化。

4. 注重互动

班级团体游戏辅导的主要目标是在学生的互动中达成的。在组织和指导游戏活动中，班主任要重视学生团体互动的推动，通过灵活多样的小组合作学习模式，推动团体成员之间的沟通、理解、交流和合作，使学生在同伴的启发下自我成长。

5. 适时引导

在团体游戏活动中，作为指导者的班主任，在整个游戏活动中要及时把握契机，将问题引向深入，引导学生朝改变认知和行为的积极方向转变。在游戏活动中，当学生的互动偏离主题、漫无边际、浪费时间时，班主任要适时介入，及时调整引领，确保游戏互动聚焦于团体辅导的主题和目标。

6. 求同存异

班级团体辅导努力追求的目标是真情流露、平等分享、相互支持，游戏活动中的讨论交流也应以开放为特色，儿童可以自由、坦诚地表达自己的想法和情感，无需担心遭到别人的指责和批评。因此，指导教师应允许并尊重学生有不同的看法，伴随着一系列游戏活动的展开和深入，伴随着学生的自我成长，他们慢慢会做出适合他们自己发展的正确选择。

第五节

游戏活动在小学学科教学中的渗透

教师的最高艺术是用富于独创性的教学方法去传授知识，并给学生带来快乐。

——爱因斯坦

20世纪以前的主流观点是，儿童做游戏很愉快，但是浪费时间，儿童应该做更有意义的事情。因为学前儿童不能通过工作或学习做出一些有价值的贡献，他们的玩耍能被接受和允许。然而，当儿童长大到上学的年龄时，他们就被送去学习有用的知识，游戏只能限制在晚上或假期进行。100年后，及至今天，虽然对于游戏的价值人们已经不再争论，但是，由于独生子女的时代特征和社会对升学过度重视的现实，大部分家庭依然被迫选择让儿童远离游戏，把儿童大量的童年时光消耗在刻板的书桌前。

抛开中国文化中重视升学的背景不谈，即便在世界其他地方，今天的儿童也不是经常被鼓励在游戏中培养创造力和想象力。相反，他们很小就被推向电脑、电动玩具、电视和一系列傻瓜化的课程，因此，许多儿童的创造能力渐渐消失了。

中国新一轮基础教育课程改革，强调教育要回归儿童的生活，学校教育要关注儿童的生命成长，关注儿童的内心世界和心理感受，游戏作为体现儿童独特生存意义和生存方式的活动，已经受到广大小学教师的关注和欢迎。当前的课程改革倡导自主、合作、探究的学习方式，使得游戏活动作为儿童喜爱的方式进入小学教师的视野，也走进小学各门课程的课堂教学。

一、游戏在语文课堂教学中的渗透

没有丝毫情趣的强制性学习，将会扼杀学生探求真理的欲望。

——乌申斯基

将游戏引入教学活动，在小学各门课程教学中由来已久，语文教学自然也不例外。例如，低年级阶段拼音、识字教学中的“闯关”“开火车”游戏，低中年级阅读教学中的游戏活动，中、高年级适合的分角色朗读、课本剧表演等。小学语文游戏化的教学，淡化了学生的学习意识。在游戏中，学生自觉自愿，不带任何现实功利色彩，没有成人施加的硬性任务，这样的课堂让学生无拘无束、轻松愉快、兴趣盎然。在课堂学习中，学生往往不觉得自己是在完成既定的学习任务，从而纵情游戏，在获得极大快乐和满足的同时，学生的语文基本功（字、词、段）以及阅读和欣赏文学作品的素养在不知不觉中得到了升华。

（一）游戏渗透的语文课堂教学特点

渗透了游戏的语文课堂教学呈现出以下特点（施茂枝，2006）：

- 娱乐性：学生在轻松愉悦的课堂上常常会获得愉悦感。
- 参与性：在游戏化的课堂教学中，学生的参与度高，学习热情高涨。
- 虚拟性：在这种想象的游戏教学活动中，学生的心灵世界得到了充实。
- 体验性：这种生命的课堂关注学生的主观感受或心理体验，促进了他们的成长。

（二）游戏化教学应遵循的基本操作要领

1. 营造游戏情境

在游戏化教学中，首先要创设特定的游戏情境，呈现游戏任务，营造一种轻松愉快的课堂氛围，尽可能地淡化学习任务，以消除学生的压力和紧张感。创设游戏情境主要是凭借教师的语言，有时也需要借助教室的布置、表演使用的道具等，以增添情境的逼真度，特别是在低年级阶段。

2. 引导游戏行为

在小学阶段，学生的发展主题是培养“勤奋感”。课堂教学的游戏化并不能以降低教学要求为代价，不能置教学应完成的任务于不顾。每一篇课文的教学，都必须依据语文课程标准的总目标和学段目标，制订具体、可操作的教学目标和任务，通过一篇篇课文的教学，最终达成学段目标和总目标，实现提升学生语文素养的教育任务。在课堂游戏教学中，教师必须把教学内容或者学习任务不动声色地分解成一个个小的学习任务或游戏任务，引导学生学习。

3. 适时归纳，完成学习任务

在游戏教学中，学生体验、感受、感性地把握学习内容，但这种把握往往是整体的、模糊的，有时甚至是肤浅的。语文教学具有模糊性，注重整体把握能力的培养，注重语感的培养，而理性的关照则能使感性得到升华。教学游戏化不能排斥或轻视语文和理论知识的学习，在引导学生游戏的同时，教师要结合理性思维的训练，对学习的结果适时进行理性归纳。

（三）小学语文课程改革中渗透游戏教学的课例

小学课文《台湾的蝴蝶谷》一文中有这样一段精彩的描写：“每年春季，一群群色彩斑斓的蝴蝶飞过花丛，穿过树林，越过小溪，赶到山谷里来聚会。”下面是两种不同风格的阅读教学片段，我们可以从中体会出显著的差异。

1. 常态的阅读教学

教学方法1：教师让学生边读边勾画出动词，思考词语运用的准确性（重在学习语言）；

教学方法2：让学生自读，自主提出问题，与同学一起讨论（重在掌握学习方法，重在领悟内容）；

教学方法3：让学生边读边写出自己的感受或体会（重在培养自学能力）；

其他：让学生组成合作小组，在小组内学习交流……

2. 渗透游戏的阅读教学

……

师：小朋友希望自己能像孙悟空一样会七十二变吗？

生：（齐答）是。

师：这不难，现在小朋友就是“孙悟空”。请闭上眼睛，老师说“变”，小朋友都变成蝴蝶，好吗？

生：（齐答）好！

师：一、二、三，变，现在小朋友都是蝴蝶啦！请大家睁开眼一边读这句话（指屏幕）一边做动作，老师看谁的动作最优美，声音最动听。

生：（边做动作边练读）

师：（提示）可以“飞”起来了，再练读。

师：好，现在已经到了蝴蝶谷，大家停下来休息一会儿。蝴蝶们：你们一路上都经过了哪些地方？

生：一路上我们飞过花丛，穿过树林，越过小溪，赶到山谷里来聚会。

师：（点击课件）大家看作者使用了“飞过”“穿过”“越过”“赶到”是吗？为什么是“飞过花丛，穿过树林”而不是“飞过花丛，飞过树林”呢？

生：（讨论）

师：说得真好。为什么是“越过小溪”而不是“飞过小溪”呢？

生：（讨论）

师：这几个词你们用得多好啊！你们为什么要“赶到”山谷里来呢？

生：（迫不及待地）我们心里非常高兴，也非常着急。

师：非常着急，去干什么呀？

生：我们要去聚会。

师：哟，要去聚会！你们在聚会中，都要做些什么事情呢？

生：（讨论交流）

师：小蝴蝶们，你们现在已经欣赏了蝴蝶谷的美景，进行了一次难忘的聚会，高兴吗？

生：（齐答）高兴。

师：幸福吗？

生：（齐答）幸福。

师：能不能把高兴、幸福的心情通过朗读表达出来呢？

生：（兴致勃勃地朗读起来）

……

在上述游戏阅读教学中，学生不是以旁观者的姿态去观察、欣赏蝴蝶，而是成为蝴蝶，与蝴蝶融为一体，饱览一路风光，经历与朋友的欢聚，体验到快乐和幸福。课堂上，教师让学生化身蝴蝶，飞过花丛、穿过树林、越过小溪，接受采访，似乎没有什么学习任务，分明是和学生在一起游戏。说是游戏，教师又是在引导学生领悟字里行间的情感，培养学生的朗读技巧，品味词语运用的准确性。这就是阅读教学的游戏化。

游戏化教学将游戏与教学融合在一起，游戏即教学，教学即游戏，二者水乳交融，在情景交融之中，师生双方都达到了“无为而治”的境界：没有为达成目标而产生一丝紧张感，学生无拘无束，轻松愉快，趣味盎然。在获得极大的快乐和满足的同时，学生往往在不知不觉中完成了既定的学习任务，他们阅读与欣赏文学佳作的文学素养在不知不觉中得到了提升。这样的课堂，是儿童生命成长的真正家园。

二、数学教学游戏的设计与运用

属于游戏的活动不仅没有目的和意图，而且也没有紧张性。游戏好像是由自身触发而进行的。

——伽达默尔

数学教学中的游戏创设一般是把教学内容与学生喜爱的游戏形式有机地结合，并适当地安排在教学过程中，目的是激发学生的学习兴趣，使他们主动地去探究新知识。这样的教学既吸引了学生的注意，增添了学习兴趣，又活跃了学生的思维，并对学生的情感陶冶起到了独特的作用。

（一）小学数学游戏设计的原则

在教学中渗透游戏活动，目的是引导学生在“玩”中学、“趣”中练、“乐”中提高。设计数学课堂游戏一般要遵循以下一些原则（李淑敏，2007）：

1. 融知识性、思想性于一体

数学课堂游戏既要寓教于乐，又要注意培养学生竞争与合作的良好意识、心态以及团队合作的精神。例如：游戏“攀登知识峰”，在知识峰两侧贴上题卡，选两队队员参赛，其他学生当裁判，看哪队做题又快又准，最早把红旗插到知识峰的顶峰。在游戏中，参赛队员密切合作，勇往直前。“裁判员”们默默地抢算出答案，以便正确评判。全班学生在游戏中愉悦地完成了学习任务，并借此增强了学生的集体荣誉感，使团队精神得到了发扬。

2. 形象性、趣味性

直观形象的数学游戏可以在学生的“具体形象思维”与“抽象概念的数学知识”之间架起一座桥梁，帮助学生理解概念、法则、知识，引导学生由具体形象思维向抽象逻辑思维过渡。

例如，在教“数的大小”时，利用游戏“我当小交警”，教师先把“>”“<”“=”的手势教给学生：右手的拇指和食指叉开，叉口向左，表示“>”号；左手的拇指和食指叉开，叉口向右，表示“<”号；两手食指一上一下，间隔一定距离，表示“=”号。学生练习时就请他们用手势表示。

随着“小交警”的手势变化，全班学生不知不觉地完成了学习任务。这样能促使学生手脑并用，注意力高度集中，动作迅速，从而提高其思维的敏捷性。这种游戏简便易行，反馈既迅速又全面，在单位时间内做题数量多。

3. 情趣性、多样性

游戏新颖、形式多样、富有情趣才能有效地激发学生的学习动机，使他们积极愉快地学，取得事半功倍的效果。这与小学生的年龄和认知规律是一致的。例如，在教学20以内进位加法和退位减法时，可以设计“摘苹果”的游戏。在黑板上画一棵苹果树，在又大又红的苹果上分别写有不同的算式，在讲台上摆放几个表示不同结果的篮子，让学生把算式与结果相对应的苹果摘到各自的篮子里，这样大大提高了学生的计算兴趣。

4. 针对性、启发性

数学游戏的形式是为教学内容服务的，设计游戏应根据学生的实际因材施教，要有助于突出重点，突破难点。通过启发学生思维的积极性，教学生学会思维，提高教学质量。

（二）小学数学游戏教学的要点

游戏的运用是为数学教学服务的，为了提高课堂教学的有效性，数学游戏教学的运用要注意以下一些问题：

1. 游戏教学目标要明确，避免游戏与教学内容相偏离

教学游戏是寓教育教学内容于游戏之中、提高和保障教学有效性的一种方式。运用游戏教学的目标是使教学内容变得更加形象、生动而有艺术性。教学游戏的目标是教学，游戏是达成教学目标的手段之一。离开了教学内容而设计的游戏，只是一种娱乐，不是教学游戏。例如，一位教师在教学“加减乘除混合运算”时，组织学生做“按个子高矮顺序排队”的游戏，其游戏内容与教学内容无任何关联。这种为游戏而游戏的做法，完全失去了游戏在教学中的意义与价值。

2. 课堂游戏要新颖，避免形式陈旧、单一

运用游戏教学，可让学习气氛活跃，增添学生的学习兴趣。然而，陈旧、单一的游戏形式也会给学生带来厌倦感，例如，许多教师上课时经常运用“找朋友”“对口令”游戏，起初，学生会有新鲜感，后来运用多了，便觉得腻味，有时甚至还产生厌烦、反感的情绪，给教学带来一定的消极影响。因此，设计课堂游戏要树立“精品”意识，无论是内容还是形式，都应该对学生产生强烈的吸引力，以激发学生探究的热情和兴趣。

3. 游戏教学要有序，避免课堂组织混乱

游戏是儿童喜爱的一种学习形式，在游戏活动中，儿童往往比较活跃、兴奋，这给课堂教学的组织带来了一定的挑战。游戏的顺利开展，需要较为完备、严密的规则。游戏规则是根据游戏任务而提出的、每个游戏参加者必须遵守的行为规范及对行为结果的评判处理规定，它是组织游戏教学的重要依据。此外，游戏的组织过程要完整、善始善终：游戏之前要讲明有关规定，游戏过程中要处理好个体与群体的关系、竞争与合作的关系，游戏结束后要结合游戏开展讲评。

4. 游戏的运用要恰当，避免滥用

教学游戏的运用并不意味着整个课堂都要充满游戏，也不意味着每一节课都非要安排游戏不可。教师应根据教学目的、教学内容、课堂教学等具体情况巧妙安排，灵活运用。在小学课堂教学中，游戏的运用存在一些“量”多“质”低的现象。例如，曾有一位小学教师在讲授加法运算时，采用了五种形式的游戏：“对口令”“找朋友”“摘苹果”“小猫钓鱼”“蜜蜂采蜜”。学生忙得不亦乐乎，其实是疲于应付，而教学效果却是事倍功半。

（三）小学数学课程改革中渗透游戏教学的教学片段

游戏对学生来说是一项极富吸引力的活动，如果能把它很好地运用到数学课堂上，会帮助学生巩固所学知识，尤其是对一些容易混淆的概念的学习，更能达到事半功倍的效果。

在学习“质数”“合数”的概念时，学生常把“1”混入质数之中，为此，我组织10名学生，编排了一个小游戏：事先准备10顶各标有1～10中的某个数字的小帽子，让10名同学各戴一顶，1号同学先回原座位，其余同学列队依次排好，面向全班同学挨个自我介绍，我是质数，我是合数……然后，2～9号同学按照质数、合数分成两组，其他同学边看边检查对错。站好后，让1号同学归队。这时，1号同学先来到质数组中，被赶了出来；又来到合数组中，同样被赶了出来，只好孤零零地站在一边，垂头丧气地说：“谁也不要我了。”这时全班学生兴致很高，而我故作不解地问质数组的学生：“你们为什么不要1呢？”“他不是我们队伍里的人。”再问合数组的学生，也是同样的回答。我转而问全体学生，大家齐声回答：“1不是质数，也不是合数，它是自然数的单位。”接着我让这10名同学按顺序排好，手拉手站成一队，于是，皆大欢喜。虽然游戏只有几分钟，但表演活灵活现，趣味盎然，给每个人留下了深刻印象。以后只要一遇到此类问题，学生自然而然会想起这次游戏的情景，当然也就不会造成概念上的混淆不清了。

（张晓红，2002）

三、游戏活动在小学英语教学中的应用

游戏是深受小学儿童欢迎的活动，把游戏活动应用于英语教学，能为小学生的英语学习创造逼真的、富于交际的语言环境，这样的教学既能极大地提高学生运用语言的能力，又能创造出焕发生命力的课堂气氛，促进学生更好地成长。

1. 游戏在小学英语教学中应用的步骤和方法（任燕，2007）

(1) 做好游戏前的准备，这是保证游戏成功的必要条件。①道具的准备：准备实物、录音机、卡片、板书、录音带、录像带等。②知识的准备：每个游戏的

进行都对学生所学的知识和能力有一定的要求，教师要有预见性地在游戏前准备做些简单的小游戏和准备。③心理的准备：游戏前，教师可对学生进行动员和鼓励，也可以适当地渲染一下气氛，让学生既兴奋又期待，集中注意力，全身心地投入到游戏中来。另外，教师要在课前进行自我演示，以确保游戏合适，能按自己的设计开展，否则就要进行必要的调整。

（2）清晰阐述游戏的规则和方法。规则对于游戏来说至关重要，一个游戏能否顺利有效地开展下去，规则是关键。现在的小学英语教学中，教师绝大多数使用英语来组织教学，目的是给学生创造一个良好的英语语言环境。在这样的环境中，教师阐述游戏规则时要简单明了，教师先做示范或者请学生配合演示一下游戏的玩法，对于低年级学生，必要时可以适当地使用中文加以解释。

（3）合理分配，关注每个学生。在开展游戏的过程中，教师要负责协调游戏分配，不要遗忘任何一个学生，尤其要对那些不爱说话、性格内向的学生给予重视，并适时鼓励，以提高他们对英语学习的兴趣。

（4）教师要参与到游戏活动中来。在新的教育改革中，教师的角色发生了很大的变化，教师不只是知识的传授者，而是集知识传授者、教学活动的组织者、参与者、指导者、控制者、评价者于一身的综合性角色。教师要积极参与，及时给予指导和帮助，这样才能达到游戏教学的真正目的，同时教师在参与游戏的过程中也可以及时地了解学生的学习情况。

（5）对活动结果进行公平、合理、有意义的评价。《英语课程标准》中指出："评价有利于促进学生综合运用语言的能力和健康人格的发展；促进教师不断提高教育教学水平；促进英语课程的不断发展与完善。"因此，教师要在游戏开展的过程中以及游戏结束后对学生的表现给予评价，可以采用师评、学生自评、同学之间互相评价、家长评价相结合的方式，从多角度全方位地了解学生的表现。

2. 小学英语游戏教学课例

（1）游戏说明

"Swop Seats游戏"的玩法是：12个学生为一组，11个学生坐成一圈，1个站在圈子中间（见下图所示），每3～4个学生被分配给同一张单词图片（要求学生自己的图片不能让别人看见）。例如，Pupil A、Pupil B、Pupil C的单词图片都是fish，Pupil D、Pupil E、Pupil F的都是cow，其他的学生所分配的分别是其他的动物单词。站在圈中间的学生，说出其中的一个单词，手里拿着那张单词图片的学生必须站起来，并且交换位置，找不到位置坐下的学生就要代替原来站在圈中间的学生说出下一个单词。(这个游戏和“Music Chair 游戏”的类型有点相像)

图示：

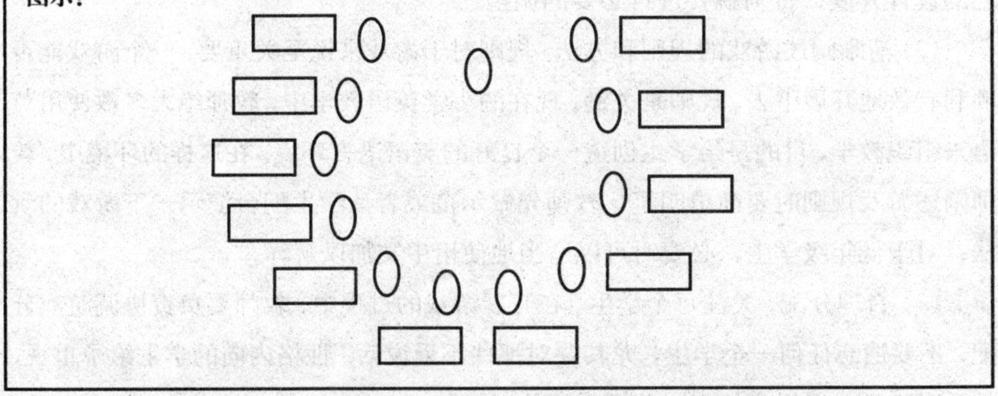

注：图中□指的是位置，○指的是学生，这只是其中一组的位置安排。

该游戏的规则是：不能坐回原来的位置，要一个一个地轮流说下去，当规定时间结束时(规定时间可由教师定，可以是一分钟，也可以是几分钟)，找不到位置坐的同学就输了。

游戏的目的是训练学生英语的听、说能力，复习所学过的单词，活跃英语课堂气氛，培养学生学习英语的兴趣，给学生一个安全的环境(让学生在公众面前大声地说出自己想说的英语，而不会被别人嘲笑，或者感到窘迫和害羞)，使用所学过的英语。

如学练 panda、tiger、monkey、elephant 等动物单词，以三年级的学生为对象的教学步骤范例：

Step1：Introduce the name of the game.

T：Boys and girls，we are going to play a game called “Swop Seats”. That is to change seats when you hear the name of your card.

Step2：Try out the game with some pupils.

T：Now I will play the game with group 1 first，the others please watch and listen carefully and learn how to play the game. OK?

Ps (Pupils)：OK.

T：(Teacher delivers the cards to group 1) Group1, I give this word card to you, please don't let the others to see the card . Hold it secretly. Now, let's try out the game.We will play this game for 1 minute.When I clap my hands and say time is up, you have to stay where you are and freeze. Let's see who is the loser of the game. Pupil A, let's start from you. The one who has no seat takes Pupil A's place.

Pupil A (stands in the middle of the circle): Monkey swop seats! (Pupils in group 1 with the card monkey stand up and change their seats)

The one who has no seat takes Pupil A's place and continues to say: Tiger swop seats! (Pupils in group 1 with the card tiger stand up and change their seats)

…

T: OK, time's up now. Let's stop here.Who is the loser of your group? … Oh, I am sorry you are the loser!

（2）拓展玩法

在学生熟悉了这个游戏之后，可以适当地根据对象和训练知识技能的侧重点来做一些拓展性的活动。

①增加人数。可以按照实际情况分二十几个或更多的学生为一组，并可以增加游戏的难度来保持学生玩该游戏的兴趣。

②替换单词内容。游戏时训练的词类可以是各种各样的，如动物、实物、图形等。

③低年级的学生只给简单的单词图片或给他们佩戴头饰。

④中年级的学生可以根据教学内容把单词图片替换成写有较复杂的词组或句型的小纸条。如a cup of tea，a box of milk，It's a picture，This is a book 等，并要求学生不能提前看纸条。这样，不仅能训练学生听和说的能力，还能训练学生快速阅读和快速反应的能力。

⑤高年级的学生可以说出完整的句子来训练听力和口语能力。例如，一个学生说："The pupils with long hair swop seats!"其他有长头发的学生都必须站起来换位子。其实，我在与学生玩这个游戏时，惊奇地发现学生创造性地使用语言的能力和他们所拥有的精彩创意。学生时不时会说出一些好笑的句子，令气氛更加活跃。例如，一个学生说"The pupils who are wearing black shoes，swop seats”时，其他学生就要很快地看看自己的鞋子是不是黑色的，然后赶快换位置；若说“The pupils who are wearing uniforms，swop seats”时，全体学生都必须站起来换位置。还有些学生会故意说某一个同学的特征，只让他一个人出来，如“The pupil who names Tom swop seat”等，这增加了游戏的趣味性。

（谢丽，2005，有改动）

四、游戏与小学体育活动

身体性是游戏的本质特征之一。

——豪伊金格

被称为“游戏论之父”的豪伊金格主张，游戏是在欢乐和自由的气氛中进行的行为。同时，他一直把游戏看做是一种身体活动，认为身体性是游戏的本质特征之一。游戏具有促进儿童身心发展的功能或作用，这是由游戏本身所具有的特征决定的，而这些特征也是体育游戏所具有的。

体育游戏是学校体育教学的内容和方法之一，亦称“活动性游戏”，是规则游戏的一种。在我国2000年九年义务教育全日制小学《体育与健康教学大纲》（试用修订版）的规定中，游戏占较大比例：低年级占30%，中年级占18%，高年级占12%。体育游戏是为了提高学生兴趣，将某种体育活动加上情节和规则，或以活动的结果作为判断胜负的依据，可提高学生参加体育锻炼的积极性。构成体育游戏的基本要素是身体活动、情节、规则、方法、结果和场地器具。

1. 体育游戏创编的原则

- 科学性。这是创编体育游戏的基础。设计游戏教学时既要结合教材内容和教学目的、要求，同时也要考虑学生的不同年龄、性别差异和学生对体育基础知识、基本技术、基本技能的掌握程度以及学生的身体素质水平、性格特征等因素，采取由浅入深、由易到难的科学方法。
- 情趣性。在游戏教学时，教师应尽量创造各种情境，让学生全身心地投入到游戏角色当中去。从游戏的内容到形式都应具有吸引力，并要注意增强竞争比赛因素，提高动作设计的娱乐性。这是创编体育游戏的关键。

■ 目的性。体育游戏的选择和创编要与锻炼的目的相一致。如果是为了增强小学生的体质，需要许多人参加，就应选择既有一定活动量、动作又简单的内容；如果是以娱乐、健身为目的，就应选择趣味性强、轻松愉快的游戏内容。

■ 针对性。在体育教学中，安排游戏的目的是为了更好地完成教学任务，增强小学生的体质。因此，游戏内容的选择要充分考虑到教学效果，要与教材紧密相联。创编时，应从各年级学生的实际情况出发，即根据其年龄、性别、体能等具体情况，使大多数学生能接受。同时，教师也可以针对教学内容的实际情况，自编一些适合学生特点的游戏。

■ 安全性。游戏内容和动作的选择不能有损儿童的身心健康，创编时要预先估计并排除可能产生的一切不安全因素，避免使用易造成伤害事故的游戏活动，以保证学生的身心健康。

2. 小学体育游戏的创编

体育游戏的创编在于钻研、在于创新。一个高质量的体育游戏是如何设计、产生的呢？通常有以下几种创编的方法：

■ 改造法：将原游戏教材进行改造，使其练习手段多样化。增添趣味性、加大难度、结合实践要求简化有关规定和动作，都是改造的内容。

■ 模仿法：体育游戏来源于生活，来自儿童游戏的实践。常跟儿童接触，不仅会唤起童心，还会从中得到启发，为给学生创造各式各样的新游戏提供素材。模仿法就是根据小学生原有的游戏形式“推陈出新”，创造出更新颖、更全面的锻炼身体的游戏。

■ 故事法：这一方法根据儿童爱表演、善模仿、喜欢有情节的游戏的特点，将游戏编成短小的故事，使小学生有身临其境之感，更积极地投入到体育活动之中。

■ 提炼法：对原有的游戏（包括民间游戏）认真研究、“去粗取精”，在此基础上使游戏所表现的思想内容有新的高度与意境，使学生在游戏活动中既能锻炼身体，又能提升思想境界。

■ 歌舞法：歌舞与体育相结合，能使某些枯燥的教材变得生动活泼。这一方法更符合低年级学生的年龄特点，体育教师可以根据学生不同发展阶段的年龄特征，创造性地使用歌舞游戏，以满足学生身心发展的需要。

3. 组织体育游戏的注意要点

在体育教学的过程中，游戏的适当运用，有利于激发学生的学习兴趣，提高教学效果。但如果游戏的组织管理不当，其结果往往是适得其反，甚至会产生负面影响。因此，在小学组织体育游戏教学时要考虑以下一些注意事项（陈伯龙，文字有删改）：

■ 次数要适当。游戏虽起作用，但次数不宜过多，要根据学生身心发展的状况，适当调整运动负荷和练习密度。通常，一堂课以2～3次为宜。

■ 难度要适宜。设计的游戏是为实现教学目标服务的，游戏竞赛不宜过难或过易，要让每个学生都能积极参与。

■ 组织要严密。场地器材的准备、安全措施的制定、竞赛分组方法等游戏的准备工作至关重要。游戏的内容、方法、规则都要向学生讲清楚，不可仓促组织竞赛，既要为学生创设轻松愉快的学习氛围，又要严格要求将组织纪律贯彻始终。

■ 形式要创新。教师要根据小学儿童心理发展的年龄特点，善于举一反三，使游戏有常做常新之感，以提高活动的趣味性，并鼓励学生创造性地变换游戏的活动形式。

■ 注重德育渗透。要充分利用游戏的多元育人功能，把德育渗透到游戏竞赛过程中。例如，“换物赛跑”可结合拾物放物进行责任心教育；“打龙尾”可结合组龙进行团体协作教育。

■ 评判要准确。学生对竞赛的结果，尤其是胜与负的评判极为关注。因此，教师在评判时必须实事求是地做出准确的裁决，否则会挫伤学生的积极性，甚至影响学生对教师的信任。

■ 总结要富有启发性。在游戏活动结束总结时，要帮助学生分析和总结胜与负的原因，肯定成绩，指出不足，并因势利导地教育学生将游戏竞赛中“遵守规则、团结协作、不甘落后、勇于竞争”的精神迁移到日常的学习、生活中去。

第五章

在艺术的热情中表现自我

从史前人类在岩洞上雕刻图案起，人们就开始使用绘画表达想法。这种创造的冲动是人类基本的需要，它可以表现为多种艺术形式，包括写作、素描、雕刻、油画、诗歌、跳舞和音乐等。受精神分析学说的影响，艺术逐渐被运用于各种儿童治疗活动中。人们发现，运用诸如音乐、舞蹈、书法、雕刻、刺绣等艺术形式可以有效地治疗心理疾患和增进心理健康，这样，一种通过艺术媒介来实施心理治疗的方法，即所谓的艺术治疗，便应运而生了。

差不多在绘画与治疗相结合的同一时期，在西方还逐渐兴起了音乐治疗（music therapy）、舞蹈—运动治疗（dance-movement therapy）、戏剧治疗（drama therapy）等其他一些艺术治疗的形式。由于研究者最初主要研究的是以绘画为主的"艺术"治疗，也由于"音乐治疗""舞蹈治疗"等名称本身已较为贴切，因此，"艺术治疗在狭义上也就是指包括绘画、雕塑、黏土创作在内的治疗。"本章所介绍的内容正是狭义上的艺术治疗，由于这种治疗形式只是在最近几年才被介绍到中国，因此，相关内容的讨论难免会参照一些西方的研究资料。编者的目的也只是希望能为大家提供一个参考依据，读者完全可以结合自己的经验加以选择。

艺术不仅能治疗人们的心灵创伤，它还是一种很好的、促进儿童成长的手段。在具体实施时，教育者让儿童以某种艺术形式进行创作，通过其口语或非口语的表达来探索儿童的问题及潜能。与游戏的作用相类似，这种方法可以借助生动的艺术活动，协调解决儿童内心世界和外在世界间的冲突，令两者更趋一致。

本章将介绍一些常用的绘画活动和技巧，这些艺术活动可以作为教师更好地了解儿童及其家庭的参考途径，帮助儿童改变和成长。

第一节
儿童艺术表达的发展阶段

画中的一草一木，经画家的精心处理，都带有一定的性格，散发着清新的、活生生的芬芳气息。

——池田大作

虽然看起来很幼稚，但儿童艺术中带有的是童心对世界的感受和表达。

适当地理解儿童绘画的发展特点，可以帮助教师为儿童提供更有针对性的帮助。朗达·凯洛格（Rhondda Kellogg，1967）在《儿童绘画心理》一书中曾经说过，儿童的艺术表达具有普遍性，不管他们在地球上哪个地方，所有处在同样年纪的儿童都会以相同的方式画出同样的东西。“年轻人这种创造性的冲动是如此强烈，以致这种普遍性的确存在，正如来自30个国家的30个儿童画出来的恰好都是房子。”当他们的绘画从涂鸦阶段发展到图画阶段时，所有的儿童都要经历相同的发展阶段。但随着个体的发展成熟，这些阶段在不同的儿童身上会有所分化，有时也会出现重叠的现象。

大多数艺术治疗师都认为儿童的艺术发展要经历不同的阶段。洛温菲尔德等人（Lowenfeld & Brittain，1987）认为它包括涂鸦期、图式前期、图式期、同伴期、自然主义期五个阶段；奥顿（Orton，1997）在总结前人经验的基础上，进一步提出了描述大多数儿童艺术发展过程的五阶段：涂鸦阶段、图像阶段、人像画阶段、现实主义表现阶段、自然主义表现阶段。

一、涂鸦：涂抹诗书如老鸦（2～5岁）

“涂鸦”一词，原是唐朝卢仝说其儿子乱写乱画顽皮之行，典故出自《玉川子集·云添丁》：卢仝有个儿子叫添丁，喜欢乱涂乱写，常把卢仝的书册弄得又脏又乱。卢仝因此写了一首诗：“忽来案上翻墨汁，涂抹诗书如老鸦。”把儿子的顽皮和自己的无奈描写得惟妙惟肖。后来，人们便从卢仝的诗句里得出“涂鸦”一词，流传至今。

大约两岁时，儿童开始涂鸦，他们一有机会就试图用铅笔在纸上涂鸦，或者用蜡笔在墙上涂，用棍子在泥里搅和，在沙子里玩玩具，用粉笔在水泥地上画画。从2岁到4岁，儿童随意的涂鸦开始成形；到3岁时，儿童开始进入画轮廓的阶段，正是在这个阶段，儿童画圈、正方形、长方形、三角形、十字形和巨大的“×”；儿童在3～5岁时会画一些奇怪的圈圈，俗称“曼陀罗”，一些学者认为这是画太阳和光线、最终画人像的一个很重要的开始。在3岁前后，儿童画出来的人脸经常看上去并不像一张脸。

成人通常应该承认、鼓励和接受儿童的涂鸦作品，最好让儿童跟你说说他所画的东西。儿童可能会呈现一堆涂鸦作品并自豪地说：“这是我爸爸的汽车。”当然，这是儿童对汽车的解释，在成人看来实际上并不像一辆车。真诚的有帮助的辅导者、教师或父母会承认他们的作品，真诚地评论它并接受孩子说的这一汽车概念。充满温暖、信任、支持和鼓励的相互关系，能使教育者关注到在儿童艺术作品中反映出来的一些活力和情感。

二、图像：从象征到意象（4～7岁）

想象力、创造性以及自我体验比较强烈的儿童都不会去关注“美”的概念，通常是关注自己的想法、经验和感觉。一般的儿童，越是缺乏体验和经验，就越容易往美术方面的要求去靠拢，也就是通常的绘画。而在儿童的胡乱涂抹中，越是“乱”，儿童的思考越好。相反，那些很规范的给以人视觉美的“作品”，当对应到作者的时候，我们往往发现儿童不是我们期望成为的样子。大多数的成人都把孩子儿童阶段“胡乱涂抹”的作品与儿童本身的关系分离开来对待，而很少去探讨“胡乱涂抹”对儿童本身性格和思想的影响。

大约从4、5岁起，儿童开始掌握了涂鸦、模仿、造型和设计，开始画实际的图像。这一阶段又分成两个部分：4～6岁的“准图像期”和5～7岁更精致的“图像期”（Kellogg，1967）。前期的画只能简单表示人物、动物、树等，而从后期的画中，成人就很容易识别一些熟悉的事物。儿童第一幅人像画往往看上去很奇怪，从头上伸出圆圆的身子和胳膊，身体有些部分的歪曲和省略是常有的事。因此，有研究认为，此阶段儿童的绘画有着一个从象征期到意象期的过渡和转换。

在儿童早期的图画作品中，他们会画房子和人物，但往往还处于设想阶段。直到5、6岁时，他们的画才开始描述他们自己的故事。在这个年龄段，儿童能在一张画上同时画树、房屋、太阳、天空和小孩。5、6岁时，儿童的画显得更有力、更协调。他们几乎能够很好地运用所有的艺术创作工具，甚至包括油画笔。他们能更好地运用蜡笔，能画得有轻有重，能在给定的轮廓中涂色。

对处于该阶段的儿童，教师和家长的作用是支持和鼓励儿童尽量进行自我表达和交流。每个儿童的创造力和表达权利都需要得到细心的呵护。成人的不赞成会抑制儿童的创造力，“破坏”艺术作为表达中介的作用，会使发展中的儿童缺乏自信。在这个阶段，儿童有能力表达他们对自身和所处世界的知觉。

三、人像画：符号程式的形成（7～9岁）

美国美术教育家罗恩菲德认为，7～9岁是儿童形成符号程式即形体概念的形式——人物样式和空间式的时期。

在7～9岁之间，也就是小学初期阶段，儿童开始在艺术作品中描绘他们对环境的知觉。洛温菲尔德称这个阶段是“图式期”。在这个阶段中，儿童的绘画集中于画人像，这反映了儿童社会心理的成长。到7岁时，儿童的人像画会包含头部，并且会有不同的特征，如嘴巴、鼻子、眼睛和一些头发。这些人像有躯体，躯体上有表示脖子、手臂和手的特征，也有腿和脚。有些儿童会画衣服。这个阶段也会出现家庭成员画，这种类型的画有助于教师了解儿童与各个家庭成员之间的关系。

这个阶段的儿童画还会出现描绘风景和地面的图画，所画对象之间有了关系，这种关系经常用基线来表示，偶尔也会出现地平线，还有表示“空气”的空间。儿童会给环境中的每个物体涂上颜色。尽管通常情况下物体有相应的一般颜色（如太阳是黄色的、草是绿色的），然而，在有些情况下，儿童和某个物体最初发生的有意义的关系会决定他对这个物体颜色的选择。比如，如果对院子最深的印象是在烂泥里玩，那么土地的颜色就会被画成是褐色的，即使地上覆盖着青草。

对这个阶段的儿童，教师的作用是提供一种温暖而容易接受的气氛，在这种场合，儿童可以尽情地创造。因为艺术是儿童的作品，它应当是可以被儿童自己创造、自己控制的。一个真正有帮助的教育者不会试图去随意“纠正”儿童的解释或者他们在艺术上所做的努力。在大约7岁的时候，儿童常常会对艺术失去兴趣，因为他们感觉到成人对他们不赞同，并且总是要求他们干净整洁地进行艺术活动（Kellogg，1967）。通过接受和重视儿童所“描绘出”的关于他们自己、家庭以及环境的事情，我们能从艺术中学会理解和解释儿童的语言。

一张与众不同的画

今天，我早早地在每一组的课桌上准备了各种绘画的工具，上课铃声还没有响，小朋友们就已经排着整齐的队伍来到了美术教室，我就站在教室门口迎接他们。我发现每位小朋友的脸上都洋溢着笑容，我感到特别的高兴，因为这正好说明了上次美术课的成功，它真正激发了学生的创作欲望。

课前导入时，我们一起回忆了上节课的内容，谈论了雨的用途，雨后的变化、雨的种类、听下雨的声音，每组小朋友利用老师提供的道具即兴表演了雨天的情景，同时表明了今天上课的内容——先画雨天然后欣赏学生的作品，小朋友交流自己的看法，从这些作品中领会到了作者的情感，于是，我也要求小朋友利用课桌上的各种绘画工具表现雨天，把自己在雨天的感受融会在画面中。

大约画了六七分钟时，一个小朋友拿着作业本兴冲冲地走过来告诉我："老师，我画好了！"当我接过作业本的时候，大吃一惊，整张画面几乎是一片乌云，上面还布满了白色的小点点，我当时就生气地说："你画的什么呀？脏兮兮的，你画得也太差了，希望你重画一张。"我随即把他的画退了回去，只见他一脸不高兴的样子回到了自己的座位上，继续画起了雨天。这时，我突然对自己刚才的行为感到懊恼起来，心想："我是不是伤害到他了？"于是，我走到他的面前，俯下身子问他："你为什么这样画雨天呢？"这时他才抬起头轻轻地告诉我："我画的是暴风雨，一大块的黑色是乌云，白色的小点是雨点。因为老师说过，观察事物要从各个角度去观察，所以我画的是抬头看到的雨。"听了这些话，我真正认识到自己所犯的错误，我毫不犹豫地在小朋友的面前郑重地向他道歉，并表扬了这个小朋友，肯定了他的与众不同。

（顾燕英，2006）

四、现实主义表现：走向真实世界（9～11岁）

经过了记忆和想象作画的阶段之后，儿童绘画的发展达到根据客观世界进行描绘的阶段。此阶段分为：两面期——只用轮廓；三面期——尝试体积。

到了小学中期，也就是大约9～11岁的时候，儿童开始做出对环境更为现实的表达，这也反映了他们不断增长的自我意识。在这个阶段，儿童会优先考虑同伴关系，因而洛温菲尔德将其称之为"同伴期"。这个阶段的儿童能在两维平面的画纸上描绘他们的世界并能把物体画得富有层次感，画人物时有更多的细节并更多地注重衣服和性别差异，颜色的选择常常基于所画对象对创作者的情感意义。当儿童试图刻画事物的样子时，他们会因为不满意而体验到焦虑甚至悲伤。一些倾向过于自我批评的孩子会变得气馁而放弃绘画。儿童的作品经常会反映出他们如何看待自己与同伴和家人之间的关系。

这时，教师和家长的任务是帮助儿童关注自己的强项、价值、兴趣和信念，以及关注在争取得到同伴接受的同时获得一种个体感。

五、自然主义表现：躁动时期的来临（11～13岁）

在11～13岁，也就是小学末期到初中期间，儿童的艺术作品反映出青春前期推理、现实主义态度和情绪性的表达（Lowenfeld & Brittain，1987）。随着精确的视觉和空间关系的发展，儿童此时能够画出一些二维或三维的物体，人物画得更精细，能记录和解释躯体活动，身体各部位都很分明；能用颜色来表达视觉印象和情感体验。在这个阶段，儿童关注他们正在形成的"同一性"①，他们的智力、语言都得到了发展，也开始对他人产生移情。

在这个时期，教师可以鼓励儿童理解和处理这个阶段的情感冲突，帮助他们在自己是谁的问题上获得自信。

无论哪种阶段的划分法，学者们都从实践中证明了人的技能发展是随着年龄、认知和理解的不断深化而发展的。他们从不同角度对发展阶段采取不同的划分和命名，有的是从绘画风格的效果上，有的是从心理或生理发展上，但都揭示了儿童成长阶段美术发展的本质规律，发现了每个阶段中存在的典型特征，指出了美术能力发展中存在"抑制期"或"危机期"，也称"高原期"的现象。皮亚杰指出："儿童认知的发展变化方式是可以预知的，他们的认知行为与其年龄和成长阶段相关。"

---

① 同一性：人格发展中的重要概念，这一概念可以普遍地描述青春期自我的发展，是个体在追寻"我是谁"这一问题的过程中获得的有关自我身份的自觉意识，是个人内部和外部的整合和适应的感觉，是个体寻求统一及连续的能力。

第二节

用艺术表达内心感受

有些地方单纯靠语言的影响力是达不到的，那就是所谓“内在经验”的领域，也可以称之为情感或情绪……艺术的基本功能就是能将这种情感具体化，以便思考和理解它们。

——兰格（Langer）

对于儿童来说，绘画、捏黏土等是表达个性、创造性、独特性的一种有趣的方式，也最容易为儿童所接受和采纳，它们为儿童提供了一个表达内心积极和消极情感的出口。著名艺术教育家丰子恺先生指出：“艺术教育是很重大、很广泛的一种人的教育”。他认为：

如今，我们在艺术的世界中，即“美的世界”中可以重番梦见我们的黄金时代的梦。倘能因艺术的修养，而得到了梦见这美丽的世界的眼，我们所见的世界，就处处美丽，我们的生活就处处滋润了。一茶一饭，我们都能尝到其真味；一草一木，我们都能领略其真趣；一举一动，我们都能感到其温暖的人生的情味。艺术教育，就是授人以这副眼睛，教人以这种看法的。所以说，艺术教育是人生的很广泛的教育，不是局部小知识、小技能的教授。

（丰子恺，1990）

在学校教育实践中，绘画辅导并非一定是针对问题儿童的。事实上，我们可以把它理解为对儿童美术作品的分析，是教师与儿童之间借助美术媒介所进行的心与心的交流。因此，小学教师了解一点绘画辅导、艺术治疗方面的知识和技能是十分必要的。在小学美术教育实践中，我们要重视儿童的情绪反应、活动过程及作品中所表现出来的心理状况，对某些儿童独特的作品要用艺术治疗的方式去诠释，并尽可能地在美术活动中对儿童表现出的不良行为和心理现象进行矫正或干预，使学校教育、儿童的美术教育更加人性化，以促进每个儿童健康和谐地发展。

一、艺术：儿童与教师建立良好关系的媒介

艺术作为一种媒介，能给教师提供一条理解儿童的途径，也是与那些孤僻的、不善言辞的或者受到伤害的儿童建立良好关系的一种特别重要的方式。

艺术的方式往往可以帮助教师打破开始与儿童沟通时的沉默，在非语言的情境下展开交流。参与到儿童绘画的过程中可以非常有效地降低儿童的心理防御机制，这种效果往往是靠传统谈心的方法难以取得的。

在参与过程中，教师可以让儿童自由地通过绘画表达他们内心深处的想法和感受，不做任何评价地无条件接受，这样，儿童就有可能大胆地表露出先前被自己认为是消极的方面。能够大胆揭露自我是迈向正视问题、解决问题的重要一步。当然，当儿童在绘画中流露出心中的秘密时，他们可能很容易产生行为的倒退，因此，教师在这时候提供的支持和鼓励将会被儿童真切地感受到，当儿童感觉到安全可靠的关系并知道教师随时可以作为他们的依靠时，信任便产生了。

二、艺术：帮助儿童表达和获得理解

艺术这一形式便于教师与儿童形成良好的互动关系，而艺术表达对儿童是否能够起到积极帮助作用，很大程度上有赖于教师与儿童之间的积极互动。对于教师来说，营造这种积极关系的基本保证是要能够无条件地接受儿童的艺术表达。在画画、涂颜料、雕刻时，儿童在以“艺术对话”的形式进行思想和感受的交流，这种对话，教师需要学习“听懂”和理解。许多儿童，特别是那些口头表达能力比较差或内向的儿童，他们创作时往往带有叛逆性；尤其是那些害羞的、孤僻的孩子，可能一句话都不说，要与这些儿童建立友好的关系，艺术就成为非常重要的工具。

要获得理解，教师必须能努力把握儿童的内心冲突，并根据儿童的总体发展来感知这种冲突。儿童知觉的线索常常隐藏在他们所画的画中。举个例子来说，三年级的平平画了一把滴着血的匕首，他重复着这样的话：“我要杀了凯凯。”他接着说凯凯是他的弟弟，是他母亲和继父生的，他恨继父。教师说：“你对弟弟非常生气，你想伤害他？”平平却回答说：“不，我不想杀死我的弟弟！”平平前后的话听上去是矛盾的，让人难以理解。后来，教师得知，平平的母亲宠爱凯凯并允许他在平平不乖的时候把他锁在厕所里。凯凯年龄比平平小一点，但他对哥哥享

有某种特权。这种特别的凌辱加深了平平对他母亲和弟弟的愤恨。但是，平平不愿承认他对与之有血缘关系和深厚感情的弟弟有类似谋杀的念头。

相互关系的一个重要作用就是提供必要的支持和鼓励改变。一个能够促进成长、鼓励改变、温暖、安全、有保护的环境就是这种支持的一个部分。然而，对于儿童来说，改变是困难的，当他们试图修正自己的行为时，他们常常会倒退，退回到原来熟悉的、舒服的行为。当他们在绘画中流露出心中的秘密时，他们可能最容易产生行为的倒退。正因为这一点，教师才更要提供支持和保证，耐心地支持改变、鼓励成长、接受倒退，并且决不放弃。

三、艺术：通向儿童的心灵世界

艺术的背后是儿童的一个真实的心灵世界。

儿童通过特殊的艺术表达方式告诉教师一个关于他们自己的故事，他们通过选择创作绘画的过程、作品，表达积极的或消极的想法和情感。他们可以讲出一件令他们非常恐惧的往事，描述最近发生的愉快或者烦恼的事，也可以描绘他们希望发生的或担心发生的事情。这些独特的、个人内心经验的表达，如果运用得当，就能够为教师提供有用的线索去帮助儿童。在儿童创作的过程中，教师需要观察或“倾听”儿童绘画的颜色、信息和主题，并观察儿童在画画时的情感，密切关注他们语言的和非语言的表达。只有这样，教师才能对儿童在画中所表现出的冲突、需要和情感做一个初步的判断。当然，每个儿童的绘画代表了个人的倾向，教师需要把他们的其他所有事情联系起来考虑。

在实践的临床艺术治疗中有一些正式的绘画评价工具，常用的有：画人测验（Machover，1949）、“房—树—人”测验（Buck，1948）、动态“房—树—人”测验（Burns，1987）以及家庭动态画（Burns & Kaufman，1970）。虽然采用这些评估程序需要受过特殊培训的治疗师才可以，但是，作为普通教师，适当了解并获得初步解释绘画的能力，对增进儿童健康、促进儿童成长也是很有帮助的。

1. 画人测验（D-A-P）

这一程序是Goodenough在测量儿童智力水平技术的基础上发展起来的，可以用来揭示人格特征和自我概念。

具体做法：

给儿童提供一张纸、一支铅笔，让他“画一个人”。这些要求治疗师刻意简单化、不加组织，以便儿童可以在画中加入自己的解释、感知和需求。

画人测验是一个有用而无危险的工具，可以获得有关儿童的冲突、愿望、梦想、防御机制以及个体是否做出调整的信息。画人测验在专业心理治疗中也可以用来展开讨论以及评价治疗的进展和效果（关于画人测验的具体方法可以参见傅宏《儿童行为评估与矫正》一书）。

从现有相关的研究看，对人像画中所表达的一些特征的解释已经获得比较一致的认识。普遍被接受的假设是：基于绘画的总体特点（线条的特点、身体各部位整合所表现出的动作协调性、身体各部位的比例以及色调等）；人像画中的典型细节性特征省略（或大或小的脑袋、夸张的牙齿、断手或者断胳膊）；鼻子、脚和脖子等被省略掉表达出特殊的意义。只有对绘画作品做整体的考虑并结合儿童情绪特点才能得出有意义的判断。关于这些在下面的人像画部分还会进行详细的说明。

2. 动态“房—树—人”测验（K-H-T-P）

伯恩斯（Burns）在原先“房—树—人”测验的基础上，融合了伯恩斯和考夫曼（Kaufman）所设计的家庭活动绘画测验（K-F-D）中的运动概念，发展出这样一种测验。

具体做法：

给儿童一张A4纸，并要求他们在纸上“画一间房子、一棵树和一个完整的人，同时这个人要在做一件事情”（Burns，1987）。K-H-T-P测验有助于探索儿童生活中的人际关系维度，它在儿童如何看待自身与环境以及与其他人之间的关系上提供了更多的信息。

3. 家庭动态图（K-F-D）

这一技术把运动的概念引入儿童家庭绘画。

具体做法：

给儿童一张A4的白纸、一支铅笔、一块橡皮，并要求“画出你家庭中的每个成员，包括你自己，正在做某件事或从事某个活动”（Burns，1982；Burns & Kaufman，1970，1972）。K-F-D展示了一个更为清晰的有关家庭活动、人际关系及家庭成员间情感关系的画面。

这一技术有助于确定儿童如何看待自己在家庭中的位置，也有助于理解与儿童有关的家庭问题和事务，并据此跟他们进行交流。这些投射技术可以帮助教师获得很多有用的信息。教师在使用这些评估工具时，要避免绝对化和刻板化，需要把儿童多次的艺术作品联系起来考虑，不宜从一次创作中下定论，还要与其他相关事情联系起来考虑，并考虑到每个孩子的独特性。为了做到这一点，教师需要具备适当的专业经验。

四、艺术：抚慰内心的创伤

许多研究表明，艺术有着重要的心理治疗作用，它可以抚平和修复儿童心灵的创伤。

1. 艺术创作过程本身可以帮助儿童宣泄、释放情绪

艺术创作过程是一个很好的情绪释放的过程，它让儿童有机会倾吐消极感受并重新开始。原本要跟人打架的儿童通过绘画可以表达他的生气、愤怒、敌意、沮丧和拒绝，他们可以发泄掉这些情绪而不用真正在感情上或身体上伤害别人。儿童能够在游戏室里安全地发泄消极情绪，谈论愤怒、耻辱和挫折体验。

国外在这方面的一些做法可以作为我们的参考：

> 罗吉斯（Logies，2000）成功地应用绘画鼓励儿童对父母离婚所导致的创伤性情感加以释放，迈出认知和社会发展治疗的第一步；
>
> 辛格（Singh，2001）通过绘画让经历家庭暴力的儿童表达和沟通他们的情感和创伤，达到了治疗的目的；
>
> 芬恩（Finn，2003）应用团体绘画干预有悲痛经验的儿童，结果发现这一方式能有效地处理儿童的悲痛经验。

由此我们可以看出，通过艺术创作，儿童有机会重新体验过去的事件、表现当前的矛盾以及假想未来的忧虑。

2. 艺术干预活动可以促进成长，使儿童各方面得到提升

在艺术创造过程中，教师帮助儿童自发地表达情感和冲突，并鼓励儿童解决矛盾，无论是有关过去、当前、未来事件的积极或消极的情感，儿童都能够表达并可能由此学会控制。艺术干预活动对儿童各方面的提升，已经被不少研究所证实。麦金太尔（McIntyre，1987）对丧失亲人的9～12岁儿童实施绘画干预治疗，

结果发现，如果不进行干预，罪恶感和孤独感对儿童的一生可能是毁灭性的，而绘画心理治疗则提供了在亲人丧失后的一种有效的心理平衡。辛西娅（Cynthia）的一项绘画与音乐治疗干预对住院儿童自我概念的效果比较研究显示，绘画干预活动在自我概念的各个维度上都使得分提高。

还有一些学者分别对学习障碍儿童、即将辍学儿童、有情绪管理问题儿童进行艺术干预，结果发现，艺术干预可以使儿童提高自尊，改善学习经验或情绪管理技巧，发展社交技巧，从而获得社会支持（魏源，2005）。

可见，绘画是发现自我的一个途径。艺术工具、创作过程以及完成的作品给儿童提供了一种培养创造力的方式，提供了探索解决问题可选择的途径以及应对冲突的方法。

首先，对绘画材料自发的使用让儿童可以表达他们固有的无限创造力。儿童把思想、感觉、知觉和审美感融进不同的艺术媒介，创造出涂鸦作品、颜料作品、绘画或者泥塑，结果使个体获得满足感和成就感。儿童可能会花一个小时创作，花两个小时欣赏，其自信心可以因此而得到增强。

其次，儿童能够在从容的绘画创作中探寻多种解决问题的办法。他们可以试验不同的办法是否合适而不用担心真实行为所带来的后果。

最后，儿童通过他们选择的艺术形式、创作艺术作品的过程以及最终的艺术作品，把冲突表达出来，并尝试用各种办法解决冲突。

总之，通过艺术创作，儿童能够表达他们对过去、当前以及未来事件的思想和感受；能够认识到他们不想公开承认的或者潜藏于潜意识中的问题、感觉和需要；能够更好地理解自己以及作为家庭一份子的作用；完成并安全地解决冲突。同时，艺术也是培养自我同一性和促进个体成熟的一种方法（Kramer，1979 ）。

第三节

艺术作品和创作过程

鲁宾（1984）认为，为了有效地运用未经组织的艺术形式进行交流，我们必须明确如何看儿童作品、看什么、找什么看以及如何找到现象以外的意义。一般认为，对儿童艺术的解释包含了儿童对艺术表达方式的选择、创作艺术的过程、最终艺术作品的内容和形式。为了达到评估目的，这些领域必须与对儿童其他方面的了解结合起来考虑。因此，成人需要小心地呵护儿童出于天性的艺术创造，并且从中读出儿童的心灵世界。对此，丰子恺先生曾经富有深情地写到：

> 大人们的话说得不错，任意涂抹窗门墙壁，诚然是有害于整洁、道德及美感的。但当动手销毁的时候，倘得仔细将这些作品审视一下，而稍加考虑与设法，这种家庭的罪犯一定可以不禁自止，且可由此获得教导的良机。因为你倘仔细审视这种涂抹，便可知道这是儿童的绘画本能的发现，笔笔皆从小小的美术心中流出，幅幅皆是小小的感兴所寄托，使你不忍心动手毁损，却要考虑培植这美术与涵养这感兴的方法了。
>
> （丰子恺，1990）

对儿童的艺术活动，本节仅仅提供一些对艺术活动的一般解释，当实际面对不同儿童不同的情况时，教师应当考虑区别对待。

一、策略与技巧：走进童心天地

儿童利用绘画交流的内容大多数都是有象征意义的，并在创作过程和最终绘画作品的形式、内容中表达出来，为教师理解儿童的冲突提供了有价值的线索。解释儿童绘画的关键在于倾听儿童的“艺术话语”，仔细观察他们的语言和非语言举止，通过直觉猜测他们艺术作品的含义。

1. 倾听儿童的“艺术话语”

艺术给教师提供了一扇通往儿童世界的窗户，这个世界可能用其他沟通方法是难以接近的。通过这扇窗口，教师可以找到通往无意识的通道，了解儿童的冲突、防御、应对风格以及与家人和同伴交往的情况，而不用触动儿童脆弱的防御机制。为了理解儿童的视角，教师必须注意“倾听”儿童的表达。同样，说话的方式与说话的内容也很重要。

此外，倾听儿童表达的总体“风格”也是重要的，这些风格包括：说话的形式、质量以及语速、强度、重音和清晰度。注意儿童说了什么、是什么时候说的。比如，一个男孩在一个母亲的形象周围画了一圈“心”，然后在心上戳很多洞，并说起和她一起的一次参观经历，从这个男孩的绘画和言语中可以获知他对母亲的感觉——“她爱我，她恨我，她爱我，她恨我，然后她又爱我”。

2. 观察

观察是在解释时的一种关键性策略。诸如身体语言、脸部表情、手势和对教师的亲近等非语言交流的方式，显示出很多关于儿童及其冲突的信息。教师应当观察儿童对绘画材料有什么样的反应、选择何种艺术表达方式、如何操作以及如何把各种艺术材料联系起来。此外，教师也应当仔细观察儿童创作过程的步骤，注意个体的节奏、速度和活力水平。这些观察都提供了儿童当前状况的重要线索，尤其有助于教师对儿童的情绪、情感、主要的防御机制以及应对风格做出假设。

3. 直觉的猜测

儿童的艺术是他们在特定时刻的所想、所知、所感，画出来的是隐藏着象征意义的“片刻真实”。教师根据这种象征意义很容易做出各种各样的解释，这些解释都是有效的假设。通过观察儿童其他活动和与儿童交流搜集的有关儿童的信息，教师可以用来佐证以上这些假设。在艺术活动过程中，教师的角色确实是复杂的，因为要做出相当准确的猜测，他们必须理解儿童及其所持的观点。要做到这一点，重要的是与儿童共情，理解他的语言、运动、智力、情感、社会性发展、兴趣、人际关系和冲突。只有能够洞悉儿童的内心世界并从其他来源获得各种信息，教师才能提出假设或者有见地的猜测。

二、创作与过程：自我表达的艺术之旅

艺术创作的过程是一个充满着喜悦、焦虑等复杂心理体验的过程。

儿童在开始画画前做的某些决定对于教师理解绘画过程的内在含义非常重要。比如，一个9岁的女孩和训练她的教师正要开始进行手指画，这时，女孩决定用她的脚画而不用手画！女孩的这个决定一定有其原因和内在的意义。教师需要观察儿童如何进行艺术活动、如何使用艺术材料、绘画的总体习惯和风格，这些对于总体解释是有帮助的。

根据伊迪丝·克雷默（Edith Kramer）的观点，艺术创作中的五种活动对艺术治疗过程是相当重要的：先期的准备工作，情绪发泄，防御式的绘画，以画代言，艺术表达。这五种活动并不是严格区分的，儿童可能从先期有趣的准备工作进行到艺术表达，也可能从艺术表达水平倒退到情绪发泄水平、倒退到强迫性防御的水平，然后又回到正式的、有创造性的水平。

1. 先期的准备工作

这是指儿童为有创造性的艺术表现做准备，他们通常会涂涂擦擦，探究艺术材料（如橡皮泥、颜料、蜡笔等）的类别和用途。儿童通过检测艺术材料来找到感觉，并选择自己觉得愉快的表现方式。涂鸦是艺术的建构单元，因此，它是一个重要的、必要的和积极的过程。

2. 情绪发泄

它指倒出或泼洒颜料、敲打材料发出声音、抛扔和揉捏橡皮泥等。这些行为表明，儿童被压抑的情绪得到了释放或者失去了控制，这是儿童在安全的环境中释放情绪的一个途径。

3. 防御式的绘画

它指当儿童无法在自己的作品中自由表达情绪时的行为。当他们想对自己的冲突和消极情绪做出防御时，他们就可能刻板地临摹、描绘轮廓、重复没有新意的普通图案。比如，明明小心翼翼地画了一个长方形，在其基础上画了一个旗杆，他画出旗子的主要特征，加了三朵乌云，还加了一笔熊熊燃烧的火焰。辅导教师注意到他沮丧和生气的情绪，他接下去似乎要传达某种信息。然而，如果明明把画局限在旗子上，而不愿详细描绘其他的事物，尤其是那笔后加的“火焰”，那么辅导教师就无法从这幅有价值的画面上找到突破性的话题。

4. 以画代言

它是以图画或模型来代替或者补充语言。这是来访儿童和咨询老师之间一种特殊的交流方式，别人是不容易理解的，这种交流方式随着咨询关系的发展也进一步完善。

5. 艺术表达

它指的是最终画出完整的美术作品来表达自我、与人交流，这是儿童所思、所感和所知的具有象征意义的表现方法。下面这个例子说明多多如何在头脑中想象不在自己身边的妈妈并如何通过捏橡皮泥治好妈妈的病。多多是个8岁的盲童，他妈妈因手术而住院了，他对妈妈的关心和盼望促使他用橡皮泥捏成妈妈的样子。他努力地捏出妈妈身上的重要部位，她的脸上有嘴、耳朵、鼻孔和脸颊。他给“妈妈”捏出头发、身体、双臂、手指、腿和脚趾。最后，他在她的肚子上用两块“绷带”“包扎”起来。做完后，多多轻轻抚摸着这个泥人。他用包扎绷带的办法帮妈妈治病，恢复她的形象，表明了他对妈妈的担心。

儿童选择艺术表现材料的类型和使用材料的方式很能说明他们的个性、应对风格、情感类型和强度。有些儿童喜欢画手指画时把颜料擦在自己衣服上，弄得全身都是；另一些则愿意安静地待着，尽量不使用颜料画或者手指画。有些儿童喜欢摸一摸所有的东西，探究一下每种材料的用途，或总是弄得一塌糊涂；另一些则可以用相同的材料画上几个星期，他们会仔细地选用一些蜡笔、彩色铅笔或者只用钢笔和墨水。

儿童作画时的反应也各不相同。有些儿童喜欢把所有的材料都抢到手，拒绝和其他人分享；另一些只选择一两种蜡笔或铅笔，不再要求更多。有些儿童精力充沛，从一个材料用到另一个材料，却哪个都完成不了；另一些则慢条斯理，有条不紊，光是脸上的一小部分常常都要花好长时间。

当在艺术辅导中体验到种种情感时，有些儿童可能在艺术作品中表现得很拘束；有些可能画出漂亮的线条、描绘出越来越精细的形象；有些则可能为了把画好的作品隐藏起来而在上面涂颜料或乱画一气；还有些儿童的反应就像鲁宾（Rubin，1984）所说的“发洪水”那样，在这种情况下，儿童的作品是情感的爆发，它导致失控，也许以“情绪发泄”的形式倒出、泼洒颜料，摔打橡皮泥，鲁宾把这种现象解释为一种退化。

每个儿童和辅导教师形成的关系都是不同的。开始，一些儿童会害羞地等着看老师教他们做什么，当发现没有人来教时，他们就开始自己用笔或颜料画画、捏橡皮泥，并注意老师是否有支持的迹象；有些儿童希望老师先做些什么让他们可以模仿；另一些则很专注地自己活动，并不过多考虑老师的参与或支持。当友好的关系建立起来时，儿童感觉到环境是舒服的，这时候他们往往变得更放松、更容易进行口头表达。

三、解释与理解：领悟儿童的心灵世界

倾听孩子对作品的解释，你会发现你进入了一个多么丰富的世界。

（一）对作品形式的解释

在艺术会谈过程中，辅导教师有机会倾听儿童的表达以及观察最终艺术作品的形式。在解释形式时，辅导教师可能要回答下面有关儿童艺术的问题：这是整洁的还是乱糟糟的？这是完成的还是未完成的作品？作品是黑色的还是有着蓝色、绿色和黄色的？整幅画是画在纸张的一角还是占了整个画面？是不是有些部分被

遮住了或者被乱涂过？图画中有没有人物？如果有，是占很大一部分还是占很小一部分？回答这些问题，可以使辅导教师获得儿童如何思考和如何感受的重要线索。图案在纸上的位置、完成情况及和谐状况都显示出画面的构成情况（见图5.1）。另外，儿童绘画作品的线条、明暗、颜色可以提示儿童的运动、智力、情感和社会性发展等情况。

图 5.1　女孩和哥哥、弟弟

这幅画是一个聪明的、适应良好的7岁女孩画的。左边秋千上的男孩是她的哥哥，秋千边上的小男孩是她的小弟弟。注意这幅画的比例是多么合适，它占了全部的纸张。画上的那棵树比秋千高一点，爬梯又是一个合适的高度，原作是有颜色的，绿色的树上长着红色的苹果，爬梯是红色的。所有孩子穿的衣服都是有颜色的：男孩的裤子是蓝色的，女孩的裙子是粉红色的，一切都很符合他们的年纪。

1. 大小和位置

焦虑的儿童会画很小的图像，只占可用空间的一小部分。这些画的特点是一个很小的人物站着，双脚很瘦小，难以支撑上身，整个人物被画在纸张下方的边缘。这种安排显示儿童有很大的不满足感和不安全感（Burns & Kaufman，1972；Di Leo，1973，1983）。相反，有安全感、适应良好的儿童创造出的形象则能通过其大小、模样和在纸张的显著位置显示出其没有焦虑的困扰。

2. 阴影

画面中过多的阴影可能提示儿童存在某种焦虑（Di Leo，1973；Machover，1949）。儿童可能会把人物的脸部或身体的下半部分涂成暗色调。马克维尔（Machover）发现，有些儿童所画的人物面部明暗特别突出，这些儿童可能对青春期攻击有焦虑。戴·利奥（Di Leo）认为，即便是黑人儿童都不会把人脸画成黑色，除非他们也有焦虑。一般来说，黄色并有光线射出的太阳如果被涂成暗色调，或者把云涂黑，这往往是不高兴的表现。在解释阴影时，很重要的一点是，要把阴影看做是整个图案中的一小块，联系画面的其他部分来考虑。

3. 颜色

几百年来，颜色一直被用来识别情感和个性。我们都听说过这样的俗语："她嫉妒得两眼放绿光""他是个黄毛胆小鬼""白色恐怖"，还有如西方谚语中说的"她心头笼罩着一层蓝色的忧郁"。颜色使我们的词汇和文化更加丰富。人们已经开始全面研究什么样的颜色吸引人们的注意、颜色如何影响血压、如何影响产品选择等。虽然大多数治疗师承认颜色是在分析儿童艺术形式时需要考虑的一个很重要的变量，但在有关不同颜色及其组合所代表的意义方面还是有很大分歧的。按照卢舍尔（Luscher，1969）的观点，深蓝色代表和平与宁静，黄色代表温暖和愉快，黑色象征着虚无感。过重的红色与愤怒有关，但是红色同样是代表活力和温暖的颜色（Kramer，1979）。连续不断地使用黑色常常与抑郁情绪有关（Oster & Gould，1987）。黑色也能代表黑夜，表示需要休息（Kramer，1979），如果黑人儿童运用黑色的话则可以表示一种自豪（Axline as cited in Rubin，1984）。当然，这还是要看儿童的具体情况，也要看具体的文化，有的人选择某种颜色可能只是因为没有别的颜色可用。

（二）对作品内容的解释

下面所列举的对儿童画的解释很多是未经中国文化验证的，从某种意义上讲，仅仅可以作为一种学习和研究时的参考。

儿童经常以掩饰的方式表达自己和自己的问题，因此有必要使用三种基本的方法来解释其艺术作品的内容。鲁宾（1984）认为，解释内容时应当在三个水平上加以考虑：①表层内容，指表面的话题或主题以及抽象的观念；②关联性内容，指在作品创作过程中和完成后画面上突出的形象和有关作品的故事；③潜在的或象征性内容，指被歪曲的地方，包括夸张和省略，儿童没有说出来，或它们没有被儿童的意识所察觉。

1. 表层内容

有时也被称为“显而易见的内容”，指在儿童绘画中明显表达出来的内容。举个例子来说，如果儿童画了快乐的场景，上面写有“我爱你”字样的心形图案，把它交给治疗师，那么这就要按照字面意思解释。图5.2是鲁宾（1984）提供的一个儿童表达表层内容的例子。当然，对这种表层内容的解释也可以包括抽象观念的解释。表层内容不总是这么容易辨别，这种抽象解释可能对识别儿童的艺术表现也是有帮助的。

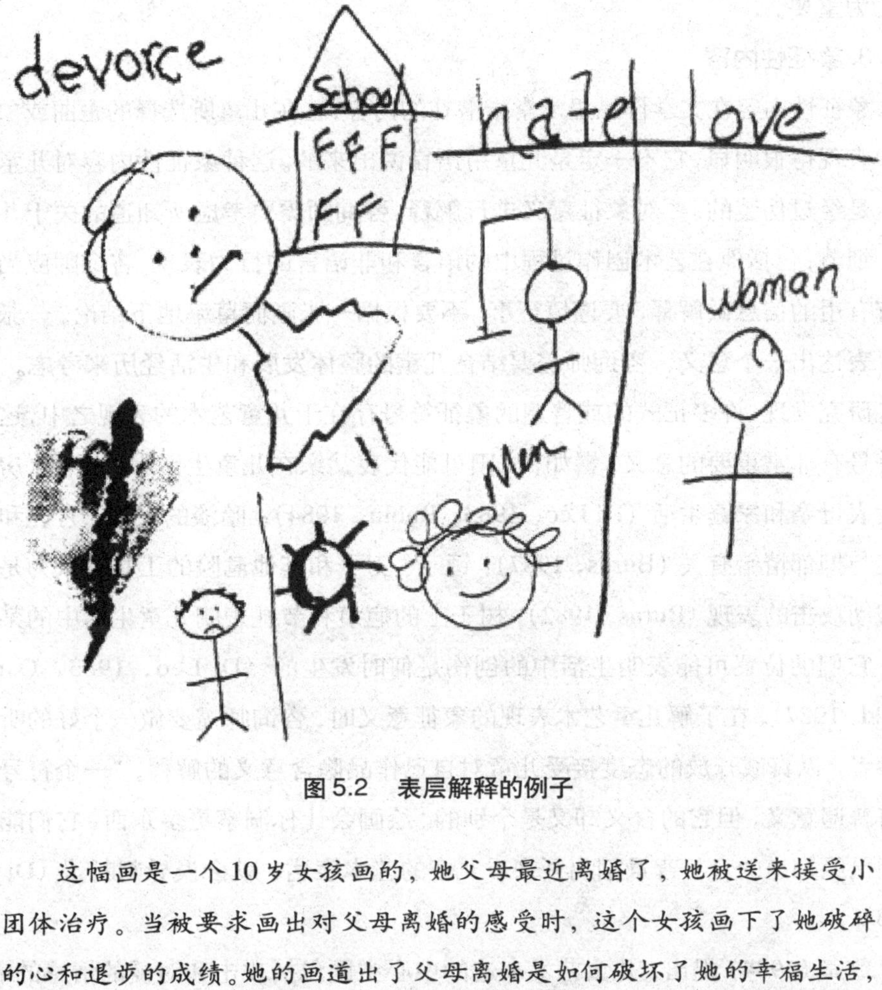

图5.2 表层解释的例子

这幅画是一个10岁女孩画的，她父母最近离婚了，她被送来接受小团体治疗。当被要求画出对父母离婚的感受时，这个女孩画下了她破碎的心和退步的成绩。她的画道出了父母离婚是如何破坏了她的幸福生活，她迅速地为作品起好标题并交给治疗师。她的画也暗示了她跟父母在一起时爱恨交加的情感，这是需要进一步探究的地方。

2. 关联性内容

关联性内容会在儿童关于自己作品的语言或非语言的交流中表达出来。为理解关联性内容，治疗师必须是一个很好的倾听者和观察者，随着绘画的进展洞悉孩子的内心世界。关联性内容最好从儿童为艺术作品所起的标题或者他对作品所讲的故事中加以理解。比如，一个5岁儿童的涂鸦作品很难表达出他想拒绝的感觉或者妈妈对他前后不一的温情和爱，只有当他对画做出解释："她爱我，她恨我，她爱我，她恨我，然后她又爱我。"儿童对他绘画作品的这种表达帮助咨询师做出有关作品象征意义的假设。这类内容在咨询师无法解释儿童艺术作品的意义时显得尤为重要。

3. 象征性内容

象征性内容在文学作品里常常指潜在的内容，它在儿童所选择的歪曲或象征手法中表现得很明显，它不一定是儿童用语言说出来的。这种象征性内容对儿童来说甚至是经过伪装的。要对象征意义进行解释，咨询师需要考虑所知道的关于儿童的每个细节，包括他在艺术创作过程中的语言和非语言的行为表现。咨询师应当基于所有有用的信息做解释，要谨慎行事，不要根据一张画而草率地下结论。一张画可能只表达出一个意义，咨询师需要结合儿童的整体发展和生活经历来考虑。

研究发现，许多正式的或普遍的象征符号存在于儿童艺术的表现之中，这些象征符号有非常重要的意义。譬如，太阳可能代表父亲在儿童生活中的影响，房子一般代表母亲和家庭生活（Di Leo，1983；Rubin，1984）；暗淡的太阳、月亮和雨水可能与抑郁情绪有关（Burns，1987）；锤子、刀子和其他危险的工具被认为是愤怒或被动攻击的表现（Burns，1982）；树干上的疤痕和节孔表明儿童生活中的某种创伤，它们的位置可能表明生活中的创伤是何时发生的（Di Leo，1983；Oster & Gould，1987）。在了解儿童艺术表现的象征意义时，咨询师需要做一个好的听众和观察者，以真诚开放的态度接受儿童对自己作品隐含意义的解释。"一个符号可能具有普遍意义，但它的含义却又是个别的。绘画会让你洞察更多东西；它们能证实我们已经知道的。与背景割离开来看儿童的艺术表达，就会误导判断。"（Di Leo，1983）

鲁宾（1984）提出，儿童艺术表达的中心主题包括攻击和对爱的情感的需求。孩子某个口头表达的话题可能暗含着对养育的需求，打败敌人的利器可能就是生殖器的象征。如果儿童的艺术表达中总是出现同一个主题，那么这可能表明儿童在这个地方感觉到了冲突。要对图案引起特别注意，因为它会有助于咨询师做出直觉的猜测：什么东西可能会对儿童的内心世界产生重要作用。

有两种形式的画对儿童具有特殊的意义：人像画和家庭画。以下着重介绍这两种形式。

（三）人像画

人像画是儿童一贯最喜爱的主题，这几乎是所有儿童的特点。当儿童经历身体、情感和社会性发展的特定阶段时，他们画人物的方式也随着他们的成长发生着变化，因为人类从本质上讲具有社会性，他人对儿童起着非常重要的作用。这种与他人的相互作用在儿童的艺术作品中也是一个常见的主题。

人像画的特殊信号或情绪表露与明确的性格特征之间不一定存在一一对应的关系（Oster & Gould，1987）。因此，我们不应当仅根据一个信息就做出解释，相反，应当综合考虑全部作品的背景所传达的内在含义。另外，诸如年龄、成熟度、情绪状态、社会文化背景以及其他相关的历史知识在理解儿童人像画时也起着重要的作用。

儿童的绘画作品中，省略通常有着重要的意义，这告诉我们一些信息：儿童是如何看待自己以及自己和他人之间关系的。很多研究者（Burns & Kaufman，1972；Di Leo，1973，1983；Machover，1949）在对“省略”的解释上提出了一些建议：不清楚或残缺的胳膊、手可能表明儿童在社会交往中没有自信，而双手藏在背后可能说明躲避或逃避；无法行走的残疾儿童常常不画腿或只画坐着的形象；在解释身体各个部位时故意省略面部特征的孩子可能有人际交往困难。然而，这些相关仅仅是假设，这些假设从儿童的手势、肢体语言和口头表达显示的信息中可能得到进一步证实。当然，有些信息也可能是永远无法得到证实的。

夸张或减少的特征通常具有特殊的意义。在临床上，人们通常认为：极小的形象可能意味着不安全感、退缩感和不满足感，而大的形象可能表明健谈和自我控制能力差；短胳膊表示有孤独倾向，而长胳膊则被视为向他人请求援助；自画像中过大的双手和双臂可能象征攻击倾向，小手可能表示儿童效能感低和缺乏自信；小脚象征基本安全感的缺失以及儿童感觉到缺乏支持和焦虑（Burns & Kaufman，1972；Di Leo，1973，1983）；把嘴画成直线可能是紧张的表现，又短又重的线条可能意味着攻击性；如果眼睛又大又圆有威胁的意思则可能意味着有敌意或偏执（Di Leo，1973，1983；Machover，1949）；虎视眈眈和呲牙咧嘴的画面突出了敌意（Hammer，Oster & Gould，1987）。

试图隐藏身体的某个部位或将其尽量画得最小也可以看出儿童当前存在着冲突。把手插在口袋里可能意味着儿童控制自己世界的效能感不足。经历着性方面冲突的儿童把自己画成只有腰以上的部分，或者画的脚从胸前长出来，根本不画身躯（Di Leo，1973）。

在对几百个儿童的绘画进行分析后，戴·利奥（1973，1983）发现，某些象征性内容在情绪失常儿童的画中比在健康儿童的画中出现的频率高。表5.1中列出了戴·利奥研究中的五个因素，以及说明象征性内容的例子。

表 5.1　在画人测验中情绪障碍的表征

▲没有人像的画	对人的省略可能象征着人际关系困难。
▲分离的形象	身体各部位的分离不常见，这表明是性格分裂。
▲扭曲的形象	奇特而古怪的怪兽模样常常是心理失常的儿童画的。
▲坚硬僵直的形象	像机器人的形象表明儿童生活中情感不成熟和紧张。
▲被隐蔽的形象	在图像上乱涂意味着对自己或他人强烈的消极情感。

1. 没有人像的画

绘画中通常应该包括人像，还可以包括宠物、房子、花儿、树木以及阳光。因此，儿童省略人像的画法是不正常的（见图5.3），把人脸画在其他动物如狗身上则更加不正常。

这幅画出自一个9岁孩子之手，他社会退缩严重，与同伴交往时有自闭症状。画中，房子和树用蓝色铅笔加以突出，太阳和花朵是用红色铅笔画的。房子的门口出现了两只互相接触不到的胳膊（没有手）。树是光秃秃的，毫无生机，虽然太阳和花朵的出现显示了一线温暖的希望，但整个画面表现出的却是情感的冷漠和儿童生活中有意义关系的缺失。

图 5.3　没有人物形象的画

2. 分离的形象

分离的形象可包括凌乱的画面、不像人的图形或者只画人的一小部分。由分散的身体各部分组成的画是不常见的，属于不正常的表现，因为绝大多数儿童会画一个完整的人物形象。即便人物只有一个头，儿童也通常会在圆圈里面画上眼睛、鼻子、嘴等表示脑袋，而不会把五官分散画到整页纸上。很明显，身体的各部分互相分离的人物形象画是有悖常理的，画出这种不完整的形象表明儿童性格紊乱，或者严重心理失常，这一现象已经受到研究者的关注。

在图5.4中，一个7岁的孩子描绘的人物形象是紊乱而抽象的。尽管没有分散到整页纸上，身体各部分却不是那么好辨认。画面上没有完整的人形，脸部特征较为明显却是分散的。一个大的心被画在其中一张脸上，且用线条围起来，小孩称这些线条为"血管"。人物的脸被孩子说成是治疗师和自己，却看不出像人的样子。人物的身体直直的，没有胳膊、腿或人的特征。仅可辨认的脸长在狗身上，倒是有一点微笑。联系着治疗师和孩子的三颗心表达了对治疗师的爱。

图5.4　分离的身体各部分

这张画出自一个7岁的患情绪障碍的孩子之手。左边的图像代表治疗师，中间的代表孩子本人，两张笑脸代表治疗师的两只狗，三个画着心的圆圈在治疗师和孩子之间架起了一座桥梁。

这幅作品反映出这个孩子自我形象薄弱以及对爱的强烈需求，让人怀疑其有母子关系方面的问题，他有受虐待和被忽略的可能。虽然这孩子身体上被照顾得很好，但是很明显他有情感剥夺和渴望爱的迹象。我们有理由相信这个孩子非常聪明，但因为有情感方面的问题而不符合应有的发展水平。对这个案例来说，游戏辅导和艺术治疗比较合适。

3. 歪曲

当儿童画自己和别人时，他们会使用不同程度的歪曲。鲁宾（1984）提出，在儿童的自画像中，咨询师应当同时考虑天性的歪曲或伪装的成分。有的儿童用相同年龄和性别的形象来代表自己，有的儿童更多地使用伪装的方式，把自己画成是一只动物、幻想中的怪兽或者没有生命的东西，还有的会用一些抽象的形式。戴·利奥（1970，1973）指出，经历着某种程度情感失常的儿童常会画一些奇特的、怪兽模样的形象；希望借此掩饰他们的想法和情感的儿童会画一些出现在梦里或想象中的动物。诸如此类的形象表示他们头脑中可怕的事情，通常他们自己都不愿意面对。解释这些隐含的意义对咨询师来说是个很大的挑战。

图5.5是一个9岁男孩画的怪物状的形象。他在生活中遭受了很大的创伤，包括他母亲最近一次自杀。用他的话说，"她病了"。他母亲嗜酒，患有某种心理疾病。小男孩跟母亲生活在一起，经常会感觉到一种奇怪的观念：除掉身上的罪恶。

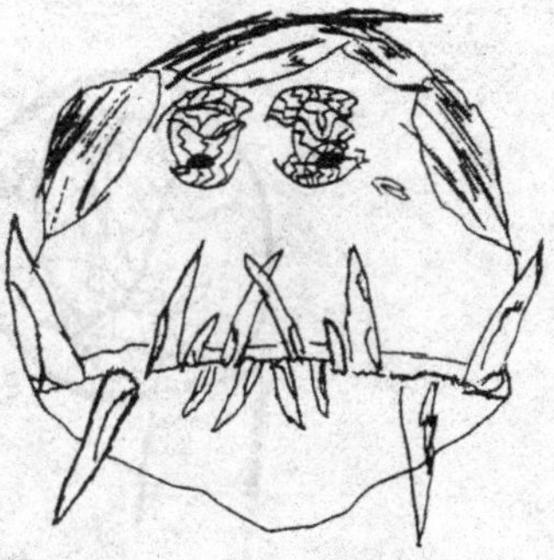

图5.5 歪曲

这张扭曲的人像画有着怪兽的牙齿、充血的眼睛，是一个非常聪明的9岁男孩画的。他母亲曾带他去看过迷信表演"除掉身上的罪恶"。他讲了妖怪、吸血鬼、魔鬼和其他怪物抓住并吞食他的故事，他说这些故事都是他编的。在这些故事中，他赋予自己神奇的力量，比如会飞的能力。

4. 僵直的形象

直挺挺的机器人形象是儿童表达他们焦虑的另一种方式。虽然戴·利奥（1973）和其他人没能说明这类形象和某种特殊的失调之间的联系，但是，当情感的不成熟和家庭紧张的气氛占据儿童心灵时，他们往往会把自己和家人画成如此僵直的形象。这些儿童的动作往往比较呆板、不灵活，说明他们使用过多的防御机制来保护自己。图5.6画的是一个姿势僵硬的人，从胸前长出了很长的腿。

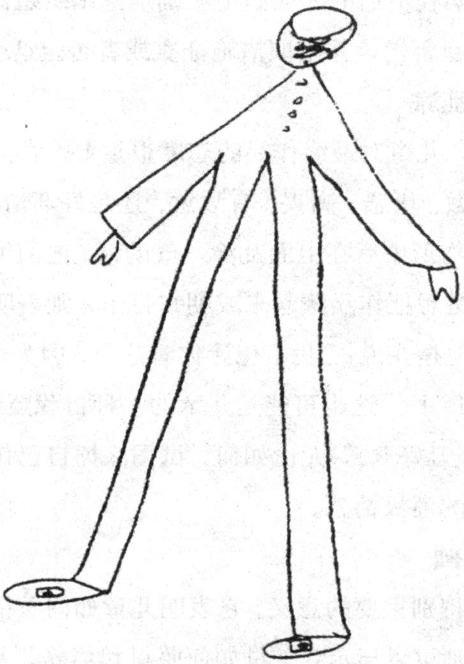

图5.6 僵直的形象

这是一个9岁男孩的自画像，他因为会无端地哭泣而被带来做咨询。老师说他在班上文静而孤僻，没有朋友，不和同伴交往，躲避集体游戏和活动，喜欢幻想离奇的冒险。他画的僵直的形象和直线条的嘴巴可能表现出他的家庭关系及同伴关系紧张。

5. 对性的表达

儿童在画自画像式的人像画时，往往画出和自己性别相同的人。戴·利奥（1973，1983）推测，画异性的倾向可能表明性别混乱或性别同一性认同的失败。这种性别混乱源于儿童与父母一方的相互作用，与画面人物性别相同一方的家长被儿童视为权威或具有攻击性。与低龄儿童表达性别混乱不同的是，处于青少年期的女孩画男性形象或男孩画女性形象通常是因为他们开始对异性感兴趣。

无论画同性形象还是异性形象，大多数儿童会在人物的头发、眼睫毛、首饰或衣服等方面表示不同的性别。大多数儿童不会明确地画出代表人物性别的生殖器。

戴 · 利奥（1973）搜集分析的几百幅绘画作品中，只有6幅画是明显画了男女生殖器的。儿童画生殖器较为罕见，可能有很重要的意义。儿童经受性虐待可能是一个原因，如果儿童确实在他们的人像画中明确地画出生殖器，那么治疗师应当对可能存在的性虐待引起警惕，并采取措施证实或者否定这一假设。

6. 在画好的画面上乱涂

鲁宾（1984）提出，儿童对最终作品的态度很重要。咨询师需要弄清楚儿童对画的态度是羞愧、骄傲、厌恶、高兴、有敌意，还是好坏情感并存的矛盾态度。如果儿童画好了一个人物形象后在上面乱涂一气的话，他们可能是在传达某种羞愧、憎恨或者敌意。若是想把作品藏起来或朝它打击，则表明儿童对自己有某种强烈的负性情绪，也许他是在说："我不想让你看这个，因为你看了的话，我是一个什么样的人你就全知道了。"这也可能是儿童的一种自我贬低："我恨这个自己，看上去笨死了！""它好丑好丑。"无论如何，试图涂掉自己作品的儿童需要得到帮助来克服他们对自己的消极情感。

（四）儿童的家庭画

儿童的家庭画有着特别重要的意义，它表明儿童如何看待自己与家人和社会环境之间的关系。家庭画可以显示：父母如何照料和培养儿童；儿童以什么样的性格与家人交往；儿童对自己在家庭中的位置感觉到安全的程度。虽然随着儿童的成长，家庭以外的人们对儿童态度形成和行为养成方面所产生的影响越来越大，但家庭对小孩一直具有持久的影响力。儿童在家庭中学会了如何处理自己的情感并发展对他人的同情心。因而，家庭画可以是儿童情感生活的有意义的表达。

戴 · 利奥（1973，1983）在研究基础上提出了一些概括性的指导方针来解释家庭画（见表5.2）。当然，这些解释需要通过在咨询会谈、观察以及其他治疗活动中收集更多的信息来进一步证实。

表 5.2　解释家庭画活动中的元素

▲ 大小：最重要的人往往被画得最大且最先画。
▲ 位置：儿童把自己画在离喜爱的父（母）亲或兄弟姐妹最近的地方。
▲ 相似：儿童可能把自己画得与自己关系最亲近的人很相像。
▲ 省略：在画中不画自己或某些家庭成员意味着不满足感、生气或者拒绝。
▲ 分离：儿童若感到被遗弃，则不会把自己跟别人画在一起，并且最后才画自己。

1. 相对大小

家庭成员的相对大小可以显示儿童对其情感和态度的信息：儿童可能会把一个在他生命中特别重要的人画得非常大，这就是为什么有些父母亲的形象会被画得比从属的、没有太大关系的同伴高大得多的原因。儿童甚至会说："那是我的妈妈，她是老板。"有时候打骂儿童的父母除了会被画成较高、较显眼的形象外，手也会被画得特别大。这种夸张可能显示儿童觉得这个人不友善，对自己有威胁。

2. 位置

通常，家庭成员的相对位置能提供其相互关系的重要信息。在有些家庭画中，儿童把他们自己画在父母或兄弟姐妹中最喜爱的一方旁边。在图5.7所画的家庭团体中，这个小孩是家里的"皇后"，而她最喜欢的弟弟则是她的"皇帝"；另外两个姐妹被画成"妖怪"，并被关在家里；父母显然不在家。很明显，这不是个亲密的家庭，兄弟姐妹间有敌对关系。画画者非常想被别人喜欢，可能别人也确实喜欢她；但兄弟姐妹间的问题很吸引她的注意。缺少父母的抚养和支持以不画父母的方式表现出来了。对她两个姐姐的消极情感使她把她们画成了丑陋的妖怪，并把她们锁起来。

图5.7　在家庭中的地位

这张家庭画挂在儿童家里，9岁的来访者在画中是"皇后"，她正和她喜欢的弟弟手拉着手，他是她的"皇帝"。她的两个姐姐——画中的两个妖怪，被锁在房间里，小女孩称之为"牢房"。两个姐姐的容貌画得很丑，在她们的窗户上还画有栅条。父母很显然不在家。

3. 相像

儿童常喜欢把自己的穿着或其他特征画得与他喜欢的父亲（母亲）或者兄弟姐妹比较相像。比如，有的女孩子把自己画成和她妈妈一样，身穿短裙，脚穿皮鞋。

4. 省略

戴·利奥（1973，1983）认为，忘记画某个家庭成员说明儿童对这个成员的抵抗和排斥。儿童画家庭时没有包括所有的家庭成员，这是异常的表现。不画自己也有特殊的意义，可能表明孩子缺少家庭的归属感或可能感受不到自己对别人的价值（见图5.8）。产生这种感觉可能是因为父母过分苛刻或没有好声好气地拿兄弟姐妹与自己相比。家庭画中的其他一些省略跟在人像画部分中涉及的内容相仿，包括省略手、脚、脸部特征、身躯或者身体的其他部位。手是家庭画中最常见的被省略的部分，没有手，没有彼此接触或拥抱，则可能表明家人之间缺乏温情与爱。如果家庭成员没有笑容、没有脸部特征、没有嘴巴，则表明他们缺乏沟通。如果没有眼睛，他们就看不到他人的快乐或痛苦。在一张省略明显的家庭画中，儿童和他的家人都应当参与咨询或治疗，以便咨询师能够帮助家庭成员更加积极地相处并学会为对方付出。

图5.8　家庭画中的省略

这幅家庭画的特别之处在于人物的脸部特征和胳膊、手都没有画。所有家庭成员穿着相像，妈妈的头发显出不同，作画者是女孩子，但对她的形象没有明确的界定，这些省略说明家人之间缺少沟通与交流。没有画出用来讲友好或尖刻话语的嘴巴，没有画用来看到彼此快乐或痛苦的眼睛，没有可以互相安慰的胳膊。在这个案例中，咨询师需要了解这个家庭的组合情况，并评估一下成员之间的相互作用。

5. 分离

当儿童因为某种生理或心理的障碍而与父母分开时，他们通常会把这种分离在家庭画中表达出来。另外，随着越来越多的家庭破裂，孩子们的生活中多了同父异母（或同母异父）的兄弟姐妹和非亲生的兄弟姐妹，这些矛盾和调适在儿童的艺术作品中表现得更加明显。有些孩子用一条线把两个家庭分割开来：原先的家庭和父（母）亲另外组织起来的家庭；另一些孩子用线条把有的兄弟姐妹隔开，以显示对他们有消极情感。有时作画者不喜欢的孩子会被画得很丑，以区别于其他的兄弟姐妹。图5.9中，孩子同父异母（或同母异父）的兄妹被画在一个障碍物后面，很明显他们是讨大人喜欢的，他们手中的好分数和圆筒冰激凌就是证明。障碍物的右边画的是当事人自己，还有她的两个兄弟，其中一个用线圈起来的，她称之为“败家子”。

图5.9　分离或隔开

这幅画画的是来访者的兄弟姐妹和同父异母的兄妹，障碍物的左边是孩子父亲和他现在妻子生的孩子，来访者对他们的感觉是“聪明的”和“被宠坏了的”。障碍物的右边是来访者和她的两个兄弟，她的哥哥喜欢打篮球，被称为“败家子”，与其他人隔开。他另一个兄弟擅长建筑。有趣的是绘画者把自己画在障碍物的旁边，躲开她的同父异母的弟弟妹妹，而又离隔开的哥哥较近。

总而言之，解释儿童的艺术作品是一个复杂的过程，需要全力倾听、观察及形成有关儿童内心冲突的假设。要有效地做到这些，治疗师必须注意艺术创作的过程和最终完成作品的形式及内容。内容包括三种类型：表层内容，关联性内容（这包括孩子对艺术的表述），象征性内容（这揭示了儿童的思想和感受，儿童不是总能意识到所画作品的象征意义，因为他们多数是处在潜意识水平）。

第四节 小学儿童的艺术活动

艺术活动是儿童对世界的感受和表达，只要你做一个有心人，你就会发现儿童的艺术活动无所不在。学校艺术教育中的绘画和绘画教学对儿童的健康成长具有独特的功能和价值。在绘画活动中，除获得美术知识、绘画技能外，儿童通过自己对生活的感悟和体察，学会自由地表达自己的内心世界和情感，在这个过程中，儿童的各种心理品质都会得到自由的成长。教师适当地了解儿童绘画的发展特点，可以为儿童提供更有针对性的帮助。

一、学校绘画教育与儿童的成长

艺术创作活动本身就具有治疗的效用；艺术治疗借助艺术环境和行为，帮助个体宣泄存在于潜意识中的问题和不良情绪，个体不会设防或阻抗，并且是安全的。

——伊迪丝·克雷默

艺术是儿童心理成长的源泉，学校美术教育的根本意义在于促进儿童心灵的成长。在绘画过程中，儿童从自己的内在需要出发，依据自身的情感体验对所表现的对象进行评价选择，儿童的各种器官得以协调活动，身心得以充分发展，儿童美好的性情得以陶冶，不良的情绪得到宣泄。从心理教育的角度来看，绘画作业完成的整个过程，正好是儿童心理表达的过程，也是儿童心灵成长的过程。这是由绘画活动本身的特征所决定的。

小学美术教育应从以下几个方面来促进儿童的成长：

(1) 营造宽松、开放的课堂学习气氛。儿童的绘画过程应该是高度自主、高度个性化、不带任何强制性的过程，要让儿童自由地表达心灵，教师首先要营造一种轻松的课堂氛围，不限定统一的条条框框。

(2) 在绘画教育中，鼓励儿童自我表达、培养儿童自信的心理品质。美术教学过程，也是促进儿童自我成长的过程。课堂上有的儿童因担心遭到别人的批评，画画时束手束脚，不敢放手画画，这样的儿童正是不够自信、依赖性强的儿童。面对这种情况，教师绝不能单纯地以刻板的标准来评判儿童的画，而应鼓励儿童勇于自我表达，通过教师巧妙的点化、指导，提高儿童绘画的勇气和信心，开发儿童自身的潜力，儿童作业的完成也应该给儿童自由主宰和发挥的空间。在这样的艺术教育熏陶下，久而久之儿童就能悦纳自我，养成自知、自尊、自信、自强等良好的心理品质，使依赖、自卑、退缩等不良的心理得到矫正。

(3) 通过绘画艺术教育，陶冶儿童的性情。绘画艺术教育，应该使儿童的情感受到感性的滋养，心灵得到自律的净化。学校绘画教育的整个过程都贯穿着自由情感的激发与交流，在对画面意象的关照和领悟中实现情操的陶冶和心灵的塑造，不需要讲道理，无需说教，无需强制与规范，在感性化的视觉和心灵的意象冲击下，儿童在感悟、共鸣和成长。这就是绘画艺术“育人细无声”的美妙之处。

(4) 通过绘画作业，培养儿童良好的作业习惯，全面提升儿童的心理素养。宽松不等于放任，儿童在课堂上完成绘画作业时，教师应要求儿童专心致志，保持环境安静。面对一些儿童画画潦草、简单的不良习惯，教师要指出他们在身心及学习习惯方面可能存在的不足之处，并给予鼓励和督促，使他们能静下心来，进入绘画状态。这样，儿童的浮躁、焦虑、粗疏等不良心理品质就能得到消解和纠正。

课堂绘画作业不是幼儿时期的信手涂鸦，也不是信手拈来的草率之作，而应该是儿童全身心投入的辛苦劳作过程，这期间自然会遇到许多困难，而这正是培养儿童抗挫折的心理承受能力，矫正畏难脆弱心理的契机，美术教师要适时指导儿童自己去克服一个个困难。在儿童完成绘画作业的整个过程中，教师要善于及时发现儿童作业的优点，让儿童亲身体验到通过努力和奋斗获得成功的喜悦，促进儿童身心的全面发展。

二、绘画艺术在小学心理辅导中的应用

虽然绘画治疗在国外学校心理咨询中已经运用得比较多了，但在国内学校心理咨询中还处于刚刚起步的阶段。绘画对儿童来说根本不是一个陌生的手段，只是其独特的价值没有得到应有的重视。如果这一点有所改观，那么绘画将成为一种非常有效的促进儿童成长的辅助手段，无论是用于辅导还是教育。其实，绘画是一种连刚刚进入咨询业的新手都能使用的技术，如果学校辅导教师在实践中边摸索边积累，就能创造性地学习和使用这种辅导模式，大大地提高学校心理辅导的有效性。

在学校教育中，我们可以把绘画辅导和绘画教育相结合，通过团体辅导的形式，对学生进行团体训练，提高其认知能力、社交技能和情绪感悟、表达能力，同时还能开发儿童的创造力、想象力，促进儿童的全面发展。在学校咨询中，心理辅导教师可以借助于绘画媒介，配合美术任课教师和班主任，来帮助班集体中的学习困难学生、性格孤僻学生以及心灵受到创伤的学生。

绘画活动可以提供一种有趣的、但却无危险的方式来建立辅导关系。在这种信任的氛围下，儿童能够表达他们内心的想法和感觉。绘画既可以作为心理分析的媒介，也可以作为情绪表达、宣泄的手段，因为绘画创作本身就具有治疗作用，绘画创作让儿童重新体验冲突，通过升华作用使冲突得到疏导和解决。

作为学校心理辅导教师，在应用绘画技巧辅导时需要注意以下几点：

■ 绘画对儿童来说是有趣的活动，不要用一些自作主张的问题和建议来破坏这一活动。

■ 如果你不懂画的含义，请让儿童给你解释一下。

■ 在任何绘画活动中，要让儿童邀请你参加，当被邀请时，要充满热情地参与进去。

■ 允许儿童尽可能地表达创造性，如果儿童想要在手指画上体现脚印的话，要尽量允许他们这样做。

■ 如果分配合理，和儿童一起做一些清理工作也是相当重要和有趣的。

学校心理辅导教师一旦通过绘画进入儿童的内心世界，他们就能够有意识地发掘一些儿童从画中表现出来的心灵世界，并加以鼓励，而这些往往是儿童自己没有意识到的，心理辅导教师的强化和引导能够使儿童开始对自身建立信心，这种激发出来的信心常常可以延伸到儿童日常生活中的其他情境中去。

学校绘画辅导通常包括以下两个阶段：

（1）准备阶段：①选择创作材料；②自己动手制作部分材料。

（2）实施阶段：①初始阶段：良好辅导关系的建立；②探索阶段：加强儿童在探索问题时的自我表达；③行动阶段：继续自我表达，树立改变的目标及找到适合新的行为方式的问题解决策略。

这几个阶段既可能在一次咨询中全部经历，也可能需要多次咨询，心理辅导教师需因人而异，灵活运用。

（一）准备：做孩子艺术活动的有心人

1. 创作材料的选择

艺术辅导最好有一间独立的房间，里面有洗涤槽、围裙、画架和易清洗的桌子。如果没有游戏室，可以把材料放到一间安静的房间或办公室。如果不方便使用肥皂和水清洗，就不宜采用手指画。其他的艺术表达方式，只需一杯水、很少需要清洗的颜料，这些都是容易准备的。

对儿童来说，为自己的作品选择表达方式是很重要的。各种颜色和尺寸的蜡笔、颜料、水彩笔，都应放在触手可及的地方。艺术辅导不仅仅局限于素描和颜料画，也可以用黏土（橡皮泥）和游戏用生面团。

2. 部分材料的制作方法

（1）游戏面团的制作方法

按比例在煎锅中放入下列材料：

1杯面粉、半杯盐、2勺酒石英、1勺油、1杯凉水、适量食用色素。

方法：

把原料进行混合，在中间受热部分搅拌至黏糊状，倒在蜡纸上并揉捏，然后存放在密闭的器皿中。

艺术辅导并不需要花一大笔钱，也不需要豪华的房间。辅导教师可以让家长和儿童共同来制作尽可能多的材料。这样的好处是：来访儿童及其家庭可以成为创作环节的一部分，而这个创作环节可以成为所有参与成员欢乐的源泉。

（2）手指画颜料的制作方法

在煎锅里放入2杯面粉和5杯凉水，进行混合；搅拌面粉使其充分融入水中直至块状物消失。点火烧至糊状，加入少许盐，冷却。然后加入烘烤食品的颜料，手指画的颜料就做成了。

这种手指画颜料的做法，可以使辅导教师只需在现有的开销中花费一小部分钱就能获得手指画的所有颜色。

3. 开始艺术活动的注意事项

艺术辅导开始时至少要考虑以下几个注意事项：

■ 准备一个进行艺术辅导的独立空间。

■ 把艺术变成儿童辅导中的一个比较自然的组成成分。在与来访儿童第一次接触后，就要向他及其班主任或者他的父母介绍这一方法及其价值。

■ 整个过程要让儿童明白，绘画艺术只是促进交流和表达的方式，跟有没有艺术天分无关。也就是说，画得好不好不重要。

■ 要申明，绘画作品会得到保密，未经儿童本人同意，不会给他人看，包括父母和老师。如果作品被用于研究或出版，要隐去来访儿童的真实姓名。

■ 要考虑艺术作品的保存问题，是留在咨询室还是让儿童带回家？留在咨询室存档会比较好，因为这样可以作为进一步咨询的参考和评价，但保存这些作品需要特定的场所，也需要一定的空间。

（二）过程：怀着一颗好奇的心

成功实施艺术辅导的关键在于很好地把握每一阶段的咨询目标以及在每一阶段仔细选择符合辅导进程和儿童需要的指导语。卡恩（Kahn，1999）提出，通常运用绘画咨询应该包括下面三个阶段，这三个阶段既可能在一次辅导中全部经历，也可能需要多次辅导，需因人而异。

1. 初始阶段

艺术辅导开始阶段的目标是与儿童建立良好的咨询关系，通过介绍让儿童明白艺术作品是用来沟通的工具。在初始阶段，绘画指导语应是开放式的，鼓励儿童通过艺术作品介绍自己。有些指导语因为涉及儿童的一些问题，因此要让儿童觉得安全才可以用。

合适的指导语可以包括：

请画出你自己；用画讲一个故事；画出一件最近发生的令你不开心

的事，并画一些你希望有的改变……有时候，也可以要求孩子给辅导教师画像，因为来访孩子会观察这个来帮助自己的成人的各种特点和行为，辅导教师从画中可以了解孩子“是如何看待心理辅导过程的，并根据这些信息建立与儿童之间的相互信任关系”。

（李甦、李晓庆译，2005）

辅导教师对艺术活动要表现出兴趣和积极的好奇（Cecchin，1993）。在初始阶段，打断和过分的干预都不利于建立良好的关系。像“说说你画的是什么”这样的话已经足够了。一开始，辅导教师接受来访儿童所有的举动是非常重要的，哪怕是充满敌意或者有着防备心理的举动（Linesch，1988）。辅导教师的交流要依赖于艺术创作活动，分享艺术传达出来的信息要以适合来访者的进度进行（Riley，1994）。在整个辅导过程中，教师要传达这样一个信息：在绘画辅导中，画画没有好坏之分，怎么画都没有关系。

2. 探索阶段

这一阶段的目标是逐渐加强儿童在探索问题时的自我表达。辅导教师应当根据儿童之前所画的作品，鼓励儿童对图案进行探索，并通过具体的人和事情表达出来。比如，与其要一个儿童描绘他对家人有多愤怒，还不如让他说一说跟某个人的关系，或者说出一件与某人之间发生的令他生气的事情，因为单纯描述愤怒或生气，儿童可能不知道如何表达。

在这个阶段可用的指导语有：

- 画一幅画来表示你为什么要来这里。
- 画出别人眼中的你和你眼中的自己。
- 画一幅画表示出你家里的沟通情况。
- 画出你想象中的学校生活。
- 画出和朋友在一起时的你，然后画出独处时的你。

当儿童画完作品后，辅导教师的第一个问题一般可以是：“跟我讲讲你的画。”在问其他问题前，要给儿童足够的时间以发表他们自己的看法，然后再问他们作品中反映出的但没有解释的问题。问其他问题是让儿童对所画的画进行更深的探索。这一阶段也可以把儿童所画的作品同他过去的作品做比较，讨论相似之处和不同之处。辅导教师可以这样提问：“跟我说说你画的这个形象。”“你画的这个人在想什么？做什么？他有什么感受？”“这幅画表达的是什么心情？”

辅导教师在这个阶段的作用是让儿童尽可能地探索。

3. 行动阶段

艺术辅导时，探索阶段和行动阶段的界限常常很模糊，辅导教师和儿童可能在一次会谈中使用同一幅绘画作品进行探索和采取行动。采取行动阶段的目标包括继续自我表达，整合已经探索和表达的自我，找到适合新的行为方式的问题解决策略。最后，绘画还可以用来评估辅导的进展和效果。这个阶段的绘画指导语要帮助儿童建立改变的目标以及可以达到目标的行为模式。

此阶段有一些特殊的指导语，比如：

- 画一画你希望发生的也确实发生了的改变，哪怕这一改变只发生了一点点。
- 画一座桥，表明你现在的位置，还有，当辅导结束时你将会在什么位置。在你前进的道路上碰到了什么困难，克服困难需要做出什么样的努力。
- 画出你从辅导开始到结束的这个过程。
- 画出从现在开始的15年里你的样子，在这段时间里你需要达到什么目标。

最后阶段的过程更为具体和特殊，因而指导语应该针对不同的儿童选择适合其年龄的表述方式。过程、形式和最终的绘画作品为辅导教师理解儿童的情绪、情感、冲突和应对方式提供了重要线索。

此外，团体绘画辅导还应当包括儿童自愿向同伴展示自己的画，并让同伴相互讨论每一幅展示的作品。以“作画”“解释画”“听取他人对画的理解”三个过程，促进当事人“思考—生产—回顾—对照—反省”的一系列思维过程（闫俊、崔玉华，2003）。

在运用绘画辅导时，除了要关注儿童当前的冲突外，心理辅导教师还需要学会评估儿童总体性格上的优势、弱点以及应对方式，并对随后的辅导做一些规划，尽可能促进儿童的全面成长。

三、学校艺术辅导与家庭绘画

儿童的成长离不开家庭，对儿童的绘画作品，辅导教师应当联系所了解的有关儿童及其家庭的其他信息来理解，而不是孤立起来看待。家庭绘画能使辅导者更好地了解儿童及其家庭，理解前来寻求帮助的儿童的问题所在。

对学校心理辅导来说，儿童家庭的介入，家庭绘画技术的使用，能使多年生活在一起的一群人参与到辅导中来。一直以来，这个团队的成员形成了他们自己的交往方式，建立了一系列相互关联的防御机制。他们在家庭中形成亚群体，结成联盟，互相联合、互相对抗，并形成了他们自己的思考方式。所有这些因素产生了某个家庭的特定氛围，所有这些因素对学校艺术辅导和评估都很重要。

艺术，既可作为一种家庭团体辅导技术用于促进自发的自我表达，也可作为观察家庭成员间交往的替代方式，艺术活动有助于家庭成员参与到辅导过程中去。艺术作为家庭团体辅导技术的特殊价值有：

- 参与性：这一方法可以让所有的家庭成员同时参与。
- 非正式性：艺术疗法是一项非正式的疗法，可以降低情感控制和防御机制。
- 交流性：象征性的形象能表达出那些用语言表述感到过于紧张的冲突。
- 接受性：如果通过图像的方式而不是语言的方式来表达，敌意更有可能被容忍，用图像表达会降低与愤怒有关的罪恶感（Kwiatkowska, 1977）。
- 平等：艺术活动往往会补偿家庭成员间的年龄差异，所以，艺术活动把儿童放在了与成人平等的地位上（Oster & Goul，1987）。

家庭绘画活动能作为一个主要的辅导方式或评估手段与学校辅导联合起来运用。在学校辅导中，这些艺术活动可以单独使用，也能与其他辅导技术结合使用，并以符合辅导教师理论倾向的方式使用。当用图像而不是语言表达时，敌意更可能被容忍。对纸上所表达的内容，当事人的罪恶感会有所降低。对学校辅导教师来说，这些便利使艺术成为一个有辅导价值的工具。

下面介绍家庭绘画的一些基本技术和策略。

1. 家庭绘画评估

克威特考斯卡（Kwiatkowska，1977，1978）发展出一系列活动，可以用来了解更多关于儿童及其家庭的信息。这些技术有助于认识家庭成员并了解他们之间的关系。克威特考斯卡在1次辅导会面中运用6种艺术活动来评估儿童和他的家庭，时长是90分钟到2小时之间。这一评估要求参与者画一幅自由画、一幅家庭画、一幅抽象的家庭肖像画、个人的速写画以及联想性的涂鸦。评估以最后的自由画做出结论。鲁宾（1984；Rubin & Magnussen，1974）对这一评估形式做了一些改变，他使用三种活动，包括个人画的涂鸦、家庭肖像画以及联合的壁画。如果某个家庭成员比其他人先画完，他（她）就会被允许用任何材料、任何主题创作艺术作品。

2. 自由画

自由画不指定主题，鼓励家庭成员想到什么就画什么。家庭成员通常使用这种方式来介绍自己或揭示家庭问题的某个方面。要鼓励个体解释和探索他所画作品的意义。对家庭和辅导教师来说，评估被认为是一种学习经历。成员们通常被要求为自己的作品命名、签名并写上日期。作品名往往会丰富画面的含义，并且可能提供更多的象征意义。签名的大小和位置等其他因素可能表示个体的自我认知。

3. 家庭成员肖像画

作为第二项活动，克威特考斯卡要求参与者画出家里的每个人，包括自己在内。不要求在细节上把人画得非常相像，但也不是仅仅画一个轮廓①。克威特考斯卡把“家庭抽象肖像画”作为她评估方式中的第三项活动。对于不理解抽象画的家庭成员，辅导教师会让他们使用动作、形状、线条或者颜色来代表每一个人。举个抽象画的例子，一个女孩把她的家庭画成一个很大的眼睛，并在中间画条线来表达她眼中破裂的家庭。鲁宾（1984；Rubin & Magnussen，1974）对这个技术做了些改动，他要求家庭团体中的个人在平面上或三维空间中创造一幅抽象的家庭画或者真实的肖像画。个人可以用他们愿意的任何方式创作家庭肖像画，比如现实主义的素描、颜料画、浮雕或者雕刻。

4. 个人涂鸦画

所有家庭成员要做一项所谓的手臂放松练习，即随意进行一些涂鸦，为随后的画画做好准备。然后，每个参与者按照自己随意画的线条的激发而画出一幅画。

① 有学者认为，在要求画人的指导语中，应当加入“不要画漫画或火柴人”。火柴人是指像火柴棍搭出的抽象人：头部画成圆形，身体其他部位被画成直线。画漫画是指模仿漫画或卡通画技，画出变形或高度抽象的人。这两种人形因其高度抽象或变形，所以无法得到具体或真实的信息。（严文华，2003）

这个活动提供了产生联想的媒介，也有助于降低防御，缓和情感控制(Kwiatkowska，1977)。后来，鲁宾也在这个技术的基础上做了些改动，每个参与者被要求闭着或睁着眼睛对最初随意画的线条进行续笔，然后挑选一个或多个随意画的画面，进行详细刻画，并写上标题。每个家庭成员都这样做，然后轮流描述一下自己的作品，并对其他人的作品做出反应。

5. 始于随意涂鸦的连环画

每个家庭成员进行随意涂鸦，然后共同决定他们将从哪幅涂鸦作品开始画连环画，以使家庭中所有的成员都可以进行协作。这一过程不仅鼓励家庭成员一起共事，而且使一家人彼此间有了更深的了解，并表达了处于意识水平以下的情感。这有助于家庭成员接受他们对自己和家庭其他成员真实的认知。家庭成员和治疗师都洞察了家庭成员间相互作用的模式，并能观察到每个成员与儿童之间的相互作用。

6. 连环壁画

家庭成员可以选择这样一种绘画方式：一起在一张贴在墙上的大纸(90厘米×180厘米）上进行创作。家庭成员需决定要做什么，然后一起在壁纸上画画。随着壁画的策划和完成，个性特征、家庭交往方式和问题解决策略就都表现出来了。完成的壁画作品反映出家庭作为一个整体一起工作的能力，有些家庭可能会在画画过程中相处不愉快。当壁画完成后，鼓励家庭成员就壁画作品和他们在绘画过程中的体验进行讨论。

7. 生活空间画

鲁宾（1984）把生活空间画（life-space drawing）作为治疗形式的一部分引入到母亲—孩子艺术治疗团体中。在与母亲最初会谈时（在孩子加入进来之前），请每个母亲画一幅家庭画和家庭成员的“生活空间”画。对后者，要求她们选择其认为大小和颜色合适的纸张，画一张表明她们自己及家人当前生活空间的画，同时包括积极的和消极的因素。每个参与者的画（家庭画和生活空间画）要与其他的母亲分享与讨论。这些活动有助于评估母亲当前在认知家庭和自身时是如何看待来访儿童的。这一形式有助于促进亲子沟通，可以在双亲参与的团队中使用。

8. 家庭画技巧

家庭画技巧可在任何情境下使用，只要有足够的空间能容纳家庭成员聚集在一张桌子前（Tavantzis，1984)。这一绘画技巧是一种非正式但很有趣的方式，它能让家庭参与进来帮助儿童并确认家庭的强项和弱项。这给辅导教师提供了一个观察父母关系、亲子关系、父母与其他亲人关系的机会。家庭画需要一张大纸、一些彩色铅笔、水彩笔、蜡笔、钢笔和铅笔。把纸铺在桌上，让家庭成员围坐在桌旁，并在纸上画出他们自己。辅导教师可以要求参与者画出他们自己及其家庭成员，图画中的家庭成员正在从事他们喜欢的活动。一些简单的指导语后，辅导教师可以观看和倾听家庭成员用语言的或非语言的方式表达他们之间的相互活动。绘画记录了家庭成员对彼此的想法、情感和相互作用。如果辅导教师想要对家庭成员在作画时所说的话和他们随后的讨论进行录音，需要征得来访者同意。

四、学校情境中的个体和团体艺术辅导活动

艺术辅导作为儿童喜爱的一种有效辅导活动，可以渗透到小学儿童日常的学校生活中。下面介绍一些适用于儿童和青少年个体、团体的艺术辅导活动。这些辅导技术有些可以被用于亲子团体辅导，有些则适合作为刚刚步入青春期阶段高年级儿童的团体辅导。这些方法要在完全了解儿童及其发展水平的情况下灵活运用，学校普通教师可以根据班级和自己的实际情况有选择地加以运用。在运用每项技术时要考虑教师的技能和学生的需要。学校心理辅导教师可以把这些技术用于自己的理论框架内或作为整体辅导的一部分，这需要辅导教师依靠自己的专业经验来选择最适当的技术。

1. 理解自我

技术：随意画（涂鸦）。

材料：纸张，毡头墨水笔或者铅笔。

指导语：鼓励儿童放松，在纸上随意画线条或者涂鸦，在他觉得画完时停止。

目的：这个活动对建立良好的辅导关系很有价值，这是用图像自由表达的有趣而安全的方式，可以让儿童表达那些不愿与人分享的内心自我。

技术：自由画。

材料：纸、铅笔、钢笔、蜡笔、颜料、彩色笔和记号笔。

指导语：鼓励儿童自由表达自己，不要“设计”图画。

目的：结果常可以显示来访儿童的当前问题、防御机制和优势所在。

技术：续笔画。

材料：画有一些简单线条和形状的纸。

指导语：鼓励儿童在已有形状的基础上完成绘画，使其成为一个完整的图案。

目的：这项技术可用于团体咨询，以此鼓励成员表达自我；或者在个体咨询中作为一种鼓励儿童表达自己思想和情感的方式。

技术：情感类词语。

材料：纸、铅笔、钢笔、蜡笔、颜料、记号笔和彩色笔。

指导语：辅导教师规定一个表示“情感”的词语（如爱、恨、愤怒），来访者用画来描绘这个词，儿童也可自己想出某个情感词语。

目的：展示来访者的内心情感，并打开讨论的缺口。

技术：情感面具。

材料：纸、颜料、鸡蛋、硬纸盒以及各种废料。

指导语：选择一种情感，做一个面具以表达这一情感。

目的：这项技术提供了讨论和体验重要情感的机会，也为儿童生活中唤起重要情感的体验提供线索。

技术：问题和感受。

材料：各种绘画材料。

指导语：让儿童画出最近的“问题”或“感受”。

目的：这项技术用在年龄稍大一些的儿童身上，有助于来访者认识到自己的情感并在绘画或讨论中（或这两个过程中）表达出来。

技术：三个愿望。

材料：各种绘画材料。

指导语：要求儿童画三个愿望。

目的：这些画可用来讨论愿望的强度、是否可达到、为了达到长期目标要实现什么样的短期目标。这项活动要在团体咨询中进行。

技术：即兴表达。

材料：各种绘画、颜料画、雕刻的材料。

指导语：儿童选择以下一句或多句陈述来描绘并加以讨论："我是……""我感觉……""我有……""我做……"

目的：这项技术是儿童向他人和自己表达情感的方式。

技术：绘画讲故事游戏。

材料：钢笔、铅笔、蜡笔、记号笔和彩色笔。

指导语：辅导教师先在纸上画一条简单的线条，要求儿童在此基础上画上细节，使之成为一幅画，然后再问儿童一些问题（如"这里发生了什么事"），随后要重复这个过程直到按画面顺序组成一个故事。

目的：这项技术可增强儿童对可选择的情感和行为的意识，并鼓励想出解决问题的更合适的方法。

2. 理解自身与他人的关系

技术：家庭泥塑。

材料：黏土。

指导语：鼓励儿童用黏土捏出他的家庭（包括重组家庭或者大家庭）。这个捏成的"家庭"可以是儿童目前所生活的，也可以是他所希望的。

目的：因为形象可以移动，所以可以获得有关儿童的家庭动态事件和思维过程的信息。

技术：家庭树形图。

材料：纸和记号笔。

指导语：要儿童画一个家庭树形图，把家庭成员放入其中，鼓励儿童列出所有成员的年龄、自己与各个成员之间的关系和情感。

目的：这项技术有助于了解儿童如何理解自己在家庭中的位置。他可能遗漏某个家庭成员，或把自己画得离最喜欢的成员（如父母）最近。

技术：房屋设计。

材料：白报纸和蜡笔。

指导语：辅导教师画一幅房屋设计图，要求儿童指出家庭成员的位置和他们正在做的事情。

目的：这项活动可以洞察家庭成员的角色以及儿童如何讲述自己的人际交往环境。

技术：有裁剪出的可移动人物的主题壁画。

材料：壁画纸、素描纸、剪刀、蜡笔、彩色笔或记号笔、遮蔽胶带。①

指导语：儿童把剪下的画贴到群体壁画上，描述一个幻想的主题。辅导教师可以以这样的话开始："假如我们在学校里，老师不在，让人代课，班上学生会怎么样？""我们旅行到了一个遥远的星球上，我们会干些什么？这个星球会是什么样子的？"

目的：全体成员或者辅导教师可以提供很多幻想的情景，以提出任何与团队有关的东西。主题可能包括：分离、挫折、宽容、合作以及与同伴关系等。

这部分所提到的技术应整合到教师日常的辅导计划中加以运用，任何方法的选择和安排，还有绘画活动的选择，取决于特定儿童或团队的需要。"如果给予足够的行动自由，儿童会向辅导教师显示出他们什么时候准备好了从某种活动中受益。"（Denny，1977）

①指作画或喷漆时盖住不需颜色或油漆部分的护条。

第六章

让阅读成为美好享受

书籍、诗歌、游戏和其他艺术形式等都被用来表达人们的喜、怒、哀、乐，它们帮助人们思考和行动已经有数个世纪了。人类古老的文明早已证明：书籍能够提高人们的生活质量。底比斯图书馆的正门上方镌刻着铭文——“灵魂康复的良药”，这句话极好地概括了书籍的价值。长久以来，人们利用图书和故事来培养阅读的爱好，满足求知的欲望，进而提高生活质量。

现代人有一种感觉，读书好像不像以往那样有必要了，高科技的传媒取代了以往由书本提供知识的部分功能。这些传媒可以让我们知道这个世界更多的东西，但是，太多的资讯就如同太少的资讯一样，都是对理解力的一种阻碍。因此，书籍依然是获取资讯、增长理解力，特别是心智成长的重要载体。从这个意义上来说，今天我们更需要阅读。

不仅如此，利用书籍进行心理治疗也被广泛地尝试。“阅读治疗”这个词来源于希腊文“biblion”，意为“书”，“therapeio”意为“治疗”。阅读治疗又被翻译成“阅读疗法”“书目疗法”“读书治疗”等，在我国台湾地区被称为“读书疗法”。这种方法在我国大陆地区很少有相关的应用报道，因而缺乏必要的参考来源。

基于以上的认识，在前面几章的基础上，本章除了着眼于探讨阅读在小学儿童心理健康教育中的参与和渗透外，还大量参考现存西方的相关研究和临床资料，对阅读治疗方法在儿童心理治疗中的运用做一些讨论，以期引起国内研究界和教育界的关注和应用。

第一节

阅读——伴随儿童生命的自我成长

任何一个读了大量书籍的人，都能够想象一个在他面前开启的崭新世界。

——马尔科姆·艾克斯

充满阅读的童年时期能为一个人心智的广泛发展奠定良好的基础。在书的海洋里，儿童可以结交很多的朋友——他们的生活丰富多彩，他们对人友善而宽容。阅读可以让儿童认识世界，了解中华文化的丰厚博大，汲取人类优秀文化的营养；阅读可以开启儿童的智慧大门，发展儿童良好的个性，造就有灵性的儿童。

一、阅读：儿童生命体和知识生命体的对话

阅读教学是学生、教师、文本之间对话的过程。

——《小学语文课程标准》

好的阅读，也就是主动的阅读，不仅对阅读本身有用，对工作或事业有帮助，更能帮助心智保持活力与成长。让阅读渗透于儿童的成长过程，让阅读成为儿童的一种美好享受，是每一个教育工作者应该思考的问题。研究表明，儿童的阅读是自身生命与知识生命的对话，而这种对话又最终表现为悟感的展开与感悟的生成。

笛卡儿说："读一切的好书，就是和许多高尚的人谈话。"在对话中，被阅读的文本不是文字符号的简单集合而是一个有别于读者的他者，这个奇异的他者构成了一个尚未揭开面纱的神秘世界，这个隐蔽的世界充满了吸引力，他召唤阅读者的到场并与之展开无声的对话。这种对话过程，表现为文本对读者的"言说"，其实也就是读者对文本的"倾听"。真正富有意义的阅读，不是仅靠教就能实现的，而必须是让儿童自身的生命与知识生命不断地实现倾听与言说的统一方能达成。既然阅读是儿童生命体与知识生命体的对话，那么，这种对话何以可能呢？这就涉及对儿童与文本对话能力的充分肯定。

在事实层面上，如果不拿成人的标准对儿童做严格的苛求，那么就能发现儿童很善于倾听文本的言说，他们常常沉醉于文本的世界而忘物和忘我。儿童的阅读活动，正是通过文字所描述和揭示的感性形象获得了对意义的某种整体领会。如果说基于文字而对字、词、句、段、篇、主要内容、中心思想等进行分析和归纳指向的是知识的层面，那么基于文字而又通过文字去感悟文本的深层内蕴指向的则是价值的世界。这种感悟，是“以身体之，以心验之”，是将自己的生命置于价值世界之中，去寻求、体味并创造出深刻的意义和诗意的情感。同时，我们也应该看到，悟感是阅读的基础，阅读反过来也发展儿童的悟感能力，这是一个双向互动的生成过程。正是阅读，向儿童提供了大量的感悟经历，形成了丰富的感悟体验，这些经历与体验都丰厚了悟感的能力和生命的底蕴。

二、阅读的层次：通向幽深的曲径

不可忽视的经典：其实完全应该在一个大概念的“文学经典”下，引导青少年读儿童文学经典或者名著。孩子们不知道是我们成年人的失职。……现在对世界儿童文学经典的引进和推广也越来越多，我们希望推进的速度更快一点。

——梅子涵（上海师范大学教授、博士生导师）

读书与做人：做人很重要……善良是最关键的。但是，建立优秀的人生态度也是和阅读连在一起的，如果不经过起码的阅读就不知道世界有多大和人生的艰难。如果不知道这些，你就不知道善良的重要。

——余秋雨（著名文艺理论家、中国文化史学者、著名散文作家）

有计划地阅读：在进行有计划的阅读时，最初的阅读不要太难，在计划的开始可以看一些较浅的书，这样能方便阅读的进入，不至于因为起点太高而坚持不下去。读的书最好是原著，不要去读那种“改编本”或者“缩写本”……所以还是应该读“原汁原味”的作品。

——秦文君（中国福利会出版社总编辑、著名儿童文学作家）

阅读的收获程度取决于读者的主动程度与技巧。了解阅读的层次，掌握各层次关注的内容和需要具备的技巧对指导孩子的阅读意义重大。阅读一本书，要提出五个基本问题：整本书到底在谈些什么？作品细节说了些什么，怎么说的？这本书说得有道理吗？是全部有道理，还是部分有道理？这本书跟我有什么关系？读者越主动，对自己和书籍的要求越多，收获得就越多。

阅读分为基础阅读、检视阅读、分析阅读和主题阅读四个层次。基础阅读通常是在小学时完成的，是进入更高阅读层次的先决条件。检视阅读是一种训练有素的快速阅读。方法一为略读：快速地浏览诸如书名、序、目录、索引等讯息，随意翻读内文；方法二为粗读：读一本难读的书，必须从头到尾读完，不停地思索或查询任何不懂的地方，初步了解书的类别与内容。

分析阅读可分为三个阶段：

第一阶段是依照书的种类与主题来分类，用一个单一的句子，或一小段文字来概括整本书的内容，然后按照顺序与关系，将全书的大纲、各部分的大纲列出来，确定作者想要解决的问题。

第二阶段是探究一本书的内容，包括探究关键字，从最重要的句子中抓住重要主旨。主旨往往是书中重点论述的段落。在任何一本书中，有许多段落根本没有任何论述，需要你去架构，从这一段或那一段中挑选出句子，整理前后顺序的主旨以及组成的论述。你可以在书的空白处做上编号，再加上其他记号，把一些应该排序而读的句子标出来，这样架构一些段落就容易多了。在这项工作中，作者整理的摘要可能帮得上忙。读完整本书后，就能确定作者已经解决了哪些问题，哪些还没解决。

第三阶段是评论一本书。除非已完成大纲架构，也能探究整本书了，否则不要轻易批评。在评论之前，要区别出真正的知识与个人观点的不同，能证明作者的知识不足、知识错误、不合逻辑或分析与理由不完整之处。

阅读的最终目标是主题阅读。主题阅读所牵涉的绝不只是一本书，而是要知道应该读哪些书。在准备阶段，要针对要研究的主题，参考图书馆目录、专家建议与书中的书目索引，设计一份试验性书目，然后浏览这些书，找出最相关的章节，确定哪些与你的主题相关，并就主题建立起清楚的概念，接下来根据主题创造出一套中立的词汇，建立一个中立的主旨，列出一连串的问题，所有的作者或者大多数的作者都要能提供回答。然后，将作者针对各个问题的不同意见整理陈列出来。各个作者之间或之中，不见得一定存在着某个议题。有时候，你需要针对一些不是作者主要关心范围内的事情，解读他的观点，才能建构出这种议题。比较有共通性的议题，要放在比较没有共通性的议题之前，各个议题之间的关系也要清楚地界定出来。

阅读的四个层次循序渐进，环环相扣，后一层次包容前一层次的阅读技巧与能力，是完整的螺旋状阅读技巧。

余秋雨曾说："生命的质量需要锻铸，而阅读是锻铸重要的一环。"他还说："阅读的最大理由，是想摆脱平庸。"这种生命的锻铸，这种平庸的摆脱，是从儿童幼小的时候开始的，是在儿童学龄期间形成习惯的。伴随着儿童成长的阅读过程，恰如通向幽深的曲径，柳暗花明，不断把他们带向赏心悦目的人生美景。

第二节 阅读——有价值的治疗

通过书来治疗是一项古老的艺术，而且这种形式一直延续到了今天。阅读是自然而愉悦的，对于儿童了解自己的情感、思想和行为非常有帮助。阅读疗法可帮助儿童达到意识的更新，理解自我和他人，释放郁积感情和解决冲突，提高在间接经历故事中的情景时的问题解决能力，能够帮助儿童处理那些不能够改变的事件。

一、阅读：一剂疗治的良药

书一直是我的食品和饮料，书带给我安慰和帮助，书是我的安慰剂和兴奋剂。为了阅读，我宁愿放弃饮食。

——贵思·鲍德温

图书是一种非常有价值的治疗工具。读好书，可以从中得到希望、勇气和喜悦。作家刘鸿伏在《读书的心情》中写到：

失意时读书，书便是一剂疗治心病的好药。一个人难免为得失揪心，难免失意时多而快活得意时少。我从来就不相信，除了和尚或智慧家之外，凡夫俗子真的能摆脱得失二字。何况人生天地间，大抵不愿做平庸之人，不愿平庸，心中就占了得失二字，失意太过，就有了心绞痛，治理心绞痛，只有两味药：一是忽然得了意；二是全身心沉醉在书中。选一些轻松的书或者情节极佳的小说，当然也可以读点庄子或蔡志忠的漫画。读着读着，渐开三境：第一种境就是达到忘形，忘形就可以忘得失；第二种境就是从书中忽然悟出一些人生的哲理，对得失二字蓦然有了新的见解，此时心下便释然，轻轻松松，如卸重负，有一种豁然开朗之感；第三种境就是从书中找到与自身相类的人物际遇，然后看他是如何面对失意的现实，从中便可以学得反败为胜的本领。总之，书是疗心之药，是完全可以让失意的人生重新焕发出勇气和力量的，也是可以让你明了如何超越那份凡俗的痛苦，而升华了灵魂。名人说书籍是人类前行的金杖，这恐怕是不假的。

（刘鸿伏，1999）

作家说的虽然是成人世界的事，但书籍对人的抚慰和疗治作用应该是贯穿于人的整个生命过程的。和成人自主选择的阅读相比，儿童的阅读需要依赖成人的介入和引导。心理学研究也从多方面肯定了阅读治疗的作用和意义。

阅读治疗的价值：

■ 鼓励儿童自由表达出有时被压抑的问题和事件；

■ 帮助儿童分析与自我和他人有关的想法及行为；

■ 提供了一种轻松的方式来试验新的应对技巧和新的解决方法；

■ 在降低焦虑和提供情感释放的过程中促进心理放松；

■ 通过提供解决问题所必需的信息来教育和促进儿童积极思考。

阅读治疗可以充分体现儿童自己努力的价值，在活动过程中，儿童必须亲自去阅读、倾听、讨论、解释，并且表达出自己的体会，最后整合到自身。熟练的治疗者（包括教师、咨询师）主要起一种协助作用，扮演支持者的角色。阅读治疗应用于学校情境时，辅导教师更可能像一位团体的领导者，这位领导者与想达到教育目标或自我实现的学生讨论发展中遇到的各种各样的问题。阅读治疗还具有预防的特殊作用，可以用来发现学生的问题，加强其应对技能，并在问题发生之前加以预防。

二、过程：通往健康成长的路

从孩童时代起，我就酷爱读书，我所有的零花钱都花在了买书上。

——本杰明·富兰克林

阅读辅导与教师和家长指导儿童进行的日常性阅读，所涉及的过程大致是一致的：建立和谐互信的关系，了解不同成长阶段的冲突并选择适合的阅读策略，挑选合适匹配的书籍，关注儿童的体验。

阅读辅导和其他学校心理辅导的方法一样，涉及几个阶段，就像所有其他的疗法一样，关键取决于儿童与辅导者之间的关系。在建立了一种温暖而信任的关系之后，辅导教师需要评估儿童的冲突，并且确定采用个体辅导还是团体辅导。辅导教师更多地了解儿童并预习作品有助于将儿童与书籍进行匹配，这会很好地帮助儿童体验认同、宣泄和领悟，这些体验对于儿童的问题解决、成长和改变是必需的。

（一）建立和谐与互信的关系

进入儿童的世界，通过儿童的眼睛看这个世界。

正如开展其他的辅导活动一样，在阅读辅导中辅导教师首先也需要为儿童创设一种温暖而信任的氛围。教师在日常的教学和阅读指导活动中，也要创设一种温暖而信任的氛围。上海浦东新区沪新小学教师陈茜这样回忆她的阅读课：

每堂语文课下来，我总无法也不忍心立刻抽身离开教室，有时我是被讲台上待批的作业绊住的，有时我是为给个别学生辅导留下的，而大多数情况则是被孩子们一句“老师，您等一等……”给拽住了脚步。35分钟的课堂满足不了三十几张嘴巴，一下课，他们会顾不上上厕所，利用课间继续发问，而我的耐心、宽容、赞许更是助长了他们的“围追堵截”，我在重重包围之下乐滋滋地倾听，享受师生之间这种平等、宽容、互敬互爱的融融情意。我为他们的“一语惊人”啧啧称奇，为胆怯者大胆的表达频频点头，为他们学习、生活中的快乐与烦恼同忧同喜……在这个时刻，孩子们独特的见解、富有个性的说辞绝不逊色于课上，尤其是那些课堂上不会“抢风头”的被忽视的学生会展露令人意想不到的精彩。

记得有一次，我刚上完《野兔》这堂课，有几个孩子就迫不及待地向我发起了进攻，我耐心地为他们讲解着……正当拿起备课本，想要离开时，耳边传来一个轻轻的声音：“老师，您等一等！”我回过头去，让我诧异的是我班最胆小的黄非，平时连举手都不愿意的她，今天却主动来向我提问。看着她胆怯而又鼓起勇气的样子，看着她羞怯而又渴望的眼神，我深深地感动了。“老师，我觉得‘啄眼睛’这个词也用得很好！”我微笑着问道：“为什么呢？”她轻声细语地说：“因为兔子的眼睛如果被啄瞎，就没有办法逃了，老鹰很容易抓到它。”我鼓励地问道：“你说得真好，那说明老鹰怎么样呢？”她自信地说：“说明老鹰非常凶猛。”“对，也说明老鹰会选择兔子的弱点来进攻。”我摸着她的头，高兴地说：“你真会动脑筋，连老师都没想到的，你也想到了。”听了我的赞许，她的脸上露出了喜悦的神色，从她的眼睛里，我看到了自信，这不就是她缺少的吗？

课间十分钟对于我和学生来说实在太短，摆脱繁杂的事务，我希望有更多的时间来陪伴他们，做孩子们的好朋友、知心人……

（陈茜，2006）

为了与儿童建立一种和谐的伙伴关系，辅导者和教师必须深入了解儿童的个人发展情况，必须意识到并理解儿童的感受、情感和行为。这种投入意味着教师能真诚地关心儿童和他们的问题。除了这种意识，辅导教师还必须与儿童交流，这对于辅导教师成为一个有效的倾听者来说，是必需的。通过有目的地倾听话语及其含义，辅导教师才能够进入儿童的世界，并通过儿童的眼睛看这个世界。儿童和辅导教师之间的这种关系是随时间的发展而逐步获得的。

瑞安的个案

【情况简介】

瑞安，9岁，和母亲在一起生活的独生女，母亲28岁，母亲的男朋友托伊18岁。瑞安的父亲一年前死于吸毒过量。瑞安的母亲报告说，瑞安跟她的外祖母关系非常亲密，但不常去探望她的祖母，因为瑞安的母亲不喜欢她以前的婆婆。瑞安的母亲说道，瑞安尽其所能地讨好她的新男朋友，甚至叫他“爸爸”。瑞安的母亲认为瑞安仍然处在对她父亲死亡的应激调整中，瑞安的母亲也承认瑞安调整适应得“有点慢”，而且不能很好地适应学校。

表现的问题：瑞安由于在过去的半年里学习成绩突然滑坡而被送来接受咨询。对瑞安来说，阅读一直是个困难。瑞安四年级的老师说，她对学校没有一点兴趣，而且也不做任何努力去改变自己的现状。她的老师也很担心，因为她总是很悲伤。自从父亲死后，瑞安变得安静和退缩了，依恋老师而不愿与同学交往。老师说，瑞安最近来学校的时候常常不洗澡、不换衣服，同学们都不愿接近她。

瑞安的个案：咨询关系的建立

下面介绍的是第三次会谈，瑞安同意让咨询员读故事给她听。

咨询员：瑞安，很高兴今天见到你！在今天的时间里，你愿意我们一起做些什么特别的事情吗？（给孩子一点主动权，让她决定选择使用哪种物品）

瑞　安：你可以给我读一本书吗？

咨询员：当然可以。你想听哪本书？

（瑞安选择了《我不能说出来》，可能是封面上那个漂亮的姑娘吸引了她的眼球，也可能是那行小字“关于儿童性虐待”吸引了她）

瑞　安：我可以坐在你的旁边吗？

咨询员：当然，当别人读书时这是最好的位置。

（咨询员开始读这本文字优美的书，瑞安满意地坐在她的旁边。很显然，孩子喜欢这种温暖和关心）

（转引自：傅宏，2007）

（二）选择适宜的阅读策略

尽可能细致地认识儿童。

辅导教师首先要学会判断儿童问题的性质并采取不同的应对策略。针对存在于所有儿童中的普遍发展性问题，大团体指导读书活动也是一种很好的选择。在这种群体中，儿童能够谈到普遍发展的问题，包括像情感、友谊或价值澄清，而且它也适合于学校班级阅读辅导。

面对只有少数人经历的情景性冲突，辅导教师要确定这些冲突是不是一个需要立即解决的问题；此外，评估问题的严重性和对儿童综合功能的影响程度也是重要的；给儿童造成强烈影响的创伤性事件往往应当在个体评估活动中处理。最后，咨询者需要确定这种冲突是需要个别的还是团体的辅导，或者是否可以在一个大团体的活动中解决。

小团体讨论可以应用于讨论几个儿童共同关注的问题，小组要包括在年龄和发展水平上接近以及经历过相同类型问题的儿童。小学儿童可能更喜欢在一个同性别的团体中。辅导教师可以在对每个儿童都有所了解的基础上决定谁可能被纳入这个群体中。

一个六年级的小团体案例

下面是一个关于7名六年级小学生团体讨论的例子，这些学生最近都经历了家庭破裂。在处理涉及离婚事件儿童的小组辅导中，在美国有两本比较有针对性的书可以在治疗中使用：《离婚手册：孩子和家庭的向导》(Ives, Fassler, & Lash, 1985)；《变化的家庭：孩子和成人的向导》(Fassler, Lash, & Ives, 1988)。第一本书处理离婚本身的过程——恐惧、分离、法律问题以及伴随家庭破裂而产生的感情问题。第二本书处理许多类似的事件，但是增加了当离异的父母有了新的男朋友或女朋友时，或是再婚时，必要的调节措施。

讨论聚焦于离婚和分离的积极和消极面上。咨询员在《离婚手册：孩子和家庭的向导》中选择了一段作为讨论开始的指导语，“有些时候分离是一件很难讨论的事。要告诉别人自己的爸爸妈妈不住在一起了，绝非易事。”接着，咨询员问道，“你们还记得一些关于自己的父母离婚或分开的事情吗？”

儿童1：太难了。当我爸爸和妈妈分开时，我几乎死掉了，我根本不知道会那样糟糕，可能我并不知道所有的事。

儿童2：我爸爸和妈妈总是在打架。我不喜欢爸爸回家喝酒，然后跟妈妈打架。

儿童3：爸爸开始不回家时，我就担心会有不好的事情发生。他生我的气，因为我忘了把垃圾带出去。

咨询员：你们有的提到父母在分开前打了很多架，而且有的同学担心是因为他的错。还有其他人也担心是因为自己而导致父母离婚的吗？

儿童4：有的，一旦狗把家里弄得乱七八糟，我也忙得忘了去清扫的时候，爸爸就对我叫喊。我和妈妈哭着，他走了，没有回来。

咨询员：你认为这是你的错误？

儿童4：是的，如果我做了我答应要做的事情，他就不会走了。

咨询员：很多孩子都有这样的感受——如果他们做了这个或做了那个，父母离婚就不会发生了。这本书讲的是孩子不会导致离婚，孩子也没有能力维持父母在一起，你们同意这个观点吗？

儿童1：我原来以为我能够使他们在一起，但是我错了。父母离婚之后，有一次，我们都去参加一个婚礼，我爸爸邀请妈妈跳舞，我妈妈说："噢，孩子，我们将会复合。"但是，这根本没有发生。

儿童6：是我的错才使他们离婚的，我奶奶这样说的，所以我知道。

咨询员：你奶奶这样说的时候肯定伤害了你。

儿童6：是的，我感到很悲伤，因为在关于我的问题上他们争吵了很多次，我猜是我做了很多坏事。

咨询员：我们知道的事情，你的奶奶可能不知道。其实，孩子不会导致父母离婚，孩子也没有能力维持父母在一起。

儿童5：如果不是我的错，爸爸也可能会回来，我们又能够在一起了。

儿童7：我也那样做了。我希望我们能够重新在一起。但是，当妈妈把她的男朋友带回家时，一切都结束了。

儿童4：爸爸和苏结婚时，我不喜欢她，她也不像妈妈。

咨询员：父母再婚时，很多事情都改变了。关于父母离婚时产生的不良情绪我们已经讨论了很多。那么，离婚或再婚有好的方面吗？

儿童6：嗯，没有争吵了，而且现在妈妈跟我们玩的时间也多了。

儿童3：是的，现在没有那么糟糕。我仍然必须打扫我的房间，有时候我忘记了，但是妈妈不会朝我喊叫。我认为我不会喜欢一个继父。

儿童2：我的新家庭非常棒。我有两个哥哥和一个姐姐，而且圣诞节时我得到了更多的礼物。

儿童7：礼拜六见我爸爸时，我们吃了很多好吃的，而且我想要什么他就会给我买什么。

咨询员：听起来好像父母离婚了有快乐的时候，也有悲伤的时候。下一次我们将会讨论更多的关于这两方面的事。

(Geraldine Leitl Orton，1997)

(三) 寻找完美匹配的作品

了解儿童、认清儿童的冲突和预习文学作品是成功的阅读辅导的三个关键要素。

选择书籍就是为儿童寻找“完美匹配”。除了儿童的冲突类型之外，这种匹配还涉及儿童的阅读水平、年龄、性别和发展水平。另外，需要考虑的因素是儿童的个体能力、天资和他（她）的应对技能。辅导教师可以通过设计额外活动，如绘画、戏剧和其他一些艺术表现形式，增强阅读辅导的效果，这也可以充分利用个体的兴趣和特殊才能。

大多数的研究者同意这样的观点：了解儿童、认清儿童的冲突和预习文学作品是成功的阅读辅导的三个关键要素。

1. 了解儿童

阅读辅导像所有其他的辅导介入一样，依赖于辅导者的知识。这种知识包括儿童一般发展的需要和能够促进或阻碍儿童健康成长的特殊冲突（对此，本书的相关章节已有介绍）。除了考虑儿童的年龄、性别和发展水平之外，我们也需要评估儿童的人格优点和弱点。在儿童与书之间进行“完美匹配”时，指导者需要考虑儿童的经验、情感、兴趣、天资和技能。因为儿童的阅读兴趣明显与他们的年龄和性别相关，最好是选择主人公与儿童的性格特征相似的书。例如，一个曾经遭到叔叔性骚扰的8岁小姑娘很难在一个曾经遭到父亲虐待的男孩的故事中找到共同点。这种错误匹配会使儿童困惑，并且会严重地削弱故事的治疗效果。

了解儿童的阅读爱好、能力和注意广度有助于辅导教师选择合适的读物。例如，在美国曾经出版过一本名为《儿童情感问题处理指导》（Dinosaurs Duvorce, Brown & Brown，1986）的书，这本书通过对一个严肃主题的幽默描绘启发年幼儿童，帮助儿童对父母离婚给他们造成的一些问题进行自然而又不失坦诚的讨论。当然，了解儿童对冲突的认知以及评估他（她）的应对能力，能够帮助治疗者选择正确的书籍和最佳的治疗模式。大部分儿童所面临的普遍发展问题能够在团体中处理；当面对强烈的个人冲突，如虐待或父母酗酒时，则需要个别辅导。

2. 把握儿童的冲突

儿童正常发展的过程并不是完全平坦的，即使是适应良好的儿童也会出现倒退，重新出现旧问题。发展性冲突常发生在当儿童试图征服一定的发展性任务而受到阻碍时。一般情况下，大部分的发展性冲突都能自动解决，不会对儿童的发展造成严重的后果。年幼儿童所经历的一般发展性问题，包括与父母、兄弟姐妹和睦相处、了解并控制自己的感情、学会与同伴做游戏和分享、平衡自由的愿望与服从的需要、消除早期发展阶段中过于独特的行为（如乱发脾气、吮吸拇指、噘嘴等）。

到一定年龄之后，儿童还要学会与异性同伴相处、澄清个人价值观和态度、如何看待自己变得更加独立等问题。

情境性冲突，像儿童受虐和被忽视、家庭暴力、父母离婚或再婚、失去亲人等，这些可能对儿童的健康成长和发展构成更为严重的威胁。这时，辅导者要帮助儿童获得对某些与这类冲突有关的问题的洞察力，并且使儿童通过阅读疗法获得解决问题的能力和体现在作品中的其他更为广泛的技能。

最后，图书可以用来帮助儿童理解和应对一系列躯体的、情感的和学习上的障碍。有关儿童如何应对缺陷的故事和图书能够使所有的读者对他人产生同情和理解。

瑞安的个案：孩子内心的冲突、挣扎

咨询员开始给瑞安讲故事。

（故事详细描述了安妮的父亲如何触摸她的私密部位。安妮有三次试着想告诉她妈妈这个事实，但是，她妈妈对此不予理睬，甚至让她觉得不愿与父亲待在一起有种罪恶感。安妮开始向海边的一只白鸽倾诉她的感受）

瑞　安（叹了口气，但是什么也没说。读到这里，咨询员猜测瑞安可能像安妮一样，是性虐待的受害者。于是，她让瑞安选择是否继续听下去）

咨询员：还愿意让我继续读下去吗，瑞安？

瑞　安：是的。（轻轻地）我想知道安妮是怎么做的。

（咨询员读到故事中的妈妈希望父亲去找一份工作，但是警告安妮不许再说那件事，否则父亲会生气而离开她们。这使安妮产生了恐惧，她再一次向读者讲到她父亲对她做了可怕的事情，而且她开始尿床、做恶梦。（这时，瑞安说话了）

瑞　安：那样的事发生在我身上。（这代表了很多种意思。可能是说她也尿床或者是她也做恶梦，也可能是她妈妈的男朋友对她进行了性虐待）

咨询员：在你身上发生了一些事情，让你像安妮一样感到恐惧。（重新陈述，以便澄清问题）

瑞　安：是这样的，我受到了极大的惊吓，导致我妈妈总是说她不喜欢托伊不去工作，而且，我也不喜欢他和我待在一起而让妈妈去工作。

（瑞安的反应更加证实了咨询员对瑞安受到性虐待的猜测，咨询员暂时把尿床和梦魇的问题放到后面，关键是让瑞安谈谈性虐待的问题）

咨询员：你不想与托伊单独在一起，是因为他有像安妮的父亲一样的行为。

瑞　安：是的。（声音很轻，几乎听不见）

咨询员：托伊伤害了你，你又不敢告诉你妈妈事实。

瑞　安：是的，是的，他真的伤害了我，我不能告诉妈妈，那样他会打妈妈，而且她仍然喜欢他！

3. 预习文学作品

阅读辅导教师必须对儿童文学作品有所了解，尤其要熟知与儿童发展和情境性冲突有关的文学作品，并且在应用于阅读治疗和向父母、教师或儿童推荐之前，花时间读一下这些书。帕德克等人（1993）提出，辅导者应该选择那些真实地描述问题、列出一系列不同的方法、说服力强的图书。莫里斯·范恩（1979）建议，辅导者要觉察到书中所表达的冲突，也要觉察出作者的倾向。选择短故事比较好，因为它们易于阅读和回忆，而且可以“花最少的时间，读最好的书”。彩图多的书能提高儿童的兴趣，是阅读辅导的极佳选择。最后，选择适合儿童阅读水平的图书很重要，因为独立阅读与指导性阅读的效果是不一样的。辅导教师在开始时就应该寻求班主任老师的帮助，以确定儿童的阅读能力，并向图书管理员询问不同儿童读物的适宜阅读年龄。如果一本书超出儿童的独立阅读水平，最好把书的内容读给儿童听。

4. 阅读治疗中运用的书的类型

很多不同类型的书都可以用于咨询中，包括小说或非小说类写实文学、童话、绘画书以及自助书。以下是一些常用的阅读书籍：

（1）短故事或小说。小说描写了一种特殊的冲突，常常伴随着焦虑，这是阅读治疗的最佳选择。通过独自阅读或听人读，儿童能够认同虚构的人物，并对这些人物的困境表现出同情。同时，儿童也可以产生相应的领悟和自我理解，在儿童与治疗者之间形成一种信任的纽带，通过同情虚构人物，儿童能更好地理解和解决自己的冲突。

（2）自传或其他非小说类纪实文学。有些关于面临各种问题的儿童的非小说类文学读物也是很好的，这类书籍和文章在国内也已经有很多，比如关于收养、照顾脑瘫或孤独症儿童的书。若纪实文学与儿童读者的性格特征和情况非常符合，儿童就能认同故事中战胜冲突、困难或阻碍的小孩。当然也要注意到，带有文学色彩的纪实性文章也有可能会使儿童对自己处理类似事件的能力产生不切实际的期望。

(3)自助书。长期以来受成人读者喜爱的自助观念现在在一些国家中已经开始出现在儿童文学作品中。譬如，在美国曾经出版过一本这样的书，用来帮助青少年不再吮吸拇指，书名为《不再吮吸手指》。因为这本书包括自助书的所有基本要素，所以它可以用于治疗有类似问题的儿童。遗憾的是，目前，国内还没有出现这类书籍供读者使用。

(4) 童话故事。近年来，国内的许多童话中包含了一些暴力和模式化的内容，尽管如此，童话仍然是儿童喜爱的。童话以简明的手法描写出影响到儿童的一些困扰和恐惧，譬如黑暗、陌生人等。童话总是能够提供一种方式，让儿童把生动的想象力作为解决自己现实生活中问题的手段。

(5) 图画书。儿童最喜欢看的书是只有极少数文字描述却有大量生动彩色图片的绘画书。这类书，通常反映了主人公的思想和感情，儿童可以根据自己的经验去解释。儿童能够把他们内心的感情和感受投射到书中的人物身上，以一种没有威胁的方式来缓解内心的冲突。这类书为儿童提供了一种安全的方式，使他们可以在个体或团体辅导中自然地讲述自己的故事。

(四) 关注儿童的内心体验

讨论某一本书，做一些延伸活动，能够帮助儿童洞悉他们自己的思想、情感、价值观和行为。通过与书中的人物产生共鸣而获得领悟，儿童通常能做出有利于化解冲突和改变态度或行为的决定。而从文学阅读课堂来说，著名作家张炜认为最理想的文学课堂是“文学的盛宴”。

> 我觉得文学教育到了彻底改变面貌的时候了，变成什么面貌？除了一些文学基本常识这些技术部分之外，课堂分析、由分析产生的一个又一个结论是不应该太多的。最好的文学课就是把它办成一个文学的盛宴，即成为一堂集体欣赏课。尽可能地诱发每一个体验者，让其个人经验复活，活生生地、一个一个地从群体中分离出来。这样做的目的是让具体的生命有具体的感动，而不是把大家的感觉搅和到一起，模糊化和统一化，或得出一个最大公约数。文学欣赏是一次充分激活，是一次呼唤，以此求得千

姿百态。在这个文学盛宴上，关于文学的理解不再是上对下、高学历对低学历，而是互相启示，没有什么固定的方向。老师不是一个传授语文和文学知识的人，而是一个提供更大空间的主持人。他是一个诱导者、组织者，是司仪，更是一个文学盛宴的布置者和发起人。他更多地撩拨和鼓励，有更多的热情。他不是一个导师，尽管他可能80岁了，也不见得比一个6岁的小孩对文学的某个方面感触更深。他是一个“人”，所以，他不会像猫一样好奇，像狗一样冲动。因为各种生命本质就是不同的。他明白，要淋漓尽致地体验和表达，就要尽可能地把这个盛宴上所有的能力、所有的可能性全都调动起来，从而形成极其活泼、极其冲动的局面，一瞬间让生命中最敏感的因子飞扬起来。感动、愤慨、回忆、痛苦、整个“合谋”所需要的这些因素全部焕发出来了——这才是一堂真正的文学课。如果文学课离开了这种状态，文学也就真的不可以教学了。

（张炜，2004）

儿童阅读或倾听故事时，他们会经历认同、宣泄和领悟。

1. 认同

如果儿童和书匹配得好，儿童就能同感主人公，也可能同感主人公的家人和朋友。如果儿童与主人公有很多相同的特点，如年龄、性别、种族、感情和困扰，儿童就会把自己想象成故事中的人物。这种同感的结果就是，儿童开始间接体验故事中人物的动机和冲突。通过作品产生同感是要达到一些辅导目标，包括提高儿童读到别人的困扰时意识到自己的问题的能力，同时培养他们在脑中预演解决方案而不受干扰的能力。

由于同感，儿童开始分享故事中人物的动机和冲突，而且故事也会成为他们个人经历的一部分。儿童同感故事中的人物，通过这些人物想象自己也体验着相同的情感、思想、决策和行为。这个过程对于领悟和宣泄是必不可少的，而宣泄和领悟最终导致问题解决和积极的改变。儿童能够想象出可供解决的方案，就像故事中的人物那样去解决问题和冲突。

2. 宣泄／净化

儿童同感了作品，他们就能够体验到情感宣泄。这种心理上的放松通常发生在故事中的人物解决他们的冲突时。当人物成功时，儿童的紧张缓解了，就像儿童身临其境体验了这种成功一样。另外，儿童逐渐领悟人物的体验，并认识到自己的冲突是可以被理解的。当紧张的情绪在其他条件下找不到出口时，从某种意义上说，作品鼓动的情感宣泄就是一种自由的体验，允许儿童有表达的机会，哪怕是很短的时间。儿童这种紧张的缓解为澄清和领悟铺好了路。

3. 领悟

通过同感和宣泄，儿童逐渐了解自身的思想、感情和行为，也能更清楚地了解别人的行为。通过阅读，儿童能更客观地分析自己的问题，通过同感把感情、思想和活动投射到书中人物身上，儿童能够从精神上进一步远离自己的困扰，并且集中注意力于书中所描写的内容，这使得儿童对书中人物的问题与他们自己生活的关系有一个深刻的认识，并获得了对自己的冲突的领悟和理解。这样的分析常常使儿童对自我有了更好的觉察，并对自我与他人的关系有更深层次的理解。领悟使儿童改变了对世界的感知，并增进了更多富有成效的行为。

瑞安的个案：认同、宣泄、领悟

咨询员：托伊伤害了你和妈妈，虽然是以不同的方式。我们来谈谈他是怎么伤害你的。

瑞　安：他等我妈妈上班以后，进到我的房间，说要给我盖被子……他摸我的背……把睡衣拉到我的脖子上，摸我的全身。（开始抽泣）

咨询员：（咨询员等着孩子，直到她能够继续）很久以来你一直受到伤害，现在你告诉了别人，这很好。

瑞　安：不止这些……（抽泣）他……

咨询员：他做了其他更加伤害你的事。

瑞　安：是，是，有时他把他的手指放进我的嘴里，我尖叫哭泣。他说如果我说出去他会杀了我。（抽泣）

咨询员：（等待孩子，让她把受到的伤害和愤怒释放出来。在咨询员采取必要的步骤来保护她和她的妈妈之前，最好让孩子完整地讲出她所经历的恐怖事情）

咨询员：你保守着这个秘密，因为你害怕托伊会杀死你或者你的妈妈。

瑞　安：（点头）是。（抽泣）有一次……（欲言又止）一次……我不能说。

咨询员：好吧，没关系。如果你想说，可能它也需要被说出来。（孩子冒出了另一个问题，希望有人能让她做出解释。相信孩子对建立信任是重要的。通常孩子不会在像性虐待这样严肃的事情上撒谎）

瑞　安：好吧……一次，托伊拍了一段录像……

咨询员：在他伤害你的时候，他把这段情景拍了下来？

瑞　安：（抽泣）是的……我不想去学校，但是妈妈非让我去。你认为她知道吗？（遭受性虐待的孩子通常担心的一个问题是学校里的每一个人都会知道性虐待的事情。他们常常觉得自己很脏，因而故意忽视个人卫生。"你认为她知道吗？"当瑞安这样问的时候她就进入了另一个领域。许多受到虐待的孩子都会怀疑他们的父母是知道事情真相的，却不能保护他们不受伤害，或者更糟的是，他们的父母对虐待视而不见。现在的首要问题是她的妈妈了解多少）

咨询员：你是在问我你妈妈是否知道有那段录像吗？（咨询员猜测瑞安非常担心她妈妈对虐待的事实知道多少，而且害怕妈妈可能已经看到那段录像了）

瑞　安：是……

咨询员：你是怎么想的？你认为妈妈知道了吗？（努力去弄清孩子的感受）

瑞　安：我不知道。……有一次我听到他们在吵架，听到妈妈说"如果你再碰她，我就让你进监狱"。

咨询员：所以，你认为你妈妈已经知道发生了什么，却没有让他离开。

瑞　安：是，因为她害怕他会打她！他已经这样做了很多次了。有一次，他说他会在进监狱之前杀了她。（孩子现在陷入了一件可怕的事情里面，就是如果施虐者受到惩罚，她害怕他真的会威胁到她）

咨询员：因此，即使你妈妈知道发生了什么事情，至少是知道了一点点，她也不敢把托伊赶走。

瑞　安：是的，这都是我的错。（抽泣）

咨询员：瑞安，你没有一点错。你只是一个孩子。这是成年人做的，他应该受到指责，而不是你。（偏离事实，受虐待儿童通常会因为发生在

自己身上的事情而责备自己）

瑞　安：我知道……我只是猜想。

4. 问题解决

阅读治疗允许儿童“看到解决问题的方法，却没有繁琐的语言、对抗和解释，所有的策略对于成功的治疗来说都是关键性的”（Pardeck，J. T.，& Pardeck，J. A.，1993）。儿童在治疗者的帮助下，首先能够同感书中有类似困扰的人物，看到人物是如何解决问题的，最后意识到自身问题可能的解决方法。问题的解决和态度、行为上的改变是一个渐进的过程，依赖于领悟的发展。这个过程不能够太快，并且要求治疗过程中的所有阶段都能顺利完成：与儿童建立一个融洽而相互信任的关系，了解儿童，并理解其冲突的性质，在书与儿童之间达到“完美匹配”，而且给儿童时间，让他们间接地体验书中人物的动机和冲突。态度或行为的逐渐改变是可观察的，如同儿童发展领悟力一样，通常需要很长一段时间。

瑞安的个案：问题的解决

咨询员：瑞安，由于托伊以这样一种恶劣的方式伤害了你，所以，我必须把这样的事情告诉那些保护孩子的机构。还记得吗？当第一次开始我们的谈话时，我说过，如果你真的受到严重的伤害，我必须告诉别人。

瑞　安：记得。

咨询员：好，这算是一次。现在，我去告诉那些保护孩子的机构，这样，你和你的妈妈就不会再次受到伤害。（按照美国的法律和心理咨询治疗专业守则，咨询员有权而且在这起案例中必须通知有关当局或警察。咨询员必须了解正确的呈报程序，而且必须在儿童保护机构的工作人员到来之前保护好孩子。官方有权知道谈话的所有内容，包括那盘录像带）

瑞　安：（又开始轻轻地哭泣）

咨询员：瑞安，你还在担心着一些事，是什么？

瑞　安：我会离开我妈妈吗？

咨询员：我不敢确定，但是通常发生这种事情的时候，孩子是与妈妈或奶奶呆在一起的（提到奶奶时，孩子的泪脸上露出一个微弱的笑容）。离开你们家的是托伊。（尽可能真诚地回答孩子所有的问题，让孩子觉得

有的成年人是能够信任的)

咨询员：你不需要再把你的感情隐藏起来。任何时候你都可以跟我说任何困扰你的事情。(孩子没有机会表达她经受的严酷考验的所有细节，也没有机会表达她受的所有伤害和愤怒的感情。让孩子知道她仍然有很多其他的机会去表达，对孩子来说是有益的)

瑞　安：好的，即使我跟奶奶生活在一起，我也会来看你的。

咨询员：我会很高兴看见你（一个充满安慰与支持的拥抱)。在我们等待地方儿童保护组织的人来时，你愿意玩一个有趣的游戏吗?

瑞　安：好的。

5. 延伸活动

对于有的儿童来说，让治疗者读给他们听已足以让他们体验到阅读疗法的所有治疗效果。比如，倾听儿童的语言反馈，观察儿童的行为和面部表情，将会给治疗者提供重要的线索，即关于故事是如何影响儿童的。然而，有的儿童在延伸活动中需要更多的帮助和鼓励。这种延伸活动将会唤起更加深入的讨论，并且帮助儿童发现解决冲突的办法。

一些其他的治疗策略也可用于配合阅读治疗，这些包括艺术治疗、戏剧、木偶戏和娃娃剧等。读完之后或者开始读时，儿童能够口述一个故事，并给故事说出一个不同的结尾，给故事中的一个或多个人物加一个字母代号，或分角色扮演某一故事情节。通过利用各种艺术材料，儿童能够创作出拼图、图片、雕塑等，从而使故事中的人物与他们自己的生活密切相关。手工制作的木偶和有场景的木偶剧也可用于这些辅助活动。辅助活动的数量和种类可以根据儿童的想象力以及治疗者尝试使用这些不同技术的意愿来决定。

第三节
阅读治疗书目介绍

我们期待有一天有一个真正适合中国儿童的阅读治疗书目。这是一项具有开创意义的工作。

由于目前我们国家还缺乏比较系统的精心组织的可供阅读治疗使用的书籍，所以，本节推荐的作品均来自国外相关领域的研究。这些优秀的著作可用于儿童的个体咨询和团体辅导，它们中有许多可以作为我们选择国内类似书籍时的一个非常不错的参考。这个书单分为5部分：

(1)“关于成长”部分，包括的书是关于所有的儿童在成长过程中经历的环境和人际关系问题的。

(2)“普遍发展问题”部分，包括可能或者不可能成为困扰的思维、情感和行为问题。尽管这些潜在的问题通常达不到需要治疗的程度，但是这些书可用于预防和发展性的咨询。

(3)“理解父母和家庭”部分，包括所有不同类型的家庭以及儿童，在适应这些家庭时遇到的一些困难。对于今天的儿童治疗者来说，帮助儿童理解和应对发生改变的家庭配置和生活安排是必须具备的一个重要功能，这个书单列出的书对此会有所帮助。

(4)“童年危机”部分包括许多关于儿童虐待、药物滥用、暴力、慢性疾病和死亡方面的非常优秀的书，涵盖了从1990年到现在这方面最新和困扰的话题的所有儿童书籍。

(5)“应对缺陷”强调残疾中的“能力”，讨论了很多让儿童受到身体上、精神上、情感上和学习上的障碍挑战的话题。

这些内容也可以成为今后建立中国儿童阅读书目的一个有价值的参考。

一、关于成长

所有地区的儿童都与新生儿的出生、和弟弟或妹妹的关系、被家庭爱和保护这些事情有关。除了他们的家庭，儿童忙于弄清楚他们是谁以及怎样去适应外部世界。像我们所有的人一样，他们渴望友情、爱和别人的尊重，渴望作为他们自己而被接受。这些只是我们所找到的书中极少的一部分，标注了这些一般的、非常基本的人类问题。

巴尼什（Banish，R.）的《我想和你说说我的宝宝》（1982）这本书，叙述了一个小男孩如何面对他妈妈的怀孕和生产过程、新生命需要的照料和他对小弟弟的感情。精美的相片有助于父母告诉小孩子生命的奇迹，也给了孩子一个机会去表达他们对拥有一个新生儿的感情。

二、普遍发展问题

在儿童成长和发展的过程中，他们学会与别人合作。在这个部分的书目中，列出了一些儿童在完成这些目标时所遇到的困难。许多书的表述方式是充满爱和幽默的。许多父母和教师所担心的思想、情感和行为有可能会发展成为需要纠正的问题。然而，父母、教师和咨询者需要帮助儿童处理发展性困难，帮助他们以健康的方式继续成长、发展。

贝里（Berry，J.）的《儿童处理分歧手册》（1987）这本书，详细介绍了儿童可能面临的一些不同观点和由此引发的争论；对策划一个俱乐部聚会的每一个细节都配有卡通图片说明，提供了解决冲突的一些方法和步骤。

三、理解父母和家庭

正如在前面章节中讨论过的那样，现在的许多在家庭中成长的孩子，对像《留给海狸》这样的美国20世纪50年代的情景喜剧缺乏理解。即使是描述混合家庭的电视剧，像《维尔顿夫妇》，也倾向于掩盖不同的家族群体所固有的一些矛盾、冲突。实际上，儿童生活在不同的家庭结构中，如有养父母、离异父母、单亲家庭、继父母、祖父母、同性恋父母或者是无家可归的父母。他们需要明白，别的孩子也生活在类似的环境中，在任何一种类型的家庭中生活都有利有弊。下列书目描写了不同生活类型的家庭。

1. 收养家庭

安德尔森（Anderson，D.）和芬恩（Finne，M.）所著的《杰森的故事：进入领养家庭》（1986）。这本书讲述了当杰森还是婴儿时，他的十几岁的妈妈抛弃了他。因此，他被寄养在一户家庭中，那家人待他如亲人一般。到两岁时，他的亲生母亲把他带走一起生活，但不久孩子就受到虐待，结果，法院又把杰森安置到另一户家庭中。他感到非常伤心和孤独，而且认为自己是个坏孩子。在杰森向他妈妈求助之后，他又和妈妈生活在一起了。

2. 无家可归的儿童

邦廷（Bunting，E.）的《远离家庭》（1991）一书则讲述了另外一个无家可归的孩子的故事。机场是安德鲁和他爸爸唯一的家。尽管这个家比在街上要温暖和安全，安德鲁还是渴望妈妈去世之前那样的生活。他希望有一个自己的家。这个悲惨的故事讲述的是希望，但是结局并不美满。该书文字优美，是所有孩子的必读之物。可用于团体辅导以促进儿童对流离失所的理解。

3. 单亲家庭和再婚家庭

博伊德（Boyd，L.）的《山姆是我半个兄弟》（1986）一书讲述的是一个涉及再婚家庭的故事。当海森的爸爸和继母有了孩子之后，海森就担心新生儿会抢走父母所有的注意力。慢慢地，海森发现她并没有被取代，事实上，她也开始喜欢山姆了。这是一本欢快的书，描述的是继子与继母之间的关系，帮助孩子识别重组家庭里儿童的一般情感。

四、童年危机

正如在前面章节中讨论过的那样，21世纪的孩子面临着各种各样的危机处境。许多危机是由来已久的，像儿童虐待；其他一些是在相对较近的时期才出现的，如校园暴力或者艾滋病。在所有影响儿童的危机中，最具破坏性的是儿童虐待，这是造成许多长期问题的根源，关于这些问题，一个专业的咨询者或治疗师几乎每天都会遇到。对儿童的虐待可以直接联系到其他的危机，像父母滥用毒品和家庭暴力。家庭内部针对儿童的暴力延伸至学校、邻里和社区，影响到每一个人。这部分的书涉及暴力危机和体现在死亡、自杀、疾病上的缺失危机，包括艾滋病。

五、应对缺陷

有些书介绍了儿童在面对障碍中的能力。许多故事描述了有着视觉或听觉损伤、脑瘫、脊柱裂、唐氏综合征和智力缺陷的儿童。注意缺陷与多动障碍是童年期最常见的一种障碍。许多这方面的书也可以对儿童有很好的启发作用。此外，一些关于学习障碍方面的书、关于各种类型精神疾病方面的书也是不错的选择。这些书使儿童获得了关于不同类型的障碍的信息，也帮助儿童找到了求助和处理的办法。

六、关于咨询本身

最后一部分书目是告诉儿童，当他们去看心理医生时会发生什么，特别是在儿童咨询诊所的等候室里准备这方面的儿童读物是相当好的。

第四节
小学儿童阅读活动中的心理健康教育渗透

书让我们震惊，让我们烦恼，但是最终，书总能带给我们乐趣。书磨炼我们的洞察力，给我们的想象力插上翅膀。书总是便宜而有价值的寓教于乐的好工具。

——费思·鲍德温

对教师而言，书就像通向儿童心灵世界、了解儿童自我的一扇窗户，书能够提供有价值的信息，提供更多的可采用的处理方法，帮助阻止一些问题的发展。读书疗法与发展性咨询框架很吻合，读书咨询可以在预防中起到独特的作用，可以用来帮助儿童克服在成长中遇到的一般问题。正因为如此，读书疗法在西方，是受到众多实践者特别青睐的一种方法，几乎可适用于各种儿童。作为教师，我们也应该在儿童的日常阅读活动中渗透心理健康教育。

一、小学儿童阅读活动中心理健康教育渗透的优势

书籍可以使我们在家中愉快，在外边没有阻碍；与我们同行，与我们乡居。

——西塞罗

语文教学是小学儿童阅读活动的重要载体。在语文教学中，渗透心理健康教育的内容越来越被研究者，特别是一线从事语文教学的中小学教师所认识到，并且在教学实践中尝试运用。他们认为，和其他学科相比较，语文学科中的阅读活动有着其他学科和活动所难以取代的优势。

1. 文本优势

语言是文化的载体。一篇好的作品本身就是一个成功的心育材料，有足够的感染力吸引读者，而阅读者的体悟过程，是在用自己的心灵去衡量先贤的智慧，是读者心灵与先贤的沟通。正如读《史记》而知厄运创造天

才，读李白诗方知洒脱后方有才情，读“万里江山”心灵自然不再狭隘，读“碧草依依”情感自然不再粗糙。

2. 能力训练过程中的优势

语文的基本能力包括“听、说、读、写”。教师结合文本进行相关语文能力训练，是调动学生积极思维的过程，也是引导学生“倾听他人、表白自己、品味社会人生、书写灵感体悟”的过程。学生的心理困惑经由各种方式得以缓解。往往看似与己无关的话题在不经意间却能成为一个心灵的闸口。“说”是对别人的评价，也是对自己价值观、世界观、处世心态的检阅，当一个学生真诚地说出自己的看法时，他心灵的自由就能得到满足。“写”是指各类写法，包括语段、作文、日记式的随笔，学生在成长的特定阶段可能会产生内向、渴望深思、把自己同周围对立起来的心理特征，如果诸多想法无法与人言谈，那么“写”就是一种很积极的宣泄方式，它能够使学生更快地从心理困惑中解脱出来。可以认为，语文能力训练过程也是一种心育过程。

3. 自然交流的优势

语文艺术的一大魅力就在于可以负载很多情感和思想。作为语文教师，无论是从文本教学还是从能力培养出发，都必将与学生产生广泛的语言交流，无论是课堂对话的三言两语，还是作文批改时的言简意赅，或是关于作品、人生的倾心长谈，都是教师将心比心、春风化雨的良机。如果说心育是对心灵的关注，那么，当我们倾注了真诚与爱时，孩子们的心灵自然会敞开，接受健康的影响。

（张萍，2004）

语文教学崇尚“文道合一”，内容丰富多彩，形式多种多样，很适合渗透心理健康教育，送给学生心灵的阳光。新的语文课程标准明确提出：“应让学生在主动积极的思维和情感活动中，加深理解和体验，有所感悟和思考，受到情感熏陶，获得思想启迪，享受审美乐趣。”“要珍视学生的独特感受、体验和理解。”阅读教学一度存在着严重肢解化模式的弊病，即把阅读教学活动建立在对作品中心和主题的唯一追求上，将阅读作为一种单方面的对象性阐释，而无视学生与课文“知音”化的交流体验活动，使教材文本失去了生命的活动，成为概念化抽象和逻辑推理的刻板尺度，直接影响了阅读教学的质量和效率，当然也不能充分彰显语文学科阅读教学参与心理健康教育的优势。

二、阅读教学中心理健康教育渗透的实践

目前，阅读教学的基点正在从对教材文本的概念化分析转移到整体性感知和创造性理解上来。这就为我们在阅读教学中渗透心理健康教育提供了依据和途径。语文课本中的课文包罗万象、五彩缤纷，教学类型多种多样。教师可以针对不同的阅读教学类型，渗透心理健康教育。

小学二年级有一篇课文讲述了一个动人的故事：一场暴风雨过后，成百上千的鱼儿被卷上岸，在水洼中挣扎。一个小男孩在岸边尽可能地将它们扔回海里，挽救着它们的生命。一位先生见了，对他说：“这水洼里有几百几千条小鱼，你救不过来的，再说，谁会在乎呢？”“不！”小男孩没有停手，“这条在乎！这条也在乎，还有这一条、这一条、这一条……”

上海市浦东新区御桥小学的陈慧敏老师在执教《这条小鱼在乎》这篇课文时，是这样来引领学生感悟生命的：

“是的，小鱼在乎！”

教学中我抛出了一个问题：“这条小鱼在乎什么呢？”学生们全都高举小手，伸长脖子，唯恐轮不上自己发言：

“小鱼在乎的是小男孩救了自己的命。”大个子李航不紧不慢地说。

“小男孩就是小鱼的救命恩人。”晴晴插嘴道。我边听边点了点头，把目光转向更多举着的小手。

这时，我班的快嘴小钺脸憋得通红，手快要举到我的鼻子底下，嘴巴里的答案快要脱口而出了！我牵住他的小手，示意他回答。“老师，老师，我觉得不能扔这些小鱼，小鱼太小了，要轻轻地放……”

“哦，为什么呢？”我意识到这个回答很“突然”，马上想到它对加深课文主题理解是个好机会。于是，我想搂住他的肩膀，示意他继续发言。也许有点难为情，他避开了，接着往下说：“如果小男孩扔这些鱼的话，

说不定不仅救不了小鱼，还会把鱼摔死的……”我始终耐心地倾听着他的回答。

接下来，我把话题一转：“如果你是这条被小男孩拯救了的小鱼，你会对他说些什么？”学生们的思维又一次被激活了：

“谢谢你，恩公，你救了我的命。”

“不对，不对，恩公是对大人的称呼，应该叫他恩人。”

“如果小男孩的戒指掉在水里了，小鱼会帮他捞起来。”君君的回答多么有想象力！“这就叫——”我拖长了声音，微笑地注视着孩子们，等待着他们的回应。“这就叫知恩图报！”学生们几乎异口同声地回答。

“谢谢你救了我的命，可是我的兄弟姐妹他们还在那里没人救，你快救救他们吧！”

“我有个更好的办法救小鱼，拿个水桶多抓几条，再一起倒进大海，这样会快很多。”

“我看还是开一架直升飞机，用飞机来救。”

“还是叫更多的人来救，那位先生，或者海滩上其他的人。”

……

我还是微笑着，和大家一起倾听着，我始终是一名倾听者，等每一个孩子把话说完。此时此刻，我对学生体会不出文章主题的担心已荡然无存，留在心底里的是一种感动：只要改变自己在课堂上的“地位”，让出“舞台”，从倾听学生开始，在倾听中让学生创造出五彩观点，让学生在课堂上感受到自由、开放的氛围，体会到被关爱、被尊重的感觉，这样即使“耽搁”更多时间也是非常值得的。你说，对吗？

（陈慧敏，2006）

传统课堂中关于文章主旨、人物性格的理解其实都是进行心理健康教育渗透的良好契机，只是对心理教育的重视程度不足，教师不能从细微心理变化处着手进行恰如其分的渗透，使得一些理性的思考僵化，导致学生厌学。因此，在新课改中，教师要努力寻找合适的“度”，力求处理好“显”与“隐”的关系：一方面要设法增强目标性，使学生能走出自我中心的圈子而进入教师精心设计的心育氛围；另一方面还要保证“了无痕”式的轻松与自由，避免因刻意而引发的逆反心理。要注意文本的选择与改造。恰当的文本是进行心理教育的前提，因此，教师要充分发挥主观能动性，既要注意到已有文本的心育价值，又要用独特的视角选择新文本，还要注意结合教学的实际需要对文本进行加工改造。

创设民主和谐的教学平台，渗透心育的理念。民主和谐、自由愉快的课堂氛围有利于心灵与心灵的撞击，有利于学生心无芥蒂地去体验积极情感，进而形成自己乐观开朗、坚韧奋进的心理取向。教师要注意课堂的语言、行为艺术，甚至连一处微笑、一句评语也不可轻视。

一次，在执教《乌鸦和狐狸》这篇课文时，按照教学要求，我在屏幕上打出字幕：狐狸叼起肉钻进洞里，乌鸦心中会想……我对学生说："小朋友，让我们来想一想，当狐狸叼起肉钻进洞里时，乌鸦会想些什么呢？"

学生们稍加思考后，纷纷举起了胖胖的小手。陈佳琳说："乌鸦伤心极了，心想：唉！都怪我爱听好话，才会上狐狸的当。"

秦嘉颖说："我就是喜欢听甜言蜜语，才上了狐狸的当，我一定要记住这个深刻的教训。"我正想总结："同学们说得真好！"我班的毛凯珏同学举起了手，他不但是个"皮大王"，而且是个"小后腿"。我要请他回答吗？望着他渴望的眼神，我微笑着对他说："你说！"毛凯珏清了清嗓子说："从小到大，每当我在练歌时，没有一个人夸我；每当我展翅飞翔时，没有一个人夸我。今天我终于听到狐狸夸奖我了，我特高兴！我再去找一片肉来！"

听了毛凯珏的回答，教室里传来了阵阵哄笑，我的心里不由自主地微微一颤。是啊，每当毛凯珏成绩不理想时，每当毛凯珏调皮捣蛋时，我虽然没有过多地批评和责怪，但确实对他缺少鼓励，他的话不正说明了这一点吗？

我定了定神说："要是狐狸再向乌鸦说同样的话，那片肉还会再被狐狸骗走吗？"毛凯珏笑着说："乌鸦不会上第二次当的。""同学们，从大家的答案中，我知道你们已经领会了寓意：爱听好话，容易上当。当然，毛凯珏的答案跟大多数同学不一样，但是，他的答案是充满想象力的。这也说明了毛凯珏同学善于思考，只要他保持下去，他的成绩一定会提高的！"笑容写在了毛凯珏的脸上。……

（吕毓华，2006）

即使是在教古诗词时，有心的教师也不会错过引导孩子的机会。例如，让学生在背诵理解的基础上谈谈喜欢哪几句名句以及为什么喜欢。有的学生说喜欢杜甫的“好雨知时节，当春乃发生。随风潜入夜，润物细无声”，理由是春雨悄然无声地滋润着万物，知时而降，是那么懂事有心、遂人心愿。这时，教师就可以点拨渗透：“春雨绵绵，无声无息，轻柔湿润，应时而生，我们就这么喜爱它。那么，春雨给我们什么启发呢？与人相处时，怎样才能让人喜欢呢？如果你周围的人遇到困难时，你及时地出现在他的面前，给他和风细雨似的安慰、鼓励，使他走出困境，解决困难。你的善解人意多么像春雨，你周围的人一定会像喜欢春雨似的喜欢你。可见，与周围的人相处时要学习春雨及时地帮助人，让你的诚心诚意化解周围的人心中的阴影，让周围的人在不知不觉中悦纳你。”就这样，在教学《春夜喜雨》时，教师很自然地渗透了正确处理人际关系的心理健康教育。

三、家庭阅读 分享美好生命

北京师范大学教育学院刘焱教授认为，婴幼儿凭色彩、图像、成人的言语以及文字来理解以图为主的低幼读物，以及与所有视听活动有关的行为都是早期阅读（刘焱，2006）。它是一个融观察、记忆、思维、表达等多种认知于一体的综合过程。早期阅读是儿童接触并运用书面语言的机会，是儿童发展语言和元语言能力的机会，是儿童掌握词汇构成和文字表征的机会。对于年幼的儿童来说，只要是与阅读活动有关的行为，都可以算做阅读。比如看电视、看图画、听讲故事、看路边的标示牌等都是阅读活动。首都师范大学的吕绘元在其硕士学位论文《家庭早期阅读影响因素及其策略研究》中提出：

> 家庭早期阅读的重要性体现在以下几个方面：
>
> (1)家庭早期阅读能够激发幼儿的学习兴趣。幼儿认识世界的能力是有限的，我们不需要、也没有必要让幼儿事必躬亲。早期阅读使幼儿的生活和学习范围逐渐扩大，使他们认识到自身经验、经历以外的世界，掌握人类的文化与知识。通过幼儿与文本的直接对话，与作者的间接交流，使幼儿超越了面对面的口头言语交流的范围，激发他们探索未知世界的好奇心和兴趣，展开联想，使幼儿对事物的认识不断深入。
>
> (2) 家庭早期阅读有助于提高幼儿的言语能力。幼儿最初的阅读是通过成人的讲述来进行的，成人在讲述的过程中，对阅读内容有意进行了口

语化的加工，便于幼儿理解。这样，从成人的讲解过程中，幼儿自然习得成人说话的方式、语气、遣词造句的方式，通过反复的练习，在不断的纠错过程中，幼儿逐渐能够正确运用习得的口头言语，言语能力获得了提高。3岁左右的幼儿已经掌握了本民族的基本口语。幼儿口头言语的丰富，有利于他们运用已有的经验与书籍中的用语向比较书面化、句式相对固定、符合语法规则的较规范的书面言语发展，有利于提高他们的语用能力。

(3) 家庭早期阅读有利于儿童社会性的发展。家庭早期阅读活动是由儿童的主要教养者对其进行的阅读学习帮助和辅导教育。在成人与幼儿有意识的互动过程中，"儿童潜移默化地自觉或不自觉地接受了成人和社会所承认或提倡的价值观念及行为规则，并有意识或无意识地将这些价值观念和行为规则融入到自己的行为结构和人格结构中。"家庭早期阅读有助于培养儿童的角色意识、亲社会行为、观点采择能力、移情能力、自我监控能力、良好的个性及初步的道德意识等，促进幼儿的社会认知发展。

(4) 家庭早期阅读为儿童今后的阅读所需预备技能。如何有效地搜集有用信息，排除无关信息？如何有效地、有重点地快速阅读？如何提高阅读水平，提高学习能力？这些都不是生而就能的，需要阅读者具有一定的阅读技能。阅读是养成性的活动，阅读者需要从小就受到有意识地阅读技能的培养。如果成人能够在儿童的早期有意识地使幼儿获得内部自我调整的阅读技能，即阅读元认知能力，将对幼儿今后的学校学习、日常生活和社会工作系统的运作起到很好的功效。实践证实，幼儿可以在早期阅读中建立起一种自我纠正、自我调适的阅读技巧。

家庭阅读的重要性不仅体现在儿童成长的早期阶段，而且应该贯穿于人的整个成长过程。我国台湾作家丘引在其《亲子共读共学上了永续之路》一文中说："我想，这（指阅读）不只是生命的段落，而且是生命永续的经营。因为生命就是在分享，与自己分享，与家人分享，与亲戚朋友分享，也和陌生人分享，而美好的生命，是没有国界限制的。"家庭阅读带来的享受真是美妙无比。丘引从小喜欢读书，但家里没有钱，每次父亲买肉时用来包肉的报纸就成了她最好的读物。等到她自己有了孩子，她告诉亲友们，把所有不穿的衣服给她的孩子穿，她把省下的钱都用来给孩子买书。为了让孩子有一个方便看书的环境，她让儿女在一条书店街附近上学。一般来说，父母都要求孩子放学后马上回家，但她鼓励孩子直接走向书店街，在一个个书店之间流连。孩子们经常接触书，因此，阅读自然而然形成了他们的生活经验，也成了他们成长的累积。丘引和孩子放学后的很多约会，都是以书店为背景的。正因为丘引的这种做法，她能够经常和孩子一起讨论各种他们感兴趣的话题，他们经常到国外去旅行，一起探讨所见所闻。以致儿子长大后，能够和她在不同的地方各自重读《傲慢与偏见》，然后谈论各自的感受。而她的女儿14岁到美国上学前，行李箱里放得最多的就是书。其中，《傲慢与偏见》女儿曾经看过很多次，她对丘引说："妈咪，我觉得《傲慢与偏见》是一本非常精彩的书，书中的对白很犀利，作者对感情和婚姻的剖析，其实都很适合现代人借鉴，我喜欢这本书。"丘引深有感触地说："从亲子共读共学上，我们学到了对生命的尊重，也学会了喜爱生命的自由和喜悦，并享受在生命的宽度上，优游自在，一如我们的阅读，从本土到国际，从现代到古代，没有距离。"

据有关资料显示："在我国香港和台湾地区，不仅阅读成为家庭生活的一部分，而且非常流行建立俱乐部，经常举办读书会、讲座，让家庭阅读加以延伸，许多家庭在一起阅读。香港亲子阅读书会的章程中，宗旨有四条：养成家庭阅读的健康风气；鼓励亲子阅读；通过阅读，父母与子女终身学习，共同成长；提供亲子资讯及咨询服务。他们还提倡把阅读当成悦读，愉悦地去读书，读书时感到愉悦。"（钟银平，2004）在我国大陆，这种亲子共读的风气还有待于进一步的培育。

第七章

成为更有效的教育者和抚养人

儿童的成长离不开父母和教师的有效教育与引导，个体的健康成长需要渗透到孩子日常的学校、家庭生活中来。父母、教师和儿童需要通过平等互动和相互合作来增进交流，促使父母和教师对儿童有更多的理解和接纳，以促进儿童更好地成长。包括教师、家长在内的成人，要一起帮助儿童承担起对自己行为的责任、明白自己行为的结果、这些行为及其结果对他人（家庭、班级、同伴等）产生的影响。

从某种意义上来说，儿童的问题都源自家庭，要改变儿童不适当的行为，父母首先必须做出改变。因为儿童常常无力影响变化，这就需要父母在理解和改善亲子关系上做出更大的努力，父母需要用温暖和接纳与孩子建立起良好的亲子关系。其实，父母在引导孩子成长的过程中也能促进自我的成长，父母自身的自尊也会得到相应的提高。父母自尊和自信的提高反过来又会促进与孩子更积极的互动，这对孩子的成长会有非常积极的影响。

教师作为小学儿童生命历程中的“重要他人”，对儿童的成长至关重要。教师的教育思想、理念，教师对待儿童的态度、教师的教育策略和技巧，对儿童一生的发展都会产生重要而又深远的影响。

本章基于阿德勒的相关理论，介绍教师和父母在与儿童沟通时，熟悉、了解、掌握儿童被接纳、赞许的需要的一些思想、策略和技巧，引导和加强儿童发展社会可接受的行为，以促进儿童更好地成长。

第一节
阿德勒方法下的成人辅导理论基础

恩惠恰如其分地起着它的作用。

它落着，

就像一场从天国落下的蒙蒙细雨，

在它的下方，有两种人被祝福：

给予的和得到的。

——莎士比亚

要想有意识地养育，仅仅知道各种教育的内容是远远不够的。父母必须时刻牢记教育的目的。“我为什么要抚育我的孩子？为我自己，为了孩子，还是为了人类？如果说是父母教育孩子，那么又有谁来教育父母呢？”这些问题往往决定了一个家庭及生活在家庭中的人的命运。

阿德勒理论基于一个基本假设，即所有行为都有一个意图或目标，而且在社会群体中个体（包括儿童）行为都是由于“为重要的事情而努力”所决定的。这种努力代表“朝着完成目标以获得独特身份和归属的方向前进”（Dinkmeyer，D.C.，Dinkmeyer，D. C.，Jr.，& Sperry，L.，1987）。后来的许多研究都支持阿德勒的这种观点。按照阿德勒的观点，它开始于个体试图征服产生于儿童期的无助感和对成人依赖的“自卑感”。这些自卑感与其被看做是消极的，还不如被当做一种动力。正是由于这种“自卑感”，儿童从一个基本上比较下等的位置出发，通过努力掌握他（她）自己的世界来不断进行补偿。当儿童发展了征服自卑感的力量的时候，有些曾经被压制了的问题会随之浮现出来（Dinkmeyer，Pew，& Dinkmeyer，1979）。

阿德勒方法采取整体观来理解个体独特的生活方式。这种生活方式是指儿童已经发展起来的帮助他们明白和应付世界的基本信念。这些信念会影响儿童对事件的认识和与其他人尤其是家庭成员交互作用的方式。“这种生活方式始创于在家庭这个戏院中与父母、兄弟姐妹所共同演出的戏剧的过程之中。”（Dinkmeyer，

D.C., Pew, W.L., & Dinkmeyer, D.C., Jr., 1979)

根据德雷克斯和格雷（Dreikurs & Grey，1968）的观点，如果父母没有认识到孩子归属的愿望，或者因为不能而不愿意允许孩子通过协作和其他好的行为来达到这种基本目标，那么孩子就可能发展出错误的目标，从而导致各种程度的错误行为。行为不良的孩子是失去自信的孩子，他们处在一种错误的印象之下，即他们的行为仅仅是获得他们迫切需要的被接纳的一种方法。

一、儿童不良行为的特点：把我们的手给孩子

把你的手给他

一个人陷入波斯北部的沼泽地里，只有他的头露在外面。他竭尽全力呼喊救命。不久，出事地点聚集了一大群人。有人设法去救那个可怜的人，“把手给我，”他向那个人叫道，“我把你从沼泽里拉出来。”但那个人陷在泥中只能呼救，而无法使救他的人帮助自己。“给我手。”虽然要求数次，但那个人仍然在尖叫求救。这时，另一个人走向前说：“你难道没有看见他不能给你手吗？你必须把手给他，这样才能救出他。”

成人不能要求孩子放弃他们的信念、价值观和行事法则来接受成人的一套规则，孩子也有他们的行事准则。明白孩子的心事，从孩子的角度来看世界，才能有机会让他们明白和接纳成人的意思。

阿德勒相信儿童的行为都有一个目的，这个目的是与他们被接纳和取得赞许的需要相一致的。儿童首先尽量遵从并做出社会可接受的行为；然后，当儿童认为自己的这些行为并不能让被他人或群体接纳时，他们就改用不良的行为来达到目的。在本质上，儿童归属和被接受的愿望是如此强烈，以至于会做任何他们认为对自己有用的事。阿德勒把所有儿童的行为不良分为四种，每一种都对应着适合的目的：注意、权力、复仇和退缩。虽然这四个目的在严重性上是依次递增的，并且反映出一种气馁增长的程度，但是儿童并不一定会发展所有四种不良行为。

1. 注意

所有儿童都想被注意，寻求注意的行为是儿童心理的一个正常部分。美国著名漫画家林恩·约翰斯顿（Lynn Johnston）在她的卡通连环画《为了更好或为了

更坏》中，捕捉了儿童最初寻求注意的行为——发脾气。这幅卡通画的确会给成千上万的父母带来一笑，因为他们在自己孩子的身上看到了同样的行为。孩子们找到了许多获得注意的方法——有的是高兴，有的是非常生气。

所有儿童在他们成长的过程中，特别是到达学前儿童阶段，都能够自动发展出拥有这些寻求注意的行为的技能。这些寻求注意的行为通常会更多地出现在小学阶段，随后，当儿童在家庭和同龄群体中找到了安全的位置后，其寻求注意的行为才会逐渐减少，直至消失。

但是，那些不能通过积极方法来满足自己过分注意需要的儿童，还会继续用这些不良行为来吸引父母和老师的注意。这些儿童可以按照主动和被动、建设性和破坏性这两个维度来加以区分：

- 寻求主动和建设性注意的儿童，常常是成功（尤其是学业上的成功）的学生或成人心目中的"好孩子"，他们的目标是保持成人对自己的注意而不是与他人合作。儿童有所成就的目的是为了获得注意，通常，他们是用自己所没有意识到的各种积极方式来达到被注意的目的，所以，这样的儿童容易获得来自父母、老师和伙伴的积极反馈和褒奖。
- 被动而建设性地寻求注意的儿童，会显示出像害羞并缺乏自信这样的特征，但他们往往是用安静的方式寻求注意。这种儿童常常过分自觉和"懂事"，被认为是用智慧甚至是狡猾的方式来获取父母和老师的赞许和帮助。
- 主动的破坏性注意寻求者，是最让成人头疼的儿童。这种儿童可能会通过做一些出格的事，或者问一些没完没了却又毫无意义的问题来寻求注意。这种儿童常被老师、家长贴上"问题儿童"的标签。
- 被动的破坏性注意寻求者，他们的行为表现与主动破坏者正相反，他们的表现可能是懒惰、爱提出过分要求、不合作甚至是经常操控他人。这些儿童的行为更隐秘，他们时常迫使他人为他们做事。不少父母因不了解原由，不小心成为"受害者"，他们常常心甘情愿地被孩子操控，不断地跟在他们后面捡东西、满足他们的各种要求甚至是很过分的要求，小心地"伺候"他们。

父母对具有主动的和被动的破坏性注意需要的孩子经常都是用唠叨、责骂、提醒、诱哄、教训、惩罚和给予服务来做出回应。这些行为在短时间内满足了孩子的注意需要，但是很快孩子就会依然如故。结果，父母常常感觉受挫、疲惫进而愤怒，如此循环往复。因此，当父母、教师发现孩子在不断寻求过分注意时，需要检查一下自己在对待孩子行为时的反应，并对孩子的积极行为给予更多的关注。

2. 权力

家庭作为人类的单位，必须学会那些神圣不可侵犯的法规和各种美德。应该永远保持家庭的团结，也必须保持每个家庭成员的权力。儿子的权力，父亲的权力，母亲的权力，没有一种权力能被取消，也没有一种权力可以任意行使……只有考虑所有的这些权力和义务，家庭才能继续存在下去。

——阿布杜儿·巴哈

从个体心理发展的角度来看，儿童在1岁半至2岁左右学会了说“不”字。这时，孩子开始学习用主动的或者被动的方式来挑战成人。主动寻求权力的孩子会通过争论、反驳、不断违反规则、耍性子发脾气或者反抗来挑战成人。而被动的孩子通常则会用更隐秘的方式，包括固执、懒惰、健忘等行为来为权力而战。

通常，在通过努力合作来获得被接纳的方法没有奏效的情况下，儿童就会发展出夸大的权力和控制需要。如果成人没有意识到孩子的这种情况，让孩子参加权力斗争时，就会再次肯定孩子的信念：权力是重要的且是值得追求的。如果权力不那么重要，孩子就会问为什么成人如此拼命地去获得权力来控制他们。

有关这种权力斗争的一个例子就是“上床时间的争斗”，在为上床时间而争斗时，父母变成了愤怒者，孩子努力抵抗，争斗往往会变得愈演愈烈。有些父母发现，自己最后会乞求孩子去上床睡觉。在大量的哭闹之后，一些父母投降了，允许孩子待下去，直到他们想上床睡觉或者就睡在沙发上，直到父母去睡觉。在任何情况下，如果父母在孩子的眼泪和脾气面前投降，就等于告诉孩子他（她）已经在上床时间的争斗中赢得了权力。

按照阿德勒的观点，尽管孩子能够不时地取得胜利，但在整个“战争”中还是失败的。孩子虽然能想出非常有创造性的办法藐视父母和教师，然而，在和成人经常而严厉的权力争斗后，孩子常常感觉受到了惩罚，寻求接纳的目标被击败，自己无力用实际的行为去控制形势。

在这种情况下，成人需要了解孩子行为不良的目的，且找到稳固、公平和持久的方法去应对情况，避免卷入权力争斗、争论或者在孩子的需要面前投降。父母和教师必须期待和认可孩子正确的行为，帮助孩子通过合作而不是对抗获得接纳。

3. 复仇

当家庭出现麻烦时，人们通常可以将家庭成员分为两类：一类是引起麻烦的；另一类是因此遭殃的。孩子常是麻烦的制造者，父母往往是遭殃者。

那些感到被惩罚、无望、没有力量维护其地位的孩子，可能会为父母拒绝他们和他们认为的在其父母眼中无足轻重的局面，而强烈地想要复仇或报复。一些孩子报复父母和看护者的方法可能包括损坏财产的行为，如在墙上乱涂乱画、打碎妈妈最喜欢的物品、打破玻璃窗甚至放火等。与此相关的是其他的一些例子：企图伤害自己、偷东西、打父母，在极端的情况下，可能导致严重的伤害甚至死亡。孩子也可能用更消极的报复方法，包括心情易变、威胁、行为鬼鬼祟祟、离家出走和行为退缩等。

孩子报复行为的程度从轻微到严重不等，孩子并不总是清楚他们行为不良的目的。大多数孩子的报复行为只是为了让父母和老师悲伤；但是，实际上，这些做法同时也可能让他们自己感到相当的悲伤。

4. 退缩

退缩是一种严重不自信的行为表现。孩子可能利用或发展退缩行为来作为自我保护，这样就可以减少家长、教师对他们的期待和要求。因为这些孩子不参与活动，他们就不必冒失败的危险。企图显示其退缩的孩子，在学校里可能不能集中注意，不能完成家庭作业，并拒绝其他人提供帮助。总而言之，这些孩子尽量让自己表现失败，以使人们确信他们的确是失败的。这是他们迫使老师证实他们感觉的方法，那就是他们做不了优秀学生。这些孩子不断地表现出这些行为，因此，他们常被成人视为有麻烦的孩子。在这个阶段，这些孩子已经被随意地放弃，且被认为是行为不良。

阿德勒认为，行为不良的孩子是由于不自信所造成的，应该通过暗示他们在其天生的能力里就暗含有自尊来鼓励其成长。所以，采用阿德勒方法的教育者和抚养人，相信惩罚对发展中的孩子是有害的，因而他们更喜爱用鼓励和赞扬来达成自然的和合逻辑的结果。

二、儿童与成人的关系：让孩子体验自己的行为后果

建立在爱与被爱基础之上的人际关系是儿童健康成长的重要前提。世界上没有任何其他东西可以代替父母对孩子的爱。在良好的家庭人际关系互动过程中，随着爱的体验与积累，儿童会自然而然地产生出认识并理解他人，进而理解人类的能力。家庭对儿童的社会化成长至关重要，儿童与父母的关系是他们在青少年期和成人期形成多种社会经验的基础。

进入小学之后，儿童的社会交往更为广泛。同伴关系、师生关系、亲子关系构成了小学儿童社会关系的主要内容。师生关系作为儿童生活中的一种重要人际关系，不仅影响小学儿童的学习、生活、情绪、自我等方面的发展，而且对小学儿童的亲子关系、同伴关系都有重要影响。为此，教师必须与儿童建立起值得信赖的密切关系，成为儿童健康成长的有效的指导者。

受到卢梭自然主义理念的影响，阿德勒理论相信儿童自己有能力去健康有效地成长，所以，应该允许儿童自己去体验和感悟他们行为的结果。正面鼓励和对个人行为的后果加以感悟，这两种方法比用惩罚的方法更能够激励儿童朝向正确的行为发展。

谁动了我的抽屉

预备铃响起……

“前两节是微机课，还不知怎么乱呢，我得去镇一下。”我心里想着便朝班级走去。果然教室里异常混乱……今天很怪，好多学生不停地议论，还有些学生在翻书包，有个学生这时怒喊一声：“谁动了我的抽屉！”我急忙问：“出了什么事？”“老师，我们班里被盗了，好几个同学东西丢了。”班长这样回答我。……我意识到这是个棘手的问题，决定安慰学生们，让他们先静下心来上课，“同学们要相信，我会把这件事处理好的。”

刚开始，我很简单地认为一定是上微机课时他们没锁好教室门窗，外面有人进入了班级，可事情出乎我的意料，在我私下了解情况时，不少同学认为这是“自己人干的”……

很快焦点聚集在小A同学身上——上微机课时他提前回到班级。

接下来，我对小A同学的情况进行了旁敲侧击的了解，在班上展开了调查……我担心如果是班上学生干的，时间拖久了，赃物一旦出手，就

晚了。所以我第二天立即开了一节班会，会上我主要阐述了几个要点：

(1) 事情会继续追查下去，不会不了了之；

(2) 相信这个同学是一时糊涂，现在你肯定也非常后悔；

(3) ……老师相信你一定有你的原因，老师诚心诚意地想帮助你；

(4) 人非圣贤，孰能无过，老师相信你是个好孩子，有勇气面对自己的错误，并且会努力地改正、弥补过失。

然后，我又展开了对全部学生的教育……告诉大家，如果这个同学醒悟了，愿意改过，把东西还回去，同学们要给他机会，而且这件事绝不能在班上造成相互猜疑的氛围。……

我在班上提供了三个方案：①直接私下找我，我以人格担保不会将他泄露出去，直接讲困难，我一定给予最大可能的帮助；②请他去一家超市寄存，然后用手机短信等方式把密码给我，由我去领取物品；③自己找机会把东西放回原来的位置，给他两周的时间，自己选择解决方案，我和全班同学相信他，耐心等待结果。

就在这些事情完成后的几天里，这几个学生的抽屉再次被动了，东西还回来了，喜悦在我的心中一点点积累、散开。我不仅为物品的失而复得，更为这个走出迷途的孩子和全班学生的理解而感到喜悦。

事后，我又开了一次班会，全班学生用掌声回报了我、回报了他、回报了自己。这个孩子能够阳光地重新面对校园生活了。

（张莉）

那些能够体验自己行为后果的孩子会在责任、做决定和竞争中自然成长。自然的和合逻辑的结果都会帮助孩子内化对自己和他人的责任感，而这些通过惩罚是不能达到的。

三、孩子在家庭中的位置：平等无关长与幼

无论我的年龄有多么小，父亲都把我放在和他一样的位置，从来没有因为我是个孩子而忽略我，也从来没有因为我太小而纵容娇惯我。在我的家庭里，我们是平等的。

——卡尔·威特

儿童拥有成员地位的第一个社会群体就是家庭。家庭对儿童的人格发展有着深远的影响，儿童的社会兴趣是天生的，但也是自然的，并且其发展首先是通过看护者和婴儿之间形成的早期依恋关系，随后是通过家庭环境形成的。在这个过程中，儿童会朝着成长和合作的路线发展，因为他们有归属、寻求接纳和追求社会群体的所有积极方面的基本需要。

儿童在成长中受到必须面对的种种生活方式的影响，如父母和儿童相互作用的家庭模式、儿童在家庭和集体中的地位等。此外，儿童的行为还会受他（她）对其在家庭中的地位的感觉、父母和其他家庭成员对这个儿童的反应的影响。如果家庭环境是足够健康的，而且儿童的感受是准确的，他（她）就会继续沿着积极路线成长，从而发展适当的行为，比如宽容、尊重和合作。然而，如果儿童的家庭环境不好或者家庭环境不能满足儿童被爱、被接纳和被赞许的需要，儿童便可能偏离正确的成长路线，并且走向消极的方向，导致行为不良和不能适应环境的应对方法。

在特定家庭环境中成长起来的儿童，他们的态度和价值观是这个家庭氛围的体现。许多家庭氛围为儿童应对生活提供了适当的榜样，虽然父母并不是在每件事中都能做到完美，但是儿童仍在感觉被家庭和伙伴接受中长大，继续过着幸福的生活。许多儿童虽然有消极的家庭环境（酗酒者家庭、寄养者家庭甚至孤儿院），但却感觉依然身处幸福之家。也许因为他们能够把注意集中在和家庭成员相互作用的积极方面，所以他们不会把他们的家庭氛围看做消极的。在这些情况中，孩子们察觉他们自己被爱和接纳，而不介意其父母的处事风格。

杜威（Deway）在总结消极的家庭氛围时，提出了十二种不适当的父母教养方式。然而，因为家庭态度和价值观变化相当大，而且儿童对其接受和拒绝的反应程度不同，消极家庭氛围并不总是对儿童有不利的影响，很大程度上依赖于儿童如何看待其与家庭成员交互作用的质量和他们在家庭中的地位。

下面这十二种父母教养方式，其中的每一种都是通过不同的例子描述一些消极的结果来解释的，但是，因为家庭的独特性，经常很难把这些家庭的互动简单地归为一类，所以，在实际情况中，父母教养方式可能会有很多的重叠存在。

1. 专制

在一个专制的家庭环境里，父母会持有“按我说的做，但是不要按我（做的）学”这样比较霸道的态度，且他们要求孩子毫无疑义地服从他们。虽然这种类型家庭中的孩子知道他们的父母之间通常表现一致，这些孩子也常有良好的态度和行为表现，但是，他们会比较容易焦虑，可能是一种隐含的对那种总是得顺从的养育方法的愤恨。这种父母教养方式的困难在于父母不能永远告诉孩子怎么去做，这样的父母不能帮助孩子获得自律，好行为常常只是一种刻意的表面文章，当这些孩子决定反叛时，他们会出现严重的行为不良。

父亲D是家庭里不可争论的头儿，且是能定纪律的人。当D夫人想控制孩子的时候，她必须按丈夫的意愿去做，在某种程度上不如说他也控制了妻子。当孩子做错了事，D夫人说："等你爸爸回家收拾你！"这总是使孩子很害怕，虽然D先生并不是一个残酷的人。儿子奇奇总是服从父亲的命令，因为他怕父亲。然而，后来他开始反叛，试着离家出走，且有一次因为和一群十几岁的朋友一起偷汽车标记牌而被逮捕。

2. 压制

在这种家庭中，孩子没有表达其思想和感受的自由。例如，小男孩不允许哭，小女孩不能打架和表示愤怒，家庭总保持着控制。和专制家庭相似，孩子在家庭中表达观点必须经过父母的同意。这些孩子很早就学会了隐藏自己的情绪，这常使他们在家庭之外很难表达自己在人际关系方面的感受。由于孩子常常不被允许表达感受，使得家庭外部形象不太完美。

P先生和夫人有一个女儿，并且表现出完美家庭的形象。从外表上看，他们生活在中国人的梦想里。他们生活在一座大城市，有自己的大房子、一辆汽车，夫妻都是年薪十几万元的高收入者。夫妻从不公开争吵，参加孩子的学校和社区的各种活动，全家经常在周六出去游玩。然而，他们的女儿小丽在13岁生日前得了厌食症，从此，他们的美丽世界被粉碎了。小丽决定控制她生命中唯一能够控制的东西，她拒绝吃任何东西。看起来，这个家庭并不像他们外表表现得那么完美。事实上，家庭成员彼此间缺少温暖和亲近的关系。家庭成员把他们对彼此的感觉深埋起来，而不是公开地进行讨论。对于小丽来说，一个重要障碍就是她不能分享自己和她对家庭的感觉。

3. 拒绝

虽然绝大多数父母爱他们的孩子，但是许多人很难用无条件的方式来表达爱。

在这些家庭中，父母常常有表达爱和感情的困难，没有把感情和爱变成可接受的行为。许多成长在拒绝家庭氛围中的孩子，感觉不到被爱和被人需要。为了回应这种被拒绝感，他们关心获得家庭中的注意和权力，并因此变得气馁和行为不良。不论孩子是用报复还是简单地放弃来赢得父母的感情都是不合理的。

莎莎生活在一个单亲家庭中，一直和她妈妈一起生活，直到去年她妈妈死于癌症。她被告知要跟她的亲生父亲和继母生活在一起，她对他们从来一无所知。当莎莎到她的新家生活时，她父亲和继母已经有了一个自己的孩子。莎莎突然和一个异母弟弟一起生活，开始感到很难适应新环境，她也不能使他们高兴。她的学习成绩开始下降，她也不愿做家人要她做的家务事，这一切使家人感到失望。她常被父亲和继母拿来与她的弟弟做比较，并因此受到责难。

4. 轻视

大多数生活在不断责备中的孩子有习得性失败体验。如果孩子在父母眼里从没做对过任何有用的事情，他们就会怀疑人生的价值，对世界有不信任感。像“你怎么这么笨”或者“你这个不争气的孩子”的责怪常常变成孩子自我实现的预言。

S先生和S夫人有个儿子，家里经济比较富裕。S先生有酗酒的问题，而且他没花什么时间在对他儿子的教育上。大多数他和儿子之间的交互作用就是告诉儿子他怎样“坏”和“没有出息”。许多次S先生带儿子驱车路过一个离家不远的工读学校。每当这时，S先生总会警告儿子，如果他不“好起来”，他将要被送到工读学校里学习。至少有一次，父亲停下车，迫使其儿子（8岁）滚出去。然后S先生开车走了，被吓坏的孩子被扔在了工读学校门前。父亲开了一圈（大约五分钟后）才回来接孩子。几年后，当孩子13岁时，他真正成了工读学校里的学生。

5. 高标准

大多数父母想让孩子过上比他们更好的生活，他们想让孩子受到更好的教育，有一份更好的工作和职业。持有不现实的高标准的父母往往使孩子陷入焦虑和压力中。有着极端高标准的父母可能会对得了97分回家的孩子说：“这个成绩还算马马虎虎，如果你学得更努力些，你应该能得个100分！”总是提高要求会使孩子感到很泄气，甚至已经成功的时候，也会感觉他好像失败了一样。

A先生和A夫人是一对普通的父母。他们都只读到高中毕业就工作了，想读大学但因无法负担学费而没有读。不过，他们已经有比较稳定的工作，因而过上了不错的生活。当他们还在读书时，自我感觉学习成绩还算不错。现在他们有了一对双胞胎孩子，他们想让孩子实现他们没有实现的愿望，考上大学。为此，他们要求孩子得到高分数，上大学，读研究生，且拥有更专业的职业。他们不断给孩子增加压力，让他们所有的考试都得到100分。在双胞胎中，有一个孩子非常聪明，也很用功，大多数时候基本能够满足父母的期望；另外一个孩子则表现平平，为了躲过父母的过高要求，他甚至经常采取欺骗的手段，但有时仍然不能达到其父母高不可及的标准。为此，这两个孩子都充满了对失败和未来的恐惧。

6. 不和睦

在不和睦的家庭中，经常会发生争吵，有时甚至上升为暴力。在这样的家庭气氛中，孩子学到了权力是重要的，控制别人总比被别人控制好。孩子常常被惩罚而不是被纪律约束。因为惩罚过于随意，家庭的很多行为变得比较缺乏理智、不稳定和相互矛盾。在这种情况下，孩子常常成为父母转嫁愤怒的工具。有时孩子受惩罚只是因为在错误的时间出现在了错误的地点，而不是因为他们真的做错了什么事情。

V先生和他的夫人是在暴力家庭中成长起来的。V先生有一个酗酒的老父亲，而且其父亲年轻时经常对其母亲施以暴力。作为一个男孩，V先生尽力去保护他的母亲，常常在这个过程中挨打。他在愤怒和缺乏爱的环境中长大。V夫人的父亲也是酗酒者，她从小被父亲带着一起喝酒。她在成长中知道自己漂亮和聪明，但感觉孤独和不安全。V先生和V夫人结婚后不久，V先生开始酗酒并出现暴力行为，这是他儿时所痛恨的但他却逐渐沉溺于其中。他们的家成了“武装营地”，夫妻用争吵和打架来处置彼此间的不同观点。他们8岁的儿子现在已经因为打架、偷同学的午餐费和在男卫生间的垃圾篓里放火而多次和学校咨询员谈心。

7. 不一致

不一致的父母教养方式给孩子带来了许多焦虑和困惑，他们不知道怎样做才能得到父母的赞许。他们总是“在等待另外一只鞋落下来”，总在怀疑是否最近的越轨会带来惩罚或者是否能逃过惩罚。这种孩子因为在生活中缺乏关怀，因而在成长中也显得缺乏自控能力和动机，不会关心别人。他们很难把别人的需要放在自己的需要之前，且经常以自我为中心，以至于他们在人际关系上有很多困难。

张女士是一位有四个孩子的母亲。她有一个10岁儿子来自她的第一次婚姻，一对双胞胎女儿（7岁）生于第二次婚姻，一个3岁的儿子是她和现任丈夫生的。张女士在当地一家餐馆做工，而他的现任丈夫因为工作原因只有在周末时才能回家。张女士承认，她唯一能控制的孩子就是那个最小的孩子。她说，当孩子行为不良时，她用纪律来约束他们，但是有时她被他们弄得很疲劳，所以，她让孩子们自己去“一决雌雄”。其他时候，当她丈夫在时，他为打架和在学校表现不好而严厉地惩罚过这些孩子几次。老师抱怨这几个孩子都比较焦虑、多动，对学校安排的学习任务根本不当回事儿。他们不断地寻求别人的注意，而自己却又不能集中注意力。他们看起来好像永远不能满足。如果学校晚会上供应小吃，他们总是想尽可能地多拿，而不考虑班里其他的孩子。结果，他们几乎没有朋友。

8. 唯物质

在唯物质的家庭中，金钱就是一切，孩子用他们的所有物来定义自己的价值。家庭的信仰是“钱可以买到快乐”，孩子们学到的是，物质的东西比家庭和朋友重要得多。父母经常把买礼物作为他们对孩子表达爱的方法。他们用来替代把大量时间、注意和热情放在孩子身上的唯一东西是金钱或昂贵的衣物等。父母用这种他们所知道的仅有的方法来表达情感，保护他们自己的利益。他们会自豪地说：“我能为家庭和孩子买昂贵的东西，因为我是成功的。”

马先生是一家大公司的总裁，有一个儿子、一个可爱的妻子，有一座豪宅。无论何时马先生外出做生意，他都会为他的孩子和妻子带回许多昂贵的礼物。他对自己不能花更多的时间陪孩子感到抱歉，但是，他说他需要用大量的钱来保持“他们已经习惯的生活方式”。马先生的儿子小强是一个敏感的孩子，为他爸爸的成功感到骄傲。他邀请其他同龄男孩来自己家里玩，但是，孩子们大多去过一次就再也不登门了。小强在学校体验着失败，他已经被诊断为学习障碍。他害怕他不能像爸爸一样成功和富有，他不断地担忧着。

9. 过度保护

过度保护孩子的父母，在帮助孩子的外表下，其实促成了孩子的无助和依赖。通过总是为孩子做事，父母事实上是告诉孩子他们没有能力为自己做任何事。这个信息对自尊的影响是十分消极的。过度保护孩子的父母阻碍了孩子做决定的能力的发展，鼓励他们依赖别人的意见和建议。按照阿德勒的观点，通常父母，尤其是母亲，希望感觉到被需要，因此通过为孩子做所有的事促进了这个循环。然而，过度的依赖常常引起憎恨。父母不能总是为他们的孩子提供庇护，因此，在这种情况下成长的孩子，可能在长大成人后还在寻找、依赖其他人。

桑先生和夫人有一个儿子小明，是在桑夫人42岁时生的。小明现在8岁，桑夫人现在已经50岁。桑先生在两年前55岁时死于心脏病。桑夫人很溺爱她的宝贝儿子。她“从头到脚”地侍候小明，每天早晨设计他穿什么，安排他的早餐，且把饭带到小明的卧室，以便他可以边看卡通片边吃饭。当他浪费时间和玩耍时，她不得不一再提醒他穿上衣服。他的堂兄弟到他家门口接他一起去学校并带他回来。桑夫人帮小明做家庭作业，是因为等小明自己完成作业已使她筋疲力尽。桑夫人说，她宁愿自己做小明那些困难而讨厌的工作，因为她可以更快更容易地做好。桑夫人既感到被需要又感到厌烦。

10. 怜悯

怜悯是一种消极的父母教养方式，在一定程度上它贬低和剥夺了孩子自己努力的机会。孩子会因为怜悯的语气或评论变得畏缩，因为他们知道这就暗示着他们不能做某些事情；也暗示着施舍同情的人不知何故优于被同情的人。为其孩子“感到可怜”的父母所做的行为与过度保护孩子的父母所做的行为会令孩子产生同样消极的感受。孩子可能开始为自己感到可怜并放弃完成某些事的努力，从而放弃了来自成功的美好感觉。所有这些都会对孩子的自尊、自信和自立产生消极的影响。

瑞年生下来就大脑中风，肖先生和肖夫人总是对他有如此多的痛苦而感到愧疚。他们为他感到难过，期盼能够通过一些行为来弥补瑞年的痛苦和全家的心痛。当肖先生和夫人几年前离婚时，肖夫人整日被瑞年和他的残疾困扰着。由于离婚后肖夫人和瑞年得到了一笔财产，从此，他们便放弃了所有学习与生活的努力。瑞年因为学业成绩下降而退了学，开始沉迷于电脑游戏。去年瑞年的母亲不幸去世后，没人再来怜悯他了。

11. 无望

许多时候，贫穷、失业和充满暴力的贫困地区会引起悲观气氛的蔓延。在这种环境下长大的孩子常看不到出路，因此，他们走了同样的路——并不是因为喜欢他们的生活方式，而是因为从来不知道还可以得到其他不同的生活。父母常感到非常泄气，因为生活境遇，他们总是觉得自己不能鼓舞孩子拥有更好的生活。

小利是个农村孩子，他父母18岁就结婚了，他们没读过几天书，为要儿子，共生了四个孩子，最后一个是男孩。小利全家只靠几亩地生活，母亲体弱多病，不能干重活，家庭全靠父亲一个人，加之孩子多，又都需要上学，因此经济十分拮据。家庭条件虽苦，小利还是坚持上到了初中，她在学校成绩很好，假期尽量帮助父母干些农活，并到集市上卖些鸡蛋之类的农产品以补贴些许学费。可是，就在小利读初三时，父亲得了重病，一病不起，看病需要花很多钱，因此供不起四个孩子上学了。小利和两个妹妹不得不辍学，她和大妹妹承担起了家庭的全部责任。希望通过读书改变贫困的梦想破灭了，孩子们又走上了父母的老路，整个家庭陷入无望之中。父母已经开始打算把三个女儿早点嫁出去，以让最小的儿子多读几天书。小利开始变得抑郁、沉默寡言、孤僻。

12. 牺牲者

在牺牲者的家庭氛围里，父母感到对未来的悲观和无望，这很像在无望家庭气氛当中的父母所感受到的。然而，牺牲者家庭中父母处置这种悲观状态的方法是使孩子成为父母所有目标的牺牲品。除了感觉无望和泄气，孩子可能被困在一种与父母的相互依赖之间，或者是一种憎恶的关系中。对抚养的感激驱使孩子必须为父母做出牺牲和付出代价。

小曹在5岁时就表现出学习电脑的天分，他父母决定让他上电脑学习班。曹先生和夫人依靠他们的收入刚刚能过活，因此他们为了小曹的电脑课程和学习时间的付出是一个相当大的牺牲。他的父亲每天早上6:00起床坐车送他去上课。同时，小曹在围棋学校里学习围棋，他父母又要跟他一起去参加学习，支付各种学习费用。电脑装备总是要配置的，全家利用假期到大城市用仅有的一小点积蓄去买他们能买的东西。上高中后，小曹突然决定不上电脑学习班了，他父母让他成为电脑专家的梦想破灭了。从那天起，他父母不断提醒他，直接或间接地透露他们牺牲了那么多，只是换来了他们的失望。

现代社会中，随着家庭生活方式的变化，传统的教养风格逐渐淡化，父母失去了通常凌驾于孩子之上的权威。格伦维克和莫里（Glenvick & Mowrey，1986）发现，即便存在的话，这种权威也只能存在于双亲家庭，在单亲家庭中几乎看不到它的存在，可能是由于单亲感觉不充分和被压制的原因。当成人权威形象和孩子之间的界线变得模糊的时候，父母开始和孩子之间作为伙伴进行互动。因而，除了上述十二种教养方式之外，又出现了另外一种所谓“父母成为伙伴的家庭”。

这种家庭氛围最常见于离婚造成的单亲家庭中，这种家庭中的代际界限已经混乱了。在这种家庭里，单身父母很容易放弃父母的角色，而成为孩子的伙伴（通常在孩子9～13岁时最为明显）。在格伦维克和莫里（1986）的研究中，他们发现，孩子常常逃避做决定和承诺，这些孩子也难以面对把自己的妈妈当做密友。母亲（或父亲）可能在各种各样的个人问题（比如该和哪个男人/女人约会）上寻求孩子的意见，而且把成人问题和担忧告诉一个无助于他们做任何事的孩子。这种关系有时导致角色的颠倒。在这种形式下，孩子通过照顾父母，担当成人责任。这种情况常会在孩子心理上还没有完全准备好，需要还没有得到充分满足之前，迫使其提前进入成年期。结果，这样的孩子会出现逃避责任、攻击性行为、退缩、逃避、放纵自我、对父母的要求过于顺从或者拒绝、学校成绩不稳定等问题。这种情况过去认为在西方国家比较多见，近几年来，国内的许多家庭把独生子女当做父母解决冲突的中介，迫使孩子卷入更加成人化的讨论中，这种问题也变得更加普遍起来。

莎莉，9岁，是她母亲婚姻失败后留下的一个孩子。自从3岁爸爸离开她们时起，莎莉就成了她妈妈最好的“伙伴”。她们像姐妹一样，莎莉的妈妈把她当做自己生活的补充，她俩无话不谈，甚至谈论男孩、衣服和性。莎莉很聪明且善于言辞，给人的印象是她的年龄远远超过9岁。她很有才智，但在学业上却很糟糕，四年级时就几乎读不下去了。妈妈每天要到很晚才能开车送她去学校，因为她早上很难起床。莎莉想，那是因为妈妈病了。她妈妈的确每天吃止痛药，为此，她早上经常迟到。后来，莎莉看起来也病了，经常感到头痛，她想她是爱上一个住在附近的13岁男孩了。

从上面的分析我们不难看出，孩子在家庭中的地位感和家庭气氛，对于塑造孩子的行为方式和态度倾向是非常重要的。理解这个事实，对于我们合理面对当今，特别是在城市社会中比较普遍的独生子女家庭很有启发作用。早期的压力和责任对孩子来说可能未必是一件坏事，相反，这些特别的职责可能帮他们获得一种成就感。与之类似，孩子如果觉察到他们是被爱的，他们经常能战胜消极的环境，就能够成为有责任感、关心他人和获得成功的成年人。

第二节 师生、亲子沟通技巧

为了我的话语能够打动儿童和青少年的心，我首先耕耘孩子们的心田，以便播撒能够触动孩子心灵的话语，然后走进他们已经敞开的心扉。

——马卡连柯

我们今天的生活中常有“孩子不好过，家长也难为”的状态。随着社会的快速发展，人们的生活节奏在不断加快，今天的父母比他们父辈工作的时间更长，承受的生活压力更大。与此相对应，父母在家陪伴孩子的时间越来越少，与孩子的交流在质和量上也明显下降。今天的孩子明显缺少各种生活的体验，在学习之余，他们把大量的时间花在看电视、玩电脑和打电子游戏上，这使得今天的孩子在人际关系、沟通技巧、情绪处理和其他许多生活方面的知识和能力上存在着明显的缺陷。

家长和孩子之间，本应该是一种最亲密的关系。可是今天的孩子常常不愿把心中的想法告诉家长，家长也常常觉得与孩子无话可说，不少家庭亲子之间常常发生冲突。其实，现在的家长更需要懂得一些与孩子沟通和交流的技巧，需要更好地理解和接纳孩子，使家庭关系变得亲密而不是疏远。

教师与父母合作的意义和价值：

鼓励：父母可以和耐心倾听的人交谈。

交流：可以了解父母和孩子之间相互作用的强弱。

自信：父母在自信和能力方面的成长。

关系：父母和孩子的关系可被改善和加强。

感受：谈论孩子的感受可帮助父母明白他们需要改善什么。

一、倾听：倾听是一门艺术

好的倾听是一门艺术，它要求倾听者无条件地全神贯注。

日常生活中，我们都有这样的感受，当别人认真地倾听我们的话语时，我们就像收获了一份特殊的礼物。当喜爱的人和我们在一起，真心诚意地倾听我们的讲话时，我们会感到欢乐。相反，当亲近的人对我们的讲话心不在焉的时候，我们常常会感到沮丧。随着生活节奏的不断加快，我们对孩子内心世界的关注、在生活中倾听孩子声音的机会都在不断减少。因此，在这样一个时代背景下，我们需要学会倾听，我们需要加强与孩子的沟通。

交流是一个双向的过程，包括听和说。倾听是交流中极其重要的一个方面，会倾听并不亚于会教育孩子，有时倾听比说服孩子接受你的观点更重要，也更困难。父母和教师在全身心倾听的过程中，通过自己的行为反应，告诉孩子这样的信息：不管什么时候，无论是快乐、忧伤、痛苦还是矛盾，父母、老师永远是你强有力的支撑，随时会给你以力量、信心和勇气。通过倾听，我们能更好地理解和察觉孩子的内心世界，孩子也会得到鼓励去思考自己的问题，进行自我探索，成人和孩子就有可能对孩子的行为问题和错误展开讨论，此时教师和父母的干预才能有效。

1. 积极关注

真正的倾听比一般所谓的“听”要包含多得多的含义。它需要理解和把握讲述者所讲的内容、感受和意图。通过倾听，成人可以接收到孩子传递的言语和非言语信息，积极的倾听也是对孩子表达他们的思想和感受的有力鼓励。懂得如何倾听的师长能够全神贯注于孩子所说的每一句话，不会受到其他外部影响的干扰。他们会对孩子所传达的信息做出反应，并且能清楚地告诉对方他们正在注意对方。倾听和注意可以帮助父母理解孩子所表达的言语或非言语信息。

2. 支持性的非言语行为

倾听是一个主动的过程，是对孩子传达的全部信息做出积极反应的过程。在倾听孩子的讲话时，父母、教师必须全身心地投入，用自己的目光、微笑和各种非言语表情向孩子传达这样的信息：我愿意无条件地接纳你，我非常重视你自己内心的感受，我是在平等、尊重地对待你。当孩子做得好的时候，会有人赞赏；当孩子做得不好时，父母会谅解和鼓励；当孩子烦恼、颓废、内在力量不足时，父母和教师会给予支持和安慰。这样，父母和教师才能与儿童建立起良好的、有建设性的人际关系。

表 7.1　热情与冷淡的非言语线索

非言语线索	热情	冷淡
语调	轻柔	生硬
面部表情	微笑，有兴趣	打哈欠，皱眉，无兴趣（如看手机等）
姿势	前倾，放松	后仰，紧抱双臂
眼睛对视	不时看对方的眼睛	避免对视
触摸	轻拍对方	避免接触对方
态度	开放，欢迎	封闭，拒绝对方
空间距离	近	远

（张建新等译，2000）

3. 角色地位

在倾听时，父母、教师只有淡化自己的角色和权威，孩子才会感觉到比较自然和放松，去除了防御和戒备心理的孩子才会感觉到成人是真诚的、可信赖的，父母、教师提供的建议和方法是值得自己去努力尝试的。

4. 心灵的对话

在倾听孩子心声的时候，我们不仅需要在行为表现上采取一种积极参与的姿态，诸如前面提到的身体略微前倾、适度的目光交流、态度真诚、有耐心、不轻易打断对方、不轻易评判孩子的行为和想法、在语调和表情上有真诚的理解和反馈等。我们还要注意“用心理上的倾听”去接纳孩子：少说多听，避免急于表达自己的看法和要求，而忽视孩子传递的信息；既要倾听孩子言语信息的表达，也要善于观察和捕获孩子非言语行为所传递的各种信息，语气、语调、表情、动作和姿势等非言语信息往往更能反映出孩子内心的冲突和情绪、情感。这样，家长和教师不仅能明白孩子言语中意识层面的意义，而且能够“听”出孩子的话中隐含的深层含义和孩子潜意识层面的冲突。

具体来说，父母和教师的合理倾听包括以下几个方面：

■ 平和温暖的语调，友善接纳的目光交流。在和孩子交流的过程中，去除了师长的权威和角色效应，平和的态度、适当的目光交流，可以传达出对孩子的尊重和信任，孩子会在这样宽松的氛围中，体会到父母、老师的信任、温暖和支持。

■ 面带微笑的轻松表情。一个友善、自然的表情，通常传达给孩子的信息是：父母或老师有兴趣听，愿意接纳自己。当孩子情绪激动、哭泣流泪时，成人需要适当地调整自己的面部表情，以表达自己的安慰、同情之意。

■ 有效的适当回应。当孩子动情地倾诉时，父母或教师点头、微笑或“噢”“嗯”之类的言语回应，会鼓励孩子继续自我表达。当成人适时表示有效的回馈支持时（如：“妈妈知道了，后来呢？”“老师现在知道当时的情况了，下面呢？”），孩子会受到鼓励，进一步自我表露。

■ 真诚、尊重与接纳的态度。在与孩子对话时，要尽可能地不打断孩子的说话，孩子有自己看世界的眼睛，成人不要用自己的思维习惯和行为方式去左右孩子的思路。当双方同时要说话时，要让孩子先把话说完。

■ 用心体察孩子的内心世界。成人在倾听孩子的话语时，要仔细观察孩子非言语行为表达的各种信息，从孩子的行为举止、表情动作中读懂孩子的心声。

班主任与学生的沟通技巧

除了利用肢体语言表达鼓励孩子谈下去的意思之外，班主任亦可通过口头语言表达愿意倾听之意。提问一般分为封闭式和开放式两种。

封闭式提问的特征是以“是不是”“对不对”“有没有”“行不行”“要不要”等词语发问，让学生对有关问题做“是”或“否”的简短回答。班主任使用这种封闭式提问，可以收集信息、澄清事实真相、验证结论与推测等。但过多使用封闭式提问，会使学生处于被动的地位，压抑他们自我表达的愿望与积极性，产生沉默、压抑及被审讯的感觉。所以，采用封闭式提问要和开放式提问结合起来。

开放式提问的特点是在倾听时，通常使用“什么”“怎样”“为什么”等词语发问，让学生对有关问题、事件做出较为详尽的反应。这样的提问会引出学生对某些问题、思想、情感等的详细说明。询问时，要注意问句的方式、语调，不能太生硬或随意。

在用提问引导学生谈话时应该注意：

1. 封闭式提问不可连用：以免遏止学生进一步表白。

2. 开放式提问慎用“为什么”：容易向学生暗示其行为、想法和情绪有问题，导致逆反心理；有时对方自己就想弄清楚“为什么”。

如：“妈妈不理解我，动不动就埋怨我。”

师1：“为什么不理解你？”

师2：“发生了什么事情使你有这种感觉？举个例子，好吗？”

3. 善用积极提问：

如：“我不能集中注意力学习。”

师：“你感觉是什么原因妨碍了你正常学习？”

再如：“我不能在人多的场合发言。”

师：“你觉得是什么原因影响了你在人多的场合自如地表达？”（这样可引起学生积极的内心体验和行为意象，使其有可能在一种全新的状态下来回答。）

4. 前假设提问：

“假如当初你不是用谎言欺骗他，现在会怎样呢？”“假如他们那时候多一些沟通，又会怎样？”（让学生体验两种不同的情感，自己领悟到应该怎样做，而不是老师或别人叫他怎样做。）

5. 打破沉默的提问技术：

(1)“是”原则：当学生不愿意讲话时，直奔他感到敏感的主题往往适得其反，可以采用简单的问题，先让对方开口，迫使对方做出肯定，然后顺藤摸瓜，一点点深入了解。例如：“是发生在操场的吗？”“是昨天下午的事情吗？”

（2）象征技术：“你现在的心情如果以天气/水果/颜色来比喻的话，你觉得最像什么？”当学生做出反应，则要紧跟着问他“为什么”。于是，话匣子打开了。

（包遵锋，2005）

二、共情：在细致的感受中追求共情

科胡特（Kohut）假设了五种需要，他认为，如果这些需要持续受到阻止和压制，孩子长大后就会缺乏自信，自我结构就会受到损伤。

- 被赞赏并使自己的梦境、希望和幻想被认可的需要；
- 被关爱、被喜欢的需要；
- 被安慰、使某人倾听并做出共情反应的需要；
- 被激励和被关注的需要；
- 被原谅的需要。

共情（Empathy）又译做“移情”“同感”“同理心”等。

共情是指能设身处地站在别人的位置去体会他人的处境，对他人的情绪和情感具有感受力和理解力。共情是在与人交往过程中发展出的一种积极感受的能力。

“共情”最早是由德国美学家维舍尔（R.Vischer）作为一个美学概念提出来的，后来，心理学家铁钦纳将这一概念引入心理学。人本主义心理学家罗杰斯从临床心理学的角度赋予了“共情”新的含义，它是指医患治疗关系中的咨询师对来访者产生的一种特殊的理解能力。罗杰斯认为，共情是指体验、感受和认同他人内心的态度和能力：“感受来访者的私人世界，就好像那就是你自己的世界一样，但又绝对未失去‘好像’这一品质——这就是共情。”

其实，共情不仅能帮助心理治疗者更好地理解和帮助来访者，而且有助于普通人建立积极的人际关系。因此，现在广义的共情已经拓展到几乎所有的人际关系，它是指在所有的人际场合中都能设身处地为他人着想的能力。具有共情能力的人，在与人打交道时能进入对方的内心世界去感受、去体验他们的情感世界，并对对方的情感做出恰当的反应。

1. 共情在人际交往中的意义和价值

- 共情是一种积极的能力，有助于交往双方建立积极友善的人际关系。

它会使人在一种亲密的人际水平上，更准确地察觉和理解另一个人的思想与感情。

- 可以让对方感觉到自己被接纳、被理解、被尊重，从而产生一种愉悦感、满足感，有助于交往的双方进一步沟通、理解和交流。
- 共情可以促进对方的自我表达、自我吐露和自我探索，便于双方更深入、更广泛地交流与沟通。
- 共情有助于当事人走出自我关注，学会关注他人和环境。
- 共情有助于人们发展爱心、利他、宽容、善解人意、尊重、合作等人格品质。

具有共情能力的师长，当看到孩子流泪时，他们会设身处地想象孩子的处境并感受到孩子的痛苦；看到孩子生气、发脾气时，他们能感受到孩子的挫败与愤怒。父母、老师接受并与孩子分享这些感受，会使孩子更有信心地学习怎样处理面临的问题，因为孩子会感觉到成人和自己的立场是一致的，孩子不会感觉到自己是在孤单地去面对这一切，父母、老师永远是支持自己的忠实“盟友”。

2. 与孩子沟通时传达言语共情的具体策略

尝试与孩子一同思考，而不是代替其思考。

(1) 对孩子表示自己理解的意愿。在与孩子沟通的过程中，教师和父母不仅要通过自己的言谈向孩子表示自己能够对孩子的问题进行准确理解，还要通过言语让孩子明白自己愿意站在孩子的角度去理解和思考整个问题。这种理解不仅是对孩子个体的理解，还包括对孩子的群体、孩子亚文化的价值观、孩子所归属的同伴群体规范的理解和尊重。

(2) 与孩子讨论他们认为重要的事情。通过问题和陈述，向孩子表达你自己很清楚对孩子而言当前最重要的事情是什么，父母、教师的反应要与孩子当前的基本问题建立起联系。成人对孩子的这种反应要简洁，要直指孩子的问题与烦恼，并关注孩子的体验和情感。

(3) 应用语言来表述孩子的情感。共情的一个重要特征就是在人际交往的过程中，通过语言表述反映出对方的情感和心理感受。教师可以通过重复、概括或“贴标签”的方式来强调孩子的情感。例如，两个学生在课间发生了冲突，那个先动手的孩子被老师带进了办公室，他一边委屈地哭着，一边用手揉着红肿的眼，等待着老师发话。下面是两种不同的处理办法：

惯常的处理办法：

“再怎么样，你也不能动手先打人啊！”

“你把事情的经过说说。”

（这时，孩子可能从心理开始抵抗老师，尽管有时小学儿童不敢表露出来。）

共情的处理办法：

“你现在很疼，是吗？”

“你这样做肯定有你自己的理由，能告诉老师吗？”

“是他先骂你的，你现在感觉挺委屈的，对吗？”

“老师现在不想批评谁，你能把事情的原委和经过告诉老师吗？”

（教师关注孩子的体验和感受，儿童会从心理上接纳老师，接下去会在老师的引导下进行思考和自我探索，这就是心理咨询中所谓的“先跟后带”的技术。）

（4）运用语言链接来帮助孩子准确地表达他们自己表达不明确的信息。共情也包括理解孩子内心深处的想法和观点，特别是当这些想法没有被说出来或表达得不明确的时候。父母、老师在倾听时，还要通过表明自己（成人）理解了孩子所做的暗示和推论来补充孩子的信息，在临床心理上，这种方法有时被称为附加共情或高级共情。运用这种方法时，成人需要借助于外推式逻辑推理，指导孩子进行分析，帮助孩子形成正确的想法。

教师不同水平的言语共情

学生：我已经很努力了，但爸爸妈妈对我的成绩就是不满意。

教师水平1的共情：我相信你爸爸妈妈将来会改变对你的看法。（安慰和否认）

你应该明白你的父母是为了你好。（建议）

你为什么不好好听爸爸妈妈的话呢？（问题）

评价：水平1——共情的反应是一个问题、否认、安慰或建议。没有理解，没有指导。

教师水平2的共情：你现在和爸爸妈妈的关系有些僵，没有小时候那么亲密了，是吗？（只有认知成分，没有情感成分）

评价：水平2——共情的反应只注重信息内容，忽略了情感。没有理解，只有指导。

教师水平3的共情：你已经努力了，但还不能让他们（指父母）满意，因而感到沮丧，对吗？（有情感上的认同和理解，既对情感又对情境做出了反应，但没有指导。）

评价：水平3——共情的反应针对了内容、意义和情感。理解存在，但没有指导。

教师水平4的共情：你好像不能让爸爸妈妈满意，所以很难受，你想让他们对你宽容些，是吗？（有理解，有指导，也指出了信息中所隐含的儿童的不足之处，但这时的不足是指向他人的，意味着儿童不要对自己的不足之处负责任。）

评价：水平4——共情的反应做出了情感反应，指出了对方的不足。有理解也有指导。

教师水平5的共情：你似乎不能让父母满意，所以感到难受。你需要他们对你宽容些。你可以采取这样的方法，即把自己的心理感受、想法告诉爸爸妈妈，和他们一起讨论解决问题的方法。（包含了水平4的所有要点，并增加了对儿童的具体行为的指导，以克服儿童自己的不足之处。）

评价：水平5——共情的反应理解、指导、行动都有，并提出了行动措施。

孩子需要呵护，需要关爱，需要接纳和认同，需要别人说他们是出色的，需要确信成人会保护自己，在某种程度上这一切都有赖于父母、教师创设的共情氛围。教师和父母应借助于共情，通过符合规范的方式，来满足孩子成长过程中的各种需要。

3. 共情中的界限设置

在与孩子沟通的过程中，共情不等于妥协于孩子的不良行为和过分要求。师长在提供共情环境的同时要把握分寸和技巧——能对孩子的一些希望或期待做出反应，但又不实际去满足这些要求，这就是共情中的界限设置。界限设置与关怀和共情结合在一起有助于孩子的成长，也有助于一个安全氛围的创设。下面的例子就能很好地说明这个问题：

孩子：我今天又没考好。我觉得我什么事情也做不好。爸爸、妈妈好像也不喜欢我了。

例 1：但是老师仍然喜欢你呀。

例 2：我知道这对你来说是一件多么痛苦的事，希望自己取得好的成绩，希望爸爸妈妈喜欢自己，然而却没有……

例 1 中，老师提供了安慰，满足了孩子的心理需要，但同时可能就此关闭了孩子进一步探询这个问题的大门。

例 2 中，老师在表达了对孩子内心的痛苦和愿望理解的同时，又为孩子进一步思考这一问题敞开了大门。老师就此可以进一步引导孩子探索事情背后的原因，帮助孩子找到解决问题的办法，尤其是通过孩子自身的努力所带来的变化。

4. 共情中负面情绪的处理

成功的家庭教育是帮助孩子成长而不是代替孩子成长。

不少家长看到孩子悲伤难过，就急着拿蛋糕、巧克力给孩子吃，或提供其他的好处；还有家长在孩子伤心、生气时，会想尽办法来逗引孩子，或者嘲笑孩子。父母的这种处理方式，不是在无原则地做出让步，就是否认孩子的这类情感，不管哪种情况，孩子的情感都没有被倾听、验证或“容纳”，家长的行为是在告诉孩子：这种情感不重要或者不好，不应该出现。结果是随着时间的延长，孩子就学会了否认或逃避这些情感。孩子在成长的过程中自己的情感没有被父母所接纳，他们就不能在父母的引导下去体验和管理自己的情感。

在这些父母的概念里，孩子的负面情绪是有害的，孩子应该远离这些情绪。在他们看来，孩子的注意力只要离开那些情绪，孩子就能摆脱它们。“不许再哭了！”这类家长常这样对孩子讲，也许这些父母本身在童年时就常常被禁止表达自己的感受。很多家长非常爱孩子，不希望他们痛苦，却忘记或忽略了孩子被倾听、被理解、被接纳、被安慰的需要。这类家长并不懂得孩子既需要欢喜快乐，同时也要学会处理悲伤、痛苦的情绪，这样才能促进孩子的成长。家长的这些做法是在给孩子传递一个否定自己的信息：你的情绪反应是不对的，你对事情的认识和看法也是不正确的，你不能相信自己内心的感受。父母的这种教养方式只会让孩子感到迷茫、怀疑，日积月累，孩子就会明显表现出自信不足，甚至没有勇气去面对困难。

当孩子在成长的过程中出现这些负面情绪时，批评和指责只会削弱和打击孩子本来已经不足的力量，无用的忠告也不是孩子所需要的，他们需要的是共情的理解和支持。此时，成年人送给孩子最好的礼物是——提供一种最佳的支持性环境，给孩子信心和勇气去面对学习和生活中那些难以单独面对的不安、恐惧、痛苦和害怕，尽管有些事情在成人看来是“小菜一碟”。

三、澄清：澄清让彼此交流更流畅

很多时候，在一些沟通不好的家庭里，问题往往出在彼此说话意思不明确，相互之间常常误解，最终导致家庭成员之间互相指责、互相否定，答非所问、无心倾听，不断抱怨、喋喋不休。而师生之间的一些误解和冲突有时候也源于此。人际交流中的澄清技术可以帮助我们有效地弥补这一缺憾，让交流变得更流畅。

当父母或教师与孩子沟通交流时，孩子说出的话或发出的信息有时候是模棱两可或混淆不清的，及时进行澄清，对问题和冲突的解决是有帮助的。特别容易引起混淆的信息往往是那些复数代词（他们）、含糊的语句（你知道的）和一词多意的语句。这时我们可以用“你的意思是……”或“你是说……”这样的问句对孩子所说的话进行提问，或重复孩子先前说过的话；接着，对孩子提供的信息进行再解释，使之指向明确，最终来准确地认证和把握孩子传达的真实信息。使用这一策略的目的是为了鼓励孩子更详细地叙述，并确认自己所听到信息的准确性。通过澄清反应，我们可以检查自己有没有抓住孩子传达信息的主要内容，通过孩子进一步详细的叙述来解释自己不明白或是对方含糊混淆的信息。

澄清反应的步骤是：首先，确认孩子的言语和非言语信息的内容；其次，确认任何需要进一步澄清的含糊或混淆的信息；第三，使用恰当的语句提问。比如：

举例1：“我感到难过。”

“告诉我为什么难过，发生了什么事情？”

举例2：“你说的‘他们’具体是指哪一些人？”

举例 3：“你所说的‘不要这样，好不好’‘这样’具体是指什么？”

举例 4：“他们为什么总是这样对我？”

“‘他们’是指谁？‘这样’具体来说是指什么？”

举例 5：“他真讨厌。”

“说具体一些，他的哪些方面让你讨厌？”

从孩子的回馈应答中，我们可以判断先前的澄清是否有效，因为孩子进行了详细解释，并加入了一开始遗漏的一些信息。如果父母和老师在与孩子交流的过程中有意识地使用澄清技术，我们与孩子的沟通就会更有效。

澄清反应：

一名小学中年级学生：我不想做这该死的作业。我不要学习数学，反正女孩子不需要学习这个。

在回应这个孩子之前，我们应冷静地先进行澄清自问。

澄清自问 1： 这个孩子刚才告诉了我什么？

——她说她不想做数学作业，因为她觉得这对女孩子来说不重要。

澄清自问 2： 有哪些话是含糊的？有什么遗漏的信息吗？如果有那是什么呢？

——她是真的不关心数学，还是因为数学成绩不好否认自己对数学的兴趣？

澄清自问 3： 我如何根据我听到的信息对她做出反应？

——先弄清楚情况再说。

实际的澄清：

你所说的“该死的作业”是指哪些作业？你的意思是“所有的作业都该死吗”？

“你是说你真的不喜欢数学，还是觉得数学没有达到你所期待的那样好，让你对自己没信心？”

“你是说数学对你不重要，还是对你来说有困难？”

当父母、教师与孩子一起谈论孩子的问题及其处境的时候，澄清技术可以帮助成人倾听出孩子的话外之音，并且用某种适当的方式做出反应以表示理解他们的处境。澄清不只是重述内容或者机械地“重复”，而是对孩子所说的话的一种重新加工。我们把这种重新加工的叙述呈现并回馈给孩子，以达到理解含义和指导孩子的目的。澄清是一种技巧，它可以帮助孩子进行自我探索，并且能够加深父母与孩子、教师与学生之间的理解。

第三节
针对师生的辅导实践

教师的工作应当像园丁。有的植物喜爱阳光，有的喜爱阴凉，有的生长在溪边，有的则生长在高山之巅，有的在沙土中茁壮成长，有的非有沃土不可。每种植物均需特定的环境，否则就不会有满意的结果。

——阿布杜尔·巴哈

一、在你的注视下成长

进入小学之后，儿童与教师的交往逐渐成为其社会交往的重要内容。心理学家库利曾提出“镜中自我”，作为儿童成长过程中的“重要他人”——教师，对儿童反映和评价的镜中映像直接影响着儿童自我概念的形成以及自尊水平的高低。如果儿童能经常从教师那里得到亲切的关怀、真挚的期望和热情的鼓励等积极的情绪体验和评价，那么儿童就会把这种积极的情绪体验内化为自爱、自尊和自信，就有极大可能使自己的行为朝着教师所期待的积极方向发展；如果教师不断传递给儿童的都是否定的评价和训斥、责备，久而久之，这种消极的态度和认识，就有可能被儿童接纳成为自我评价的标准，儿童也就容易形成消极的自我形象，产生无价值感和自卑感，并导致内心冲突和紧张、焦虑的情绪，形成不健康的心理状态。

师生互动过程中的交往特点与学生自我概念的发展具有密切的关系。师生之间的冲突性（师生之间是否经常有情绪、行为上的冲突）、亲密性（是否具有亲密相处、互相接纳的态度和行为）、反应性（是否有情绪、认知上的主动反应）是小学师生关系的三个重要因素。这三个因素不仅构成了小学生师生关系的内在结构，而且也是影响师生交往过程的重要因素。

相关研究（林崇德、王耘、姚计海，2001）发现，亲密型师生关系建立的基础是相互信任和尊重，来自教师的认可、接纳、理解和期望，会使学生获得更多的社会支持，提高自信心，强化其自我效能感，提高学生的心理承受能力。

该研究还发现，冷漠型和冲突型师生关系中的小学生在自我概念发展方面都低于亲密型师生关系中的小学生，而且在生理外貌、语言自我、一般学校自我、一般自我及量表总分等方面，冷漠型师生关系中的小学生的自我概念发展甚至低于冲突型师生关系中的小学生。冷漠型师生关系表现出的是一种缺乏交往、相互漠视的关系，学生对教师的态度是拒绝、回避，而教师对学生也是放任自流、不管不顾的教育态度，这使得学生不能从自己成长中的“重要他人”——教师身上获取积极的、客观的评价，难以形成正确的自我概念。

由此我们可以看到，教师的不同态度对学生的影响也是完全不一样的。师生间的亲密度越高，越有利于学生在与教师交往的过程中获得心理支持和精神满足，学生由此会获得更高的自尊和更多的自信；师生之间的反应性越高，冲突性越低，就越有利于学生在与教师交往的过程中获得积极的社会交往经验，学生的社会认知能力、正确的自我评价能力就能得到发展和提高。

把做“好孩子”的权利还给我们的孩子们

从小聪明、可爱的邓啸啸一向是父母的骄傲，在他刚刚进入幼儿园时，父母就送他参加了围棋培训班，在接下来的各级围棋比赛中，啸啸取得了一次次理想的成绩。还记得上中班的时候，小啸啸算“二十四点”的速度就已经超过了当时上小学五年级的表姐。可就是这样一个从小聪明过人的孩子，自从升入六年级后却不再是老师和父母心目中的“好孩子”了！因为啸啸没能考上学校的提高班，甚至还成了老师们经常挂在嘴边的“补差班”的一员。

在我们暂时还无法改变教育资源不平等的今天，南京的很多家长都把南京外国语学校（以下简称“南外”）作为孩子靠实力去争取成材的唯一机会，啸啸的父母也不例外。啸啸多次在各种数学竞赛中获奖，英语成绩却平平，这显然无法让啸啸在以英文命题的语、数、外、综合四门课程的考试中取得优势，虽然那些在一般孩子看来很难的奥数题对啸啸来说是“小菜一碟”，但由于常常看不懂题意，啸啸频频在学校提高班两周一次的滚动考试中失利，最多冲进提高D班，却始终进不了A、B“种子”班。这样的现实多少让啸啸的父母难以接受，但在这样一个“考试成绩就是硬道理”的教育环境里，啸啸的父母并不会就此放弃。在班主任和任课老师的指点下，啸啸的父母把孩子的一切课余时间全部排满了。每个双休日，在父母热切期待的目光中，啸啸往返于三个英语辅导班之间，每天回家后还得做大量的英语习题。对此，啸啸非常苦恼。

课堂上，那个非常敬业的班主任会经常动用自己的语文课给学生们默写英文单词，因为“南外”的入学考试不考作文，所以六年级下学期作文也就很少写了，学校的一切“非常措施”都是为那些最后能考上“南外”的少数“幸运儿”服务的，语文学科在进军“南外”的过程中被最大限度地“边缘化了”，全体毕业班的老师都在为学校的名誉而战！

在家里，面对父母明显失望的眼神，啸啸越来越愧疚，虽然啸啸也在努力地学英语，努力地想做父母的好孩子，但就是不见长进。

教室里，只有三十几个没精打彩的孩子在读书，因为“提高班”那些神采飞扬的同学们在早晨七点到校后，早就单独汇聚到一起开“小灶”去了。这时，班上还时不时会传来老师们的窃窃私语：“你看教室里留下的都是些什么人？！”傍晚，当啸啸早早地和同学们离开学校时，他没有太多的喜悦，因为那些留在学校里的“好孩子”又在开始“奋发图强”了！在小学的最后一周，因为区统考已经结束，“提高班”的孩子被单独集中在一起进行“全封闭训练”，“补差班”的孩子则被老师彻底放弃了。见啸啸死活不肯再去学校，妈妈也感到愤怒了：我的孩子难道真的就成了差生了吗？！

当父母拿着啸啸的奥数获奖证书和南京一所声誉很不错的初中签约时，孩子没考试就顺利进入该校的“实验班”。对此，父母很困惑：同样的一个孩子，怎么在不同的学校就成了不同性质的孩子了呢？日常教育中的暴力，有时候就渗透在我们教育者育人悄无声息的学校生活中。

很多时候我们必须学会思考：是孩子本身的问题还是我们成人世界的评价标准出了问题？是执著追求教师、家长们自己的目标还是因材施教促进孩子的成长？请老师和家长不要再去剥夺孩子们做“好孩子”的权利了！

（王晓萍，2007）

二、你让我获得生命的自尊

自尊是构成人们心理健康的重要因素。它影响着人们如何对待学习、工作、责任和人际关系。

——加拿大心理健康协会

高自尊有助于儿童形成健康的人格特征，是儿童走向成功的关键。自尊基于两个主要的信念，即“我”感到自己可爱和“我”感到自己有价值。“我”可爱就是喜欢自己，能悦纳自我，相信自己会有所作为；“我”有价值就是相信自己有能力把握自我和理解周围的事物，知道自己对他人会有所贡献。因此，自尊是一种积极的自我形象，它决定着一个人能否充分利用自己的才能，发挥自己的主观能动性和创造性。

以自尊为核心的自我意识的发展是儿童发展中的一个重要部分，它与许多心理过程的发生发展都有着密切的关系。马什（Marsh，1990）发现，自尊心强的学生表现为：敢于尝试新的、不熟悉的活动；努力完成难的、富有挑战性的任务；很容易交朋友；在课堂讨论中，积极发言；不受同学压力的影响；在校学习好。相反，缺乏自尊的学生表现为：无论他们能力如何，在校表现不佳；看不到他们的努力和学习成绩的关系；与同龄人相比，行为幼稚；当遇到困难和挑战性任务时，很容易放弃；很少参加课堂讨论；社交能力差。高自尊者通常比低自尊的人达到更高的智力水平。

（一）儿童自尊低下的原因分析

在儿童成长的过程中，由于种种原因，不少儿童自尊水平低下，下面的原因分析有助于我们更好地理解这些儿童。

1. 自我效能感低

“自我效能感”是指向于未来对个人能力进行自我判断的信念。由于家长、教师或其他人过分地保护、控制或否定，儿童在自己能否胜任学习和生活方面的信念不确定，如“我将会成功还是失败”“别人是喜欢我还是嘲讽我”。

2. 习得性无能

无能的感觉——屡遭“失败”。儿童在学习过程中的错误和失利现象常被教师、家长强化、歪曲，导致儿童产生“习得性无能”，自尊水平下降。

3. 贫穷

有研究表明，贫穷也是导致儿童自尊心下降的因素。美国研究人员发现，在美国，穷孩子比富孩子更容易感受到无人关心他们。

4. 无价值感

儿童在成长的过程中得不到父母和教师应有的关注、接纳、认同、赞扬，会让他们觉得被“重要他人”拒绝，感觉自己不重要。在“严是爱”的信念支撑下，教师在与学生交往时常常对学生持否定态度，这可能会损伤学生的自尊心。事实上，鼓励、表扬对学生具有积极而长远的影响。

（二）教师与儿童的自尊心

教师对学生的态度和期望对学生在校的成功有重要影响。著名的“皮革马利翁效应”就说明了这一点，教师的良好期望能对学生产生积极影响。当儿童意识到教师对自己有期望时，他就认为自己能行。因此，教师应对每一个学生都抱有积极的态度和期望，相信每一个学生都能成长为对社会有用的人。

自尊心和学生的学业成绩密切相关，研究（Hoge，Smit & Hanson，1990）发现，学生在学校开心、对学习感兴趣以及教师的关心、评价影响学生自尊心的发展。马和柯什尔（Ma & Kishor，1997）发现，那些自我评价低的低年级学生到了小学高年级甚至中学，仍倾向于持自我否定的评价。哈特（Harter，1993）发现，那些在学校遇到困难的小学中高年级学生往往自我评价比较低。

国内的研究（魏运华，1997）表明，中小学生的自尊主要由六个因素构成：外表、体育运动、能力、成就感、纪律、公德与助人；而学业成绩对中国学生自尊的影响要大于外国学生。魏运华采用量表法对学生的学业成绩、师生关系、同伴关系对少年儿童自尊发展的影响进行了探讨。结果表明：

（1）学业成绩与少年儿童的自尊发展具有显著的正相关。

（2）满意的师生关系，教师对学生的支持、关心、鼓励、期望等有助于少年儿童自尊的发展。

（3）对同伴的敏感——独立性，有助于少年儿童自尊的发展；但是，少年儿童对同伴的攻击——破坏性会阻碍其自尊的发展。

（三）培养儿童合理自尊的策略

学业不良儿童的成绩落后并不是孤立存在的，而是整个行为动力系统都出现角色偏差的结果。在“差生”消极自我概念的基础上，他们的自我期望、学习动机、外部评价都偏离了学生的角色。成绩落后正是“差生”在教师、家长与同学影响下自己期待的结果，他们会认为那是他们自己应该得到的成绩。

在学校情境中，教师可以通过以下一些策略来培养儿童的自尊：

(1) 营造和谐宽松的团体气氛。温暖和谐的班级和课堂气氛会使每一个学生从心理上感觉放松。在这样的课堂上，无论是学习好的学生还是学业不佳的学生都有一种安全感和归属感，都无需担心回答错误出现难堪的场面，因为教师、同学始终是自己的支持者，这种友善的师生关系、互助的同伴关系有助于儿童自尊的发展。

(2) 坚持正面动机的原则。成功和失败对于儿童来说既不可避免，又是一种重要的资源。面对儿童一时的失败，教师要坚持正面动机的原则，把每种经验都当成儿童学习和成长的机会，尽量避免使用“失败”一类的词汇，教师应努力帮助儿童学会从“失误”中吸取教训。当儿童感觉老师对自己的能力、对自己改正缺点的自觉性充满信任时，教师不仅保护了儿童的自尊，还启动了儿童奋发向上的内驱力。教师可以用下面的一些句式来鼓励儿童形成积极思维，提升他们的自尊水平：

“我不会”或“我忘记了”——→“我还没有想起来”

“我来不及了”——→“我还没有完成”

“我不会做这道难题”——→“我还不知道如何去做这道题”

“我失败了”——→“我还没有取得成功”

(3) 利用儿童原有的信心和成功的经验提升儿童的自尊。对于成绩较差、心境比较沮丧、低沉的儿童，教师首先要将他们从沉重的心理压力中解放出来，引导儿童把注意力转移到自己感兴趣或有能力、有信心的方面，如课外活动或体育运动，使儿童首先在这些方面获得成功。当儿童发现自己的优点和长处后，就会体验到成功带来的欢乐，这时儿童就开始学会正确地认识自我、悦纳自己。随着儿童自尊水平的不断提高，教师再一步步引导儿童通过努力在学习和其他方面不断取得成就。

(4) 引导自我评价较低的儿童进行“自我竞赛”。在学校的教育情境中，竞争不可避免。学习成绩不够理想而又信心不足的儿童，因为在学校竞争中屡遭失败，常常表现出低自尊——面对各种竞争尤其是学习竞争采取退缩回避的态度，对这类儿童应该采取另外一些策略，如引导他们进行“自我竞赛”、把今天的“我”和昨天的"我"进行比较、对他们哪怕是稍许的点滴进步及时加以肯定，都会提高他们的自尊水平。

(5) 鼓励儿童和与自己在学习上能力相当的人进行"平等竞争"。通过教师正确的引导，在儿童之间倡导的平等竞争，不但不会损害儿童的自尊，相反会给他们指出进一步努力和发展的方向，这对儿童自我的发展、自尊感的提高有积极的意义。用这种策略时，教师需注意对班上的儿童既不要过分表扬也不要故意贬低，儿童之间的竞争应该是善意的、相互协作的。

(6) 为每一个儿童提供一个展示自己优势特长的"舞台"。功课好只是儿童学习生活的一个方面，其实每一个儿童在不同的方面都有自己的优势和特长，教师要善于通过各种途径帮助儿童发现和表现其才能，让每个儿童都有机会向全班同学展示自己的特长。

(7) 引导儿童形成积极的归因模式，避免形成消极的归因模式。当儿童把成功归因为自己的智力、能力等内部因素时，儿童的自尊、自信心就会大增，而这种高自尊又会促使儿童更加努力，更有信心去挑战难度更大的学习任务，如此儿童就进入了一种有序的良性循环之中。

积极的归因模式：

成功→能力强（自豪、自尊/增强对成功的期望）→愿意从事有成就的任务。

失败→缺乏努力（内疚/相对的对成功的高期望）→愿意并坚持从事有成就的任务。

消极的归因模式：

成功→运气→不在乎/很少增强对成功的期望→缺乏从事有成就任务的愿望。

失败→缺乏能力→羞愧、无能感、沮丧/降低对成功的期望→缺乏从事有成就任务的坚持性。

第四节

针对家庭的辅导实践

在一个家庭中，如果能明显地表达爱和允诺，这个家庭就会进步，变得光彩夺目。但是，如果在家庭中存在敌意和怨恨，不可避免地会产生破坏和疏远。

——阿布杜尔·巴哈

“怎样做对孩子的成长有益的父母”，在家庭教育中是一个非常现实的问题。通过有效的针对家庭的辅导，可以帮助父母获得倾听、交流和鼓励孩子的技巧，会帮助父母学会用积极而不是消极的方法来影响孩子的行为。在这种方法中，目标是为父母提供共情、理解和支持，促使父母发现和孩子建立良好关系的新方法。这样对父母、孩子、家庭都会产生非常有益的影响。

一、重新认识你的孩子

绝大多数父母都爱自己的孩子，为了和孩子有一种和谐的关系，他们往往愿意做任何需要的事情。

首先，我们得重新打量自己的孩子。在家庭教育中，父母应该时刻以一种新鲜的眼光不断去发现孩子的世界。这里面，父母要了解自己是怎样把孩子作为一个人，而不仅仅是作为儿子或女儿来看待的，也许这对于习惯了长幼尊卑的父母来说比较困难。因此，我们做父母的必须学会蹲下来看孩子，不要一味地以成人的眼光去看待孩子的世界。要知道，父母虽然对自己的孩子非常熟悉，但常常不能把他们当做独立自主的人来看待。父母首先应要求自己以一种不同的视角来看待孩子。下面的两个思考会帮助父母学习以平和的眼光看待自己的孩子。

思考1：以一个母亲的（父亲的）的眼光看自己的孩子，他（她）是什么样的？

思考2：如果是其他人的孩子，我会如何评说他（她）呢？

例：我觉得我儿子像一个需要许多爱的小男孩……而且他需要得到

比现在更多的关注。……我觉得作为一个9岁的孩子，他表现得比他的实际年龄要小……

当这位母亲开始学会平和地看待自己的孩子时，她就开始发现自己的孩子是一个需要很多东西的小男孩，相对于他的年龄来说还不成熟。她开始思考自己是否满足了儿子对爱和关注的需要。当父母澄清了自己对孩子的感受后，随后的共情才可能得到发展，父母就会开始理解孩子，洞察孩子是怎样影响父母和孩子的关系的。父母对孩子的探索，会对孩子的行为做出更为积极的影响。

很多时候，当父母把自己的孩子作为一个人而不仅仅是自己的一个未曾长大的孩子来看待时，他们往往会发现自己在养育方式上存在一定的问题。他们常会把自己的不喜欢集中在孩子身上，而不是让人生气的行为上。父母和孩子需要认识他们之间的关系在哪里出现了问题，需要把主要的焦点集中在积极方面和怎样利用这些积极因素去减少问题的发生。如果父母能更好地处理困扰他们的这类事情，他们的生活和教养质量也会相应提高。

在意识到孩子的世界是一个有着自身丰富性的世界之后，父母需要把亲子关系作为一种相互影响的关系进行主动和积极的探索，认真经营两代人组成的家庭——一个大世界中的小世界。

1. 关注彼此的感受

如果父母总觉得孩子在麻烦自己，而且他们做这些事情的目的只是为了让自己烦，那么，父母就不能只有愤怒或无法容忍的情绪反应了，他们必须去思考和探索孩子这种行为背后的真正目的是什么。根据阿德勒的理论，儿童行为不良有四种原因，即注意、权力、复仇和退缩。自己孩子的行为目的是什么呢？孩子会有什么样的感受呢？父母需要寻找积极的方法来改善只关注自己的感受、不重视儿童体验的行为模式。

母亲独白：我从来都没有想过这个……我儿子可能会有什么样的感受？我不知道……我总是想他是在烦我。也许他可能感到我没有真正接受他吧！

2. 考虑孩子的行为目的

有时候，孩子是为了和父母平等才故意表现出不良行为的。大多数父母通过家庭关系的探索可能会认识到他们孩子的行为是为了寻求关注。然而，孩子的动机常常可能会超出获得关注之外，父母必须进一步去探索德雷克斯和索尔兹（Dreikurs & Soltz，1964）所提出的四个行为不良的目的，即关注、权力、报复和退缩。很多时候，行为过激或行为严重违反学校、家庭和社会规范的时候，通常孩子行为不良的目的已经超出了寻求关注之外，发展成了权力斗争、报复或者退缩。

父母可以通过有效的倾听、对孩子行为的细致观察来获得线索，确定孩子行为的目的。例如，一位母亲说，儿子使她感到非常生气，以至于在气极了的情况下“猛力摇他，而忘了停下来”。这时，她可能正和孩子进行权力斗争。当父母认为“他是故意这么做的……”或者“他看起来只会做麻烦我的事”时，孩子行为的目的也许正是以这些方式进行报复。那些认为“我已经无能为力了，在教育孩子的问题上，我是一个失败者，我放弃了”，或者“我对付不了他，我所做的一切都得不到任何反应”的父母，可能正体验着孩子对不满意需要的反应。

当父母能够认识到孩子行为的真正目的后，他们这时可能对孩子的行为怎样影响家庭有强烈的感受。父母需要帮助自己澄清对孩子已有的感受。如果这一步成功了，那么对孩子的共情便可能得到发展，亲子关系就能得到进一步的改善。

二、打开一个崭新的世界

当父母有机会发现、表达出他自己的感受，探索孩子行为的可能的目的，检查亲子关系，发展一些对孩子感受的理解时，共情和关注孩子积极的方面就开始发生，一个崭新的世界在你的面前展开了。

1. 父母与孩子的共情

当一个孩子的需要没有被满足或受到妨碍时，它只是被阻止了，但没有消失。在孩子成长的过程中碰到问题需要解决时，正好是促进他们成长的一个契机，我们可以借助共情来帮助孩子处理这些以前没有处理好的感情。

当父母开始思考、探索孩子可能对自己有什么需要时，他们就开始获得关于孩子怎样感受的洞察力。这是父母与孩子建立共情并获得相互理解的前提。

父母回想自己的童年，思考自己成长的事情，往往有助于他们明白孩子的感受。很多时候，父母成长过程中所受到的创伤会影响他们对待孩子的态度和教养方式。父母需要给自己一个思考和反省他们和自己的父母交互作用的机会。许多成年人发现，他们自己重复着某些与他们自己的父母相同的相互作用模式，而这种模式是当他们还是孩子的时候就很不喜欢的。

下面是一位母亲对自己的思考和探索：

一个母亲的心灵独白：

我的孩子喜欢画画，当他画某些东西而我告诉他画得好的时候，我觉得他应该这样，他应该坚持画画，并且多练习，这样他才能够变得……更好。

……

其实我从来没有真正想过他有没有达到过我的期望。我总是对他说："不错，但还需要继续努力，这样你才会画得更好，将来才能更有出息。"

……

我好像从来没有为孩子的作品真正感动过、高兴过……直到刚才我思考这个问题……嗯，其实，那是我父亲小时候也常常对我做的事情。每当我们把成绩单带回家，他总是说："噢，好的，但是你应该考得更好！"其实我自己小时候很少得到父亲的赞许。这样的感觉真的不是很好，这样会使孩子感觉失败。

……

其实我的孩子已经尽他所能画画了，而我总是说："噢，你应该努力画得更好。"我面对他的考试成绩也是同样的说法："还好，不过你应该做得更好。"

对，有一次我妈妈听到我这么对孩子说话的时候，她提醒过我。她说："你要知道，当你父亲那样对你说的时候，你过去的感觉如何？"

当父母在积极的方面发生改变，开始去探索对自己童年的感受，获得对亲子关系的洞察力时，父母就会更多地去关注孩子被肯定、被关爱、被接纳的需要，他们会更多地关注孩子的积极方面。

2. 强调孩子个性的积极方面

对有些父母来说，把自己的注意力集中于孩子个性的积极方面，并且把孩子作为一个有价值和受尊敬、有自己权力的人，有时很困难。这种困难可能是由两个原因中的一个引起的：第一，父母没有把孩子作为一个明显独立的人来看待，而只是当做孩子，更多地看到孩子的不良行为；第二，父母常常被孩子的问题行为所压倒，并且它成为亲子关系的全部中心。

在“独生子女”的大时代背景下，父母望子成龙心切，对有些父母来说，多想孩子的长处，而不是弱点，这是个挑战。很长时间以来，在“我们所做的一切还不是为了你好”的信念支撑下，父母的注意力已习惯性地集中在孩子做得不够完美或者不好的所有事情上。这时，他们就很少有时间去注意到孩子行为的积极方面和孩子在家庭中受喜爱的方面。这样的养育方式和教养态度往往适得其反。父母必须充分地认识到被尊重、被接纳的需要对儿童成长的重要性，学会强调孩子个性的积极方面。

句子练习：“我为……感到自豪，因为……”

如果父母经常做这样的句子训练和思考，他们就能改变自己既定的思维习惯，慢慢地发现可以因许多原因为孩子而感到自豪，自己无需用太多的注意去关注孩子的消极方面。

父母要把孩子看做是有优点同时又有弱点的一个有明显个性的人，在这其中，集中注意力于孩子的长处是很重要的。例如，“他是友好的。”“我们喜欢用同样的东西。”“她是个很有幽默感的人。”“她无论走到哪儿都带着微笑。”“他非常乐于助人和友好。”父母经常用这样的方式去思考，去看待孩子，就有可能把自己的注意力集中在孩子可能有的无论什么样的长处上。

从关注孩子个性的积极方面开始，把对孩子的赞赏之处告诉他，直到他养成习惯，父母这样的鼓励比物质奖励更好，孩子需要这些。父母之间要经常相互提醒，多提起孩子做得好的事情，关注孩子个性中积极的方面，经常和孩子一起做事，一起分享彼此的感受。

当父母努力坚持改善亲子关系时，他们会渐渐开始改变与孩子交互作用的方法。这些态度和行为上的积极改变将可能导致家庭成员在交流和理解上的深化。一旦这些改变发生，孩子常常就会有重大的提高。父母能够帮助孩子感受被接纳和有价值，促使孩子的各种问题得以最终消失。父母也可以经常通过指出孩子消极行为的减少，来表达对孩子的自豪。例如，“他打扫干净了他的房间，而我只提醒了他两次。”“她今天没和她的伙伴打架。”

当父母更强调和关注孩子积极的方面，重视孩子的内心体验，满足孩子被认可、被尊重的需要时，父母就能促进亲子关系的和谐发展，成为有效的养育者。

参考文献

[1] 阿德勒．儿童的人格形成及其培养[M]．韦启昌，译．石家庄：河北人民出版社，2002．

[2] 陈侃，高岚．“沙盘游戏”与儿童心理教育[J]．教育导刊，2002（8）．

[3] 陈文彬．小学生人际交往问题的表现及其归因心理分析[J]．现代中小学教育，2005（5）．

[4] 陈一筠，陆士祯，主编．家庭与下一代：国际学术研讨会文集[M]．北京：社会科学文献出版社，1996．

[5] 陈一心，王玲．独生子女家庭的亲子关系[J]．上海教育科研，2006（12）．

[6] 程利国，高翔．影响小学生同伴接纳因素的研究[J]．心理发展与教育，2003（2）．

[7] 方观容．漫谈游戏治疗[J]．学前教育研究，1997（5）．

[8] 傅宏，编著．儿童行为评估与矫正[M]．南京：江苏教育出版社，1994．

[9] 傅宏，主编．班级心理健康教育理论与操作[M]．南京：南京师范大学出版社，2007．

[10] 郭黎岩，等．小学生自信心养成的实验研究[J]．心理科学，2005（5）．

[11] 韩立敏，等．班主任互动风格与小学生自我概念的关系研究[J]．心理发展与教育，2004（4）．

[12] 侯春在．儿童心理成长论：成长论视野中的儿童社会化[M]．南京：南京师范大学出版社，2004．

[13] 侯志瑾．儿童心理咨询与治疗的发展与现状[J]．首都师范大学学报（社会科学版），1996（4）．

[14] 杰洛德·布兰岱尔．儿童故事治疗[M]．林瑞堂，译．成都：四川大学出版社，2005．

[15] 梁培勇．游戏治疗的理论与实务[M]．广州：广东世界图书出版公司，2003．
[16] 林崇德．发展心理学[M]．杭州：浙江教育出版社，2002．
[17] 林崇德，王耘，姚计海．师生关系与小学生自我概念的关系研究[J]．心理发展与教育，2001（4）．
[18] 刘粹，王玉凤，王希林．社会技能训练对儿童行为问题的干预研究[J]．中国心理卫生杂志，2004（9）．
[19] 刘焱．儿童游戏通论[M]．北京：北京师范大学出版社，2004．
[20] 陆芳，陈国鹏．儿童情绪调节的发展研究[J]．心理科学，2003（5）．
[21] 钱雨．是谁发明了学校[J]．全球教育展望，2006（6）．
[22] 邱学青．游戏治疗在我国特殊儿童教育实践中的运用[J]．中国特殊教育，1996（3）．
[23] 全国22个城市协作调查组．儿童行为问题影响因素分析：22城市协作调查24013名儿童少年报告[J]．中国心理卫生杂志，1993（1）．
[24] 申荷永，等．沙盘游戏治疗的历史与理论[J]．心理发展与教育，2005（2）．
[25] 施茂枝．语文新课程：关注儿童生命的成长——小学阅读教学游戏化的探索[J]．中国教育学刊，2006（6）．
[26] 施学忠，吴敏，陈姜，邓广赟．家庭教育方式与儿童青少年的心理问题[J]．中国学校卫生，2002（2）．
[27] 史冰，苏彦捷．儿童情绪伪装能力的发展和影响因素[J]．心理科学进展，2005（2）．
[28] 苏珊·布查尔特．艺术治疗实践方案[M]．孟沛欣，韩斌，译．北京：世界图书出版公司北京公司，2006．
[29] 苏思慧，金盛华．学习习惯及其形成的影响因素[J]．学科教育，1999（9）．
[30] 陶国泰，主编．儿童少年精神医学[M]．南京：江苏科学技术出版社，1999．
[31] 王万清．读书治疗[M]．广州：广东世界图书出版公司，2003．
[32] 王燕，等．同伴关系在儿童社会自我概念形成中的中介作用[J]．心理科学，2005（5）．
[33] 王耘，等．3—6年级小学生师生关系：结构、类型及其发展[J]．心理发展与教育，2001（3）．
[34] 威廉·格拉瑟．认同社会[M]．傅宏，译．台北：桂冠图书公司，1994．

[35] 魏金铠，等，主编．现代儿童心理行为疾病[M]．北京：人民军医出版社，2002．

[36] 魏运华．学校因素对少年儿童自尊发展影响的研究[J]．心理发展与教育，1998（2）．

[37] 小卡尔 · 威特．卡尔 · 威特的教育（第二版）[M]．李浩然，译．北京：中国商业出版社，2007．

[38] 谢里 · 科米尔，保拉 · 纽瑞尔斯．心理咨询师的问诊策略[M]．张建新，等，译．北京：中国轻工业出版社，2004．

[39] 严文华．心理画外音：图画心理学解密[M]．上海：上海画报出版社，2003．

[40] 依蒂斯 · 克拉玛．儿童艺术治疗[M]．江学滢，译．台北：心理出版社股份有限公司，2004．

[41] 张黎明．浅谈绘画教学对学生心理健康的作用[J]．宁波广播电视大学学报，2005（1）．

[42] 张萍．浅谈语文学科教学中的心育渗透[J]．牡丹江教育学院学报，2004（3）．

[43] 张向葵，等．教师关于儿童入学准备的观念[J]．心理发展与研究，2005（4）．

[44] 张晓红．课堂游戏寓教于乐[J]．河北教育，2002（11）．

[45] 张勇．如何培养学生的自尊心[J]．教育理论与实践，2002（S1）．

[46] 章颐年．心理卫生概论[M]．上海：商务印书馆，1939．

[47] 钟银平．让家庭阅读成为孩子成长的一种环境[J]．中华家教，2004（9）．

[48] 朱家雄，编著．学前儿童心理卫生[M]．北京：人民教育出版社，1994．

[49] 朱智贤，主编．钱曼君，等，选编．儿童心理学史论丛[M]．北京：北京师范大学出版社，1982．

[50] Cathy A Malchiodi．儿童绘画与心理治疗：解读儿童画[M]．李甦，李晓庆，译．北京：中国轻工业出版社，2005．

[51] Adler A. What Life Should Mean to You［M］. New York：Putnam，1931.

[52] Beverly B Kahn . Art Therapy with Adolescents：Making It Work for School Counselors［J］. Professional School Counseling，1999.

[53] Bornstein P H，Alan E Kazdin . Handbook of Clinical Behavior Therapy with Children［M］. Homewood Illinois：The Dorset Press，1985.

[54] Dachinger P. Art Therapy：In Theory and Practice［M］. 2nd ed. New York：

Schocken Books，1987.

[55] Dougherty A M. Ethical Issues in Consultation[J]. Elementary School Guidance and Counseling，1992.

[56] Egan G. The Skilled Helper：A Problem-management Approach to Helping [M]. 5th ed. Pacific Grove，CA：Brooks/Cole，1994.

[57] Gresham F M. Methodological Issues in Evaluating Cognitive-behavioral Treatments for Students with Behavioral Disorders [J]. ProQuest Psychology Journal，2005，30（3）：213.

[58] Ives S，Fassler D，Lash M. The Divorce Workbook：A Guide for Kids and Families [M]. Burlington，VT：Waterford Books，1985.

[59] Kazdin A E. Scope of Child and Adolescent Psychotherapy Research：Limited Sampling of Dysfunction，Treatments，and Client Characteristics [J]. Journal of Clinical Child Psychology，1995（24）：125-140.

[60] Kern R M，Carlson J. Adlerian Family Counseling [J]. Elementary School Guidance and Counseling，1981（15）：301-306.

[61] Kottman T，Schaefer C. Play Therapy in Action：A Casebook for Practitioners [M]. Northvale，NJ：Aronson，1993.

[62] Landgarten H B. Clinical Art Therapy：A Comprehensive Guide [M]. New York：Brunner/ Mazel，1981.

[63] Linesch D G. Adolescent Art Therapy [M]. New York：Brunner/ Mazel，1988.

[64] Lowenfeld V，Brittain W L. Creative and Mental Growth [M]. 8th ed. New York：Prentice Hall，1987.

[65] Morris-Vann A M. Once upon a Time…A Guide to the Use of Bibliotherapy [M]. Oak Park，MI：Aid-U Publishing Co，1979.

[66] O'Connor K J. The Play Therapy Primer：An Integration of Theories and Techniques [M]. New York：Wiley，1991.

[67] Pardeck J T，Pardeck J A. Bibliotherapy：A Clinical Approach for Helping Children [M]. Landhorne，PA：Gordon & Breach Science Publishers，1993.

[68] Rubin J A.（Ed.）Approaches to Art Therapy：Theory and Technique [M].